# 위선자가 되지 않는 법
이상과 현실 사이에 선 학부모의 윤리적 딜레마

## 위선자가 되지 않는 법
- 이상과 현실 사이에 선 학부모의 윤리적 딜레마

초판 1쇄 인쇄  2025년 10월 28일
초판 1쇄 발행  2025년 11월 11일

지은이  아담 스위프트
옮긴이  곽덕주, 이승현, 이진호, 배춘환
펴낸이  김승희
펴낸곳  도서출판 살림터

기획  정광일
편집  송승호
북디자인  이순민

인쇄·제본  (주)신화프린팅
종이  (주)명동지류

주소  서울시 양천구 목동동로 293 22층 2215-1호
전화  02) 3141-6553
팩스  02) 3141-6555
출판등록  2008년 3월 18일 제313-1990-12호
이메일  gwang80@hanmail.net
블로그  https://blog.naver.com/dkffk1020
한국교육연구네트워크  https://www.kednetwork.or.kr

ISBN 979-11-5930-332-6(03370)

How Not to be a Hypocrite: School Choice for the Morally Perplexed Parent
© 2003 Adam Swift
All Rights Reserved.

Authorized translation from the English language edition published by Routledge,
a member of the Taylor & Francis Group LLC, through Orange Agency
Korean translation © 2025, Sallimter Publishing Co.

*가격은 뒤표지에 있습니다.
*잘못된 책은 바꾸어 드립니다.
*이 책은 저작권법의 보호를 받는 저작물이므로 무단전재와 복제를 금합니다.

How not to be a hypocrite
School choice for the morally perplexed parent

# 위선자가 되지 않는 법

이상과 현실 사이에 선 학부모의 윤리적 딜레마

아담 스위프트 지음

곽덕주, 이승현, 이진호, 배춘환 옮김

살림터

| 차 례 |

저자 서문 _6

들어가며 _17

## 1부  학교법 선택하기

**1장** 나의 아이를 위해 무엇을 할 수 있을까? _30

**2장** 어디에 돈을 쓰고 있는가? _48

**3장** 선발에 무슨 문제가 있는가? _66

**4장** 현실이라는 세계 _85

**5장** 부모의 권리 존중하기_110

**결론** _133

## 2부   주어진 법 아래서 학교 선택하기

**6장**   위선, 진정성, 그리고 정당한 선택 _140

**7장**   정당한 편파성과 학교 선택 _156

**8장**   얼마나 좋아야 충분히 좋은 것일까? _183

**9장**   개인적인 선택은 소용없는가? _217

**10장**   집안 문제_242

**결론** _262

**역자 후기** _276

**부록**   사립학교에 대한 설문지 _292

        선별학교에 대한 설문지 _297

**추가 참고 읽기 자료** _302

**색인** _304

## 저자 서문

이 저서는 자녀의 학교를 선택하려는 부모들이 그로부터 마주하게 되는 도덕적 딜레마를 함께 고민하는 책이다.

대부분의 부모는 이런 문제에서 거의 선택의 여지가 없다. 자녀를 사립학교에 보내거나 더 나은 공립학교가 있는 학군으로 이사할 정도로 형편이 여의치 않기 때문이다. 또한 그들의 자녀는 능력에 따라 학생을 뽑는 선별학교[1]에 입학할 수 있을 만큼 똑똑하지도 않다. 이런 처지에 있는 부모들에게 이 책에서처럼 선택을 이슈로 삼는 것은 이미 엘리트주의적이고 자신과는 아무 상관 없는 문제로 보인다. 실제로 이들에게는, 선택 문제로 전전긍긍하는 많은 중산층 부모의 불안보다 더 어렵고 힘든 문제들이 있는 것이다.

다른 한편, 자녀가 다닐 학교를 선택할 수 있는 처지에 있는 많은 부모에게는 이것이 도덕적 딜레마를 제기하는 것 같지 않다. 그들에게는 자녀를 가장 좋은 학교에 보내는 것이 부모가 할 수 있는, 혹은 해야 하는 일이다. 그런 부모는 아무런 양심의 가책 없이 공교육 제도에서 벗어나기 위해 돈을 쓰고, 이사하고, 자녀가 장학금을 받게 하고, 또 그들을 문법학교[2]로 입학시키고 싶어 한다. 그들은 물론 선택에 어려움을 느낄지도 모른

---

[1] 입학 과정에서 기존 성적, 각종 자료, 시험 등을 통해 학생을 선발하는 학교. 예컨대 한국의 특수목적고등학교나 자율형 사립학교는 전형적인 선별학교인 반면, 초등학교와 중학교는 그렇지 않다.(*이하 모든 각주는 역자 주다.)
[2] 영국의 문법학교(grammar school)는 엘리트 선별학교의 일종이지만 우리나라 특목고처럼 국가가 지원하는 공

다. 다양한 요인을 고려해야 하고, 정보를 모아야 하고, 균형 잡힌 판단을 내려야 한다. 그래서 어떤 결정은 상당한 정도의 희망과 추정에 의지한다. 이 모든 것은 충분히 어려운 문제이지만, 도덕적인 어려움은 아니다. 이때 부모의 초점은 어떤 학교가 정말 '최선인지' 그리고 어떤 전략으로 아이들을 그 학교에 입학시킬 수 있는지에 있다. 이런 관점을 지닌 부모는 이 책이 도덕적인 면을 강조한다는 점에서 별나거나 비현실적이라고 느낄 것이다.

  자녀의 학교 선택에서 '도덕적' 문제를 인식하는 부모는 이와는 다른 문제들에 직면한다. 다른 부모들이 어떤 학교가 자기 자녀에게 최선인지를 고민할 때, 이들은 자기 자녀를 위해 최선을 추구하는 것이 (도덕적으로)[3] 정당한지를 고민한다. 이들은 자식 교육에 돈을 쓰려는 사람들의 의지나 능력에 따라 그 사회 아이들의 삶의 기회가 달라지는 교육제도에는 문제가 있다고 생각한다. 이들은 가장 유능하고 의욕적인 아이들을 따로 뽑아 가서, 이 아이들이 사회에 줄 수 있는 혜택을 대다수 사람이 누리지 못하게 하는, 그러한 사회적 운영 방식에 반대한다. 이들은 기회의 평등이 가능하다고 믿으며, 부모가 자녀를 위해 할 수 있는 일들도 필요하다면 제한되어야 한다고 생각한다. 그들은 자신의 원칙과 실천의 불일치에 대해서도 염려한다. 그러나 이처럼 기회의 평등에 신경을 쓰는 사람이라면, 자기 아이가 실제로 얼마나 불행하게 느끼든, 그리고 학업 결과가 얼마나 형편없든 상관없이, 아이를 집 근처 공립학교에 보내야 하는가? 일관성 있

---

립학교다.

3 이하 본문에서 ( ) 안은 저자가 언급한 것이고 [ ] 안은 독자의 이해를 위해 역자가 추가한 것이다.

는 사람이 되려면 더 나은 학교가 있는 학군으로 이사하는 것조차 삼가야 하는가? 혹은 교육제도가 마땅히 어떠해야 한다는 정치적 견해가 있는 사람이라도 (곧 어떠한 교육적 선택지는 모든 이에게 접근 가능해야 한다고 생각하더라도) 이미 다른 사람들에 의해 결정된 선택지 안에서 선택을 내려야 할 때는 기존 견해가 아무런 상관이 없어지는 것인가?

이 책은 위선에 관한 것이자, 자신이 말한 대로 실천한다는 것이 무엇을 의미하는지에 관한 책이다. 진보적인 성향의 중산층은 말과 실천의 불일치에 대한 비난에 늘 취약해 왔다. 그들은 민간 건강보험을 반대하면서도 민간 보험에 든다. 더 많은 세금을 기꺼이 내겠다면서 정작 많은 돈이 있어도 자발적으로 세금을 내지 않으며, 오히려 국가가 강제로 자신의 돈을 빼앗으려 한다고 주장한다. 이게 바로 샴페인 사회주의[4]다. 그러나 이런 태도는 교육에서 더 자주 문제가 된다. 왜냐하면 기회의 평등은 대단히 매력적인 (사회적) 이상인 동시에, 자녀의 미래 행복에 신경을 쓰는 모든 부모의 정당한 관심과 충돌하는 것처럼 보이기 때문이다.

나는 1996년 해리엇 하먼[5]을 보며 이 모든 것에 대해 체계적으로 생각하기 시작했다. 하먼은 자기 아들 중 한 명을 자신이 사는 사우스워크 바깥에 있는 선별형 사립학교에 보냈는데, 이는 명백하게 종합중등학교[6]를

---

[4] 샴페인 사회주의(Champagne socialism). 영국에서 진보적 가치를 추구하는 유력 계층을 비꼬아 이르는 말. 이를테면 한국의 '강남좌파'라는 말과 유사하다.

[5] Harriet Harman. 1950~. 영국의 변호사 겸 노동당 정치인. 1982년부터 국회의원을 지냈으며, 각종 내각과 그림자 내각 직책을 역임했고, 노동당 부대표를 2010년 5월부터 9월까지, 노동당 대표 권한대행 겸 야당 대표를 2015년 5월부터 9월까지 두 차례 역임했다.

[6] 종합중등학교(Comprehensive school). 영국의 비선발형 공립 중등교육기관. 초등학교 졸업시험 성적에 따라 중학교를 배정하던 정책이 폐지되고, 주로 대학교 진학을 목표로 하던 문법학교와 기초교육을 목표로 하던 신중

지지하겠다는 노동당의 당론에 위배된 선택이었다. (하먼의 첫째 아들은 이미 토니 블레어[7]의 아들이 다니는 가톨릭 공립학교인 런던 오라토리 학교[8]까지 장거리 통학을 했다.) 하먼은 당시 야당이던 노동당 그림자 내각[9]의 교육부 장관이었기 때문에 동료들은 그녀의 선택을 거세게 비난했다. 영국의 대표적인 진보신문인 가디언지는 "충격과 실망, 중산층의 이기심에 관한 모든 것"이라는 기사로 하먼에 관해 보도했다. 노동당 교육위원회 위원장 제럴드 스텐버그는 "당의 어떤 중진도 그녀의 행동을 비난하지 않았기에, 그녀가 한 일에 혐오와 분노를 표출하는 것이 제가 해야 할 일입니다."라며 항의의 표시로 사임했다. 언론의 평론가들은 이 일을 비평하는 데 아주 많은 시간을 보냈고, 영국의 대표적인 보수신문인 스펙테이터지는 "네, 우리는 신념이 없습니다"라는 제목의 칼럼을 실었다. 보수 정치인들은 하먼이 자신이 지지하는 정책과 다르게 아들에게 그런 종류의 교육을 받게 한 것을 발 빠르게 비난했다. 보수당은 〈위선〉이라고 불리는 보드게임을 출시했는데, 그 게임에서 위선 점수를 얻는 방법 중 한 가지는 자녀를 문법학교에 보내는 노동당의 후원자가 되는 것이었다.

하먼은 다양한 고려 사항에 기대어 호소하며, 자신의 결정에 대한 변론

---

등학교(secondary modern school)를 병합하며 설립되었다. 거칠게 비유하자면 한국의 '일반고'에 해당한다.
7   Tony Blair. 1953~. 1994년부터 2007년까지 영국 노동당 대표를 역임한 국회의원이자 영국 전 총리.
8   런던 오라토리 스쿨(London Oratory School). 영국의 유서 깊은 가톨릭 중등학교. 2006년 이후 학생 선발권을 포기했지만, 부유한 학군에 위치하며 명문 학교로 여겨지는 만큼, 일반적인 '종합중등학교'로 볼 수 있는지는 논쟁의 여지가 있다. 영국의 유력 정치인들이 이곳에 자녀를 보내면서 해당 논쟁에 불을 지폈다.
9   그림자 내각(Shadow Cabinet). 영국의 특징적 정치체제. 야당 지도자의 주도로 정부 내각에 대한 대체내각을 구성하고, 각 내각의 개별 구성원의 입장을 그림자 또는 거울로 비추고 있는 야당 대변인들로 구성된 고위집단이다. 정부의 정책과 행동을 면밀히 살피고 대안을 제시한다. 그림자 내각의 교육부장관(Shadow Secretary of State for Education)은 교육부 장관, 교육감, 교육부를 감시하면서 교육 관련 야당 정책을 총괄한다.

을 여러 차례 발표했다.

> 부모는 자녀를 위해 올바른 선택을 해야 한다는 것을 다른 많은 부모는 이해하리라 생각합니다. 우리가 다른 선택을 했다면 동물만도 못한 존재가 되었을 것입니다. … 당신의 자녀를 정치적 목적으로 이용하거나 정치적 경력을 쌓기 위해 이용하는 것은 분명히 옳지 않습니다. … 나는 사회 공학의 한 부분으로 자녀를 이용할 수 없다고 진정으로 믿습니다. … [부모가 학교를] 선택할 수 있게 한 제도 자체를 만든 것은 노동당이 아닙니다.

학술적으로 훈련된 정치철학자로서 나는 사람들이 한 덩어리로 제기하는 주장을 여러 가지 논점으로 구별하는 훈련을 받았는데, 이 사안도 그런 구별을 적용할 여지가 있어 보였다. 이런 내 생각은 언론 보도로 확인되었는데, 왜냐하면 신문에 기고문을 보낸 많은 진보성향의 부모들이, 대개는 고뇌에 찬 어조로, 자신의 정치적 신념과 개인적 실천 사이에 존재하는 듯한 갈등을 다루기 위해 어떤 시도를 했는지 보고해왔기 때문이다. 어쩌면 이 영역에서는 상아탑에서 익힌 기술이 정치철학자들뿐 아니라 일반인들도 갖는 고민을 더욱 명확하게 이해하는 데 기여할 수 있을지도 모르겠다는 생각이 들었다.

사실 나는 이 고민을 오랫동안 품어 왔다. 내가 7세였던 1968년, 우리 가족은 북부 런던을 가로질러 하이베리에서 햄스테드로 이사 왔다. 나는 [하이베리의] 길레스피 거리에 있는 한 공립 초등학교에서 햄스테드에 있는 전혀 다른 공립 초등학교로 전학 왔다. 길레스피 거리에서 나는 몇 안 되는 매우 소수의 중산층 아이 중 하나였다. 글을 읽을 수 있었기 때문에 평범하지 않다고 느꼈고, 셈하는 법을 보여주기 위해 고학년 교실에 간 적도 있다. 그래서 가끔 싸움에 말려들기도 했다. 그런데 새로 이사 온 햄스테드 뉴 엔드에는 나만큼 읽고 셈할 줄 아는 아이들이 많았다. 그곳에서 나는 싸움에 말려들지도 않았다. 이 문제를 두고 우리 부모님은 서로 의견을 달리하셨지만, 그럼에도 우리가 이사했던 이유는 부분적으로 햄스테드에 있는 학교가 '더 나은' 학교였기 때문이다.

11세가 되면서 나는 많은 고민 끝에 남자 문법학교인 윌리엄 엘리스로 진학했다. 나는 문법학교로 진학한 몇 안 되는 학생 중 하나였다. 나의 친구 대부분은 햄스테드 종합중등학교로 진학했고 몇몇은 사립학교로 갔다. 어떤 아이들은 나처럼 이사할 수 있는 형편이었음에도 사립학교에 진학하지 않았는데, 그 부모님들이 선발 제도에 반대했기 때문이었다. 윌리엄 엘리스 문법학교에 다니는 내내 나는 문법학교 자체가 못마땅했다. 중등학교 6학년[한국에서 고등학교 3학년]이 되었을 때, 이 학교가 종합중등학교로 전환되는 것을 보면서 나는 매우 기뻤다.

나에게는 12세와 10세인 두 아이가 있다. 둘 다 집 근처 공립학교에 다닌다. 우리는 일반적으로 '좋은' 종합중등학교로 여겨지는 학교들이 속한 학군에 살고 있다. 아내와 나는 언제든지 아이들을 사립학교에 보낼 수 있지만, 그것을 가능성으로만 두고 있다. 옥스포드나 런던 그리고 다른 대도시에 사는 친구나 동료들은 우리 지역을 부러워한다. 어떤 친구나 동료들은 자녀를 종합중등학교에서 빼내어 사립학교로 보냈다. 그들이 보기에 종합중등학교는 자기 아이에게 충분한 도전을 주지도 못하고, '아무것도 가르치지 않으며', 아이들은 학교를 지루해하고, 학교에서 부모가 원하는 방식의 훈육이 이뤄지거나 장려되지도 않으며, 사립학교에서 다양하게 제공하는 교과외 시설(체육실, 음악실 등등)을 갖추고 있지도 않다.

한편, 학자로서 나의 연구는 '공동체', '사회 정의', '기회의 평등', '능력주의', '사회적 이동성' 등에 초점을 두고 있다. 나는 노동자층 아이보다 중산층 아이에게 중산층의 직업을 얻을 기회가 서너 배쯤 더 주어진다는 사실을 알고 있다. (누구나 알지 않는가?) 우리는 이것이 계층과 교육의 연관성 때문임을 안다. 우리가 학교를 조직하는 방식은 기회의 불평등을 특징으로 하는 사회 계층화를 고착시킴으로써, 사회의 불평등을 재생산한다. 그리고 나는 그러한 세상에서 스스로의 원칙에 따라 행위한다는 것이 무엇을 의미하는지를 사유한다. 우리는 우리가 바라는 세상이 아니라 있는 그대로의 세상에서 의사결정을 내려야 한다. 이때, '사회제도'가 마땅히 어떠해야 한다는 나의 정치적 견해는, 나의 개인적 신념 및 행위와 어떤 관계여야 하는가? 나의 연구는 이러한 질문에 초점을 둔다.

정치철학은 대개 이상적인 사회에 더 관심을 둔다. 예를 들어, 교육제도를 포함한 사회적·정치적 제도가 어떠한 모습이어야 하는지를 묻는 것이다. 사실 이 책도 부분적으로는 그러하다. 나는 왜 우리가 사립학교와 선별학교를 반대해야 하는지, 왜 그런 학교가 없어져야만 우리 사회가 더 나아지는지, 왜 그런 학교를 폐지하는 데 우리가 투표해야 하는지 설명할 것이다. 물론 이상적인 사회의 모습을 안다고 해서 그것이 곧 우리가 살고 있는 바로 지금, 여기서 무엇을 해야 하는지에 대해 많은 답을 주지는 않을 것이다. 응용정치철학은 바로 이런 질문에 관심을 갖는다. 현실에서 사람들이 안고 살아가는 딜레마에 적용되는 주제들을 탐구하는 것이다.

독자는 이 책이 애당초 어떤 이유로 씌어졌는지, 그리고 결국 무슨 이야기를 하려는지 궁금할 것이다. 나의 결론은 많은 사람이 환영할 만한 것이기 때문에 기꺼이 결론부터 말하겠다. 내 생각에, 특정 학교를 폐지하는 데 투표하는 부모라 하더라도, 바로 그 학교에 자기 아이를 위선이나 모순을 저지르지 않고도 보낼 방법은 **많다**. 그렇기에 이 문제로 괴로워하는 사람들에게 이 책은 좋은 소식이 될 것이다. 더 좋은 소식은 단순히 위선자가 되는 것을 피하는 정도가 아니라 심지어 그 결정이 옳을 수도 있다는 점이다. (후술하겠지만, 위선이야 아니냐의 문제는 사실 다소 논점 일탈에 가깝다.) 즉 부모가 스스로 폐지해야 한다고 주장하는 그런 학교에 자녀를 보내는 것은 실로 정당화될 수 있다. 따라서 [진보적 성향의] 부모는 자신의 원칙과 실천 사이에서 반드시 하나를 선택할 필요가 없다. 자신의 이상대로 살아내지 못했다고 해서 괴로워할 필요도 없다. 그런 부모들은 자신이 추구하는 가치를 위해 자기 아이를 희생하지 않아도 된다. 곧 좋은 시민인 동시에 좋은 부모도 될 수 있는 것이다.

여기까지는 좋은 소식이다. 나쁜 소식도 있는데, 그러한 선택은 위선이나 모순을 저지를 상당한 여지를 남긴다는 것이며, 나아가 그러한 선택이 나쁜 선택, 특히 도덕적으로 나쁜 선택일 여지도 크다는 점이다. 나는 많은 사람이 이런 잘못된 선택에 대한 비난에서 자유롭지 않다고 생각한다. 그러나 정말 이들이 비난받을 짓을 했는지는 각 사례의 세부 조건에 달려 있다. 그 방법을 알고 싶다면 독자는 이 책을 읽어야 한다.

이 짧은 책을 집필하는 데 오랜 시간이 걸렸으며, 그 과정에서 많은 이들에게 빚을 졌다. 먼저 이 작업을 마칠 수 있게 허락해준 연구 독자층을 위한 영국 학사원의 동료들과, 이 글을 마칠 수 있는 최고의 환경을 제공해준 너필드의 동료들, 그리고 내가 일상 업무로부터 시간을 낼 수 있도록 허락해준 베일리얼 칼리지의 동료들, 마지막으로 나의 부재로 추가 부담을 져야 했던 옥스퍼드 대학교의 정치/국제관계학과 동료들에게 진심으로 고마운 마음을 전한다. 원고의 대부분은 내가 호주 국립대학의 사회과학 연구대학에 방문교수로 있을 때 작성했으며, 또 많은 부분은 MIT의 정치학과에 방문교수로 있을 때 수정되었다. 두 학교의 친절한 환대에 진심으로 고마움을 표한다.

나는 학교 선택에 관한 글을 호주 국립대학교, 런던 교육대, 캐나다의 퀸즈 대학교, 하버드, 노팅엄, 옥스포드, 서섹스 그리고 위스콘신 대학교에서 발표했다. 내 글의 문제점을 지적해주고 발전시킬 수 있도록 반론과 제안을 전해준 모든 이들과, 이 문제에 관해 많은 이야기와 글을 전해준 다음의 모든 친구, 동료들에게 고마운 마음을 전한다. 데이빗 박허스트(David Bakhurst), 브라이언 배리(Brian Barry), 댄 버트(Dan Butt), 파울라 카살(Paula Casal), 맷 카바나(Matt Cavanagh), 제리 코헨(Jerry Cohen), 세실 파브르(Cecile Fabre), 앨러스테어 퍼니(Alastair Fernie), 크리스틴 퍼스(Christine Firth), 조이 피쉬킨(Joey Fishkin), 엘리자베스 프레이저(Elizabeth Frazer), 나틸리 골드(Natalie Gold), 사라 하퍼(Sarah Harper), 더글라스 호지(Douglas Hodge), 리처드

홀턴(Richard Holton), 케네스 맥도널드(Kenneth Macdonald), 앤 맥피어슨(Anne Macpherson), 앤드루 메이슨(Andrew Mason), 루카스 메이어(Lukas Meyer), 데이빗 밀러(David Miller), 존 밀러(John Miller), 러스 뮈어헤드(Russ Muirhead), 스테판 멀홀(Stephen Mulhall), 글렌 너웨이(Glen Newey), 세레나 올사레티(Serena Olsaretti), 마틴 오닐(Martin O'Neill), 캐리 오펜하임(Carey Oppenheim), 테리 오쇼너시(Terry O'Shaughnessy), 마크필프(Mark Philp), 진 시톤(Jean Seaton), 세바스티언 세커 워커(Sebastian Secker Walker), 제인 스테이플턴(Jane Stapleton), 레베카 수렌더(Rebecca Surender), 폴 테일러(Paul Taylor), 스티븐 워너(Steven Warner), 앤드루 윌리엄스(Andrew Williams). 그리고 해리 브릭하우스(Harry Brighouse), 매튜 클레이튼(Matthew Clayton), 크리스틴 시프노위치(Christine Sypnowich) 그리고 일레인 운터홀터(Elaine Unterhalter)는 내 원고를 읽고 자세하게 논평해주었기에 특별히 감사를 표한다. 학자들을 위한 학술지로 시작한 이 글이 부모를 위한 책으로 탄생해야 한다고 처음 제안해준 것은 바로 브릭하우스였다. 그의 독려와 조언이 없었다면 이 작업은 불가능했을 것이다. 이 모든 이름을 보니 나는 정말 운이 좋은 사람이었다는 것을 깨닫는다. 바라는 것은, 이 책이 내가 글을 쓰면서 받았던 도움의 흔적들을 제대로 보여주는 것뿐이다. 이 글은 많은 전문가의 철저한 검토를 거쳤기 때문에 만약 어떤 실수라도 남아 있다면 그것은 오로지 나의 고집스러움 탓이다.

책이 이처럼 좋은 환경에서 쓰여졌기 때문에, 가족과 함께하지 못하는 툴툴대는 아빠를 참아주어서 고맙다는 뻔한 사과조의 인사를 솔직히 할 수 없을 것 같다. 그 대신, 나의 변함없는 기쁨이 되어준 것에 대한 감사를 우리 두 아이, 대니와 릴리에게 전한다. 끝으로 나에게 고뇌하는 법을 가르쳐 주신 어머니께 큰 사랑을 담아 이 책을 바친다.

## 들어가며

이렇게 말하니까 꼭 고자질하는 느낌이지만, 솔직히 말해서 올리버는 아무것도 배운 것이 없어요. 교사들은 최선을 다했지만, 대부분의 시간을 문제아를 통제하는 데 사용할 수밖에 없었죠. 알다시피 올리버는 똑똑해서 학교에서 배우는 모든 것이 너무 쉬웠어요. 그래서 점점 지루해했고 흥미를 잃어갔어요. 우리는 올리버가 학교에 완전히 관심이 없어질까 걱정했어요. 올리버의 사촌 톰을 보면 아시겠지만, 결국 나쁜 애들과 어울리면서 탈선했잖아요. 제 여동생은 이상한 낌새를 진작에 알아차려야 했다고 자책하고 있어요.

똑똑한 애들을 둔 부모나 집에서 아이들을 어떻게 도와야 하는지 아는 부모는 편하죠. 그런 아이는 어느 학교에 가든지 괜찮을 테니, 부모가 자기 선택에 도덕적 부담을 느끼지 않죠. 저희 애들은 특별하지는 않고 평균 정도 같아요. 저희는 대학에 가지 않았기 때문에, 제도적으로 어떻게 아이들을 도울 수 있는지 잘 모릅니다. 아이들의 삶에 공평한 기회를 마련해주기 위해 학교에 돈을 쓰는 것이 뭐가 문제인지 모르겠어요. 제가 보기에 우리는 그냥 남들보다 처지지 않을 만큼 할 뿐입니다.

이건 정부 탓이에요. 차라리 본분에 충실한 교사들에게 돈을 제대로 쓴다면 문제가 없을 겁니다. 우리가 낸 세금을 온전히 교육에 쓴다면 나는 기꺼이 세금을 더 낼 수 있습니다. 하지만 이기적인 사람들 때문에 우리 아이들이 왜 불이익을 받아야 하는지 모르겠네요. 부모의 소신을 위해 아이를 희생시키는 것은 옳지 않습니다.

저도 마음이 편치만은 않습니다. 솔직히 부분적으로는, 제이미가 거만하고 자기만 아는 사람이 되길 원치 않기 때문입니다. 요즘 사립학교 출신들이 좀 그렇잖아요! 하지만 저희 둘 다 전통 있는 문법학교에 다녔고 거기서 배운 것에 감사해요. 저희가 학교에 다니며 느꼈던 기쁨을 제이미는 모를 거라고 생각하면 끔찍합니다. 게다가 공립학교에서 들려오는 경악스러운 이야기들이 있잖아요. 예전에 공교육 제도에서 누렸던 것을 이제는 사립학교에 가야만 얻을 수 있다는 게 슬픈 일이죠. 우리 아이는 장학금을 받을 수 있어서 운이 좋았어요. 더 좋은 학교가 있는 옆 동네로 이사하고 싶었지만 그럴 형편이 안 됐습니다. 여기 살면서 제이미가 좋은 친구들과 어울리기를 바랄 뿐입니다.

아이를 갖기 전에는 사립학교 교육이나 민간 보험에 대해 생각해본 적이 없습니다. 부모가 되면 뭔가 달라집니다. 많은 것이 다르게 보이고 자녀를 위해 최선의 것을 원하게 되죠. 저희 아이들은 지금 근처의 사립학교에 다니고 있습니다. 아이들은 차라리 종합중등학교에 다니는 게 낫겠다고 합니다. 아이들은 나중에 부모가 되면 자기 아이를 절대로 사립학교에 보내지 않겠다고 하지만, 때가 되면 이들의 마음도 바뀔 거라고 장담합니다.

이들 다섯 부모는 자녀를 사립학교에 보내기로 한 자신의 결정을 정당화하는 것에 다소 난처해했다. 각자 이유가 다르고 여러 가지 이유에 호소하는 부모도 있다. 그러나 그게 전부는 아니다. 자녀를 사립학교에 보내기로 한 결정이 이기적이거나 부도덕해서가 아니라고 자신과 다른 사람들을 설득할 수 있는 이유는 무수히 많다. 이 책은 그런 정당화들을 자세히 살펴보면서 그에 동원되는 논리를 여러 가닥으로 나누어 볼 것이다. 이것의 목표는 겨에서 밀알을 골라내듯이, 어떠한 논리가 면밀한 검증을 통과할 수 있는지 살피는 것이다.

공교육 영역에서도 비슷한 문제가 발생한다. 종합중등학교 제도에 찬성한다는 부모가 자기 아이를 문법학교에 보낸다. 학교 순위표를 보면서 어디에 집을 살지 결정한다. 어떤 사람들은 자신이 사는 곳을 속이기도 한다. 또 옆 동네에 있는 가장 좋은 학교가 가톨릭계 학교임을 알게 된 사람들은 신기하게도 자신의 신앙을 재발견한다. 이들 중 몇몇은 자녀를 사립학교에 보내는 부모와 마찬가지로 양심의 가책을 느끼지 않는다. 어쩌면 많은 사람이 그렇다. 공립과 사립 사이에서 선택할 때가 더 극명하겠지만, 이 책은 여러 종류의 공립학교 사이에서 선택할 때 발생하는 도덕성까지도 살펴볼 것이다.

이것은 어려운 영역이다. 부모들만 어렵다고 느끼는 것이 아니다. 우리도 그 어려움을 알고 있다. 나아가 부모들이 그로 인해 죄책감과 불편함에 몸서리친다는 것도 알고 있다. 이건 정말 어려운 문제다. 학교 선택 문제는 오랫동안 철학자들과 사회학자들이 첨예하게 대립해온 많은 논란의 중심에 있다. 아무리 이 책을 주의 깊게 읽더라도 결국 무엇을 믿어야 할지 불확실할 수도 있다. 하지만 바라건대, 이 책을 읽은 독자는 논쟁에 걸려 있는 가치들이 무엇인지, 그리고 특정한 입장을 선택하거나 거부할 수 있는 이유가 무엇인지를 보다 분명하게 볼 수 있을 것이다.

한편으로 내가 이야기하는 내용의 많은 부분은 우리에게 친숙할 것이다. 이는 문제가 아니다. 오히려, 이 문제를 두고 씨름해 본 부모라면 누구나 잘 아는 익숙한 논증들을 검토해 보는 것이 나의 목적이다. 운이 좋다면 이러한 검토를 통해 새로운 성과를 거둘 수 있을 것이다. 즉, 어설픈 윤곽으로만 있던 생각들을 더 깊이 이해하고, 서로 다른 고려 사항들이 어떻게 조화를 이루는지 알게 되고, 경쟁하는 사상들이 어떻게 충돌하는지 인식하며, 어쩌면 그러한 갈등을 해결할 방법까지도 발견할지 모르겠다. 다만 나는 부모들이 이 문제를 스스로 받아들이는 방식을 따라가면서 논의를 진행하려 한다. 그러므로 대단한 계시나 독창성을 기대하지는 말기를 바란다. 도덕철학이나 정치철학을 공부한 사람들은 흔히 철학 역시 역설로 가득하다고 느낀다. [결국] 철학은 우리가 이미 아는 사실을 드러낼 뿐이다. 나는 그것으로 만족하려고 한다.

이 말만 들으면 내가 가진 목적이 소박하고, 판단하려 들지 않으며, 도전하기보다는 명료한 설명을 제공하는 데 초점이 있는 것처럼 들릴지도 모르겠다. 하지만 나의 목적은 이와 거리가 멀다. 나는 온갖 논쟁적인 견해를 펼칠 예정이다. 유럽인권협약에 따라 부모에게 자녀를 사립학교에 보낼 권리가 있다고 보는 것이 잘못되었다는 주장. 부모가 자녀에게 가능한 한 최선의 교육을 제공하는 것이 정당화될 수 없다는 주장. 만약 자녀를 집 근처 종합중등학교에서 빼내는 것이 자녀의 삶에 공평한 기회를 부여할 수 있는 유일한 방법이라면 그것이 정당화될 수 있다는 주장. 그리고 기타 등등. 이 책은 해야 할 것과 하지 말아야 할 것에 대한 내용으로 가득하다. 누군가는 이것을 잘난 척이나 윗사람의 명령처럼 느낄지도 모른다. 당신은 내가 정치철학 전문가로서 당신이 어떻게 투표할지에 대해 이래라저래라 할 자격이 없을뿐더러, 당신 자녀를 어떻게 교육해야 하는지에 대해서는 더더욱 그럴 자격이 없다고 생각할지도 모른다. 심지어 사람들에게 다른 법안 대신 특정 법안에 투표하라고 해야 하는 정치인들조차, 사립학교 논쟁에서는 도덕적 처방을 제공하길 꺼린다. 하지만 정치인은 사람들의 심기를 거스르지 않도록 조심해야 하는 사람들이다. 나에겐 그런 염려가 없다. 또한, 나는 누군가 무엇을 하게끔 **강요하려는 것**이 아니다. 심지어 나는 누군가가 무엇에 **동의하도록** 하려는 것도 아니다. 이 책은 부모가 특정 상황에서 무엇을 하고 하지 말아야 하는지에 대해 나의 관점을 뒷받침하는 이유를 제시할 뿐이다. 여러 근거를 제공하려는 것뿐이다. 다소 권위적인 태도는 이 영역에서 자연스러운 일이다.

   내 이야기가 지나치게 익숙하거나 지나치게 처방적이라는 비판에 덧붙여, 세 번째 문제는 내가 한 번에 하나의 논증이나 생각을 다루기 때문에, 때로는 지엽적인 문제에 함몰되는 것처럼 보일지도 모른다는 점이다. 여기까지 책을 읽을 정도로 관심 있는 부모라면 자녀를 어떤 학교에 보낼지 결정하는 일에는 다양한 고려사항이 필요하다는 사실을 알고 있을 것이다. 그러한 고려사항은 동시에 작용하는 것이지만, 따로따로 떼어서 생각해봐야 한다. 상이한 이유들이 상이한 방향으로 우리를 이끄는 가운데, 우리의 판단은 본질적으로 각 고려사항에 어느 정도의 비중을 두는지에 달려있다. 때로는 서로 다른 이유가 같은 결론에 도달하는 경우도 있다. (해리엇 하먼은 명백히 이렇게 생각한 것 같다.) 그렇다면 한 가지 종류의 이유에만 지면을 할애하면서 그 이유를 여러 가지로 변형해 보고, 이를 다시 여러 가지 상황에 적용해보는 것이 과연 중요할까? 오히려 수많은 요소가 동시에 유효할 수 있다는 점을 인정하면서, 이를 진지하게 다루는 방식으로 문제에 접근하는 것이 더 좋은 방식은 아닐까?

내게 모든 것을 한꺼번에 글로 다루고 또 공표할 방도가 있었다면, 그리고 독자들이 그대로 따라올 수 있다고 생각했다면, 나는 기꺼이 그렇게 했을 것이다. 그러나 철학자들이 받은 훈련 중 하나는 바로 논의 중인 이슈에 적절하다고 생각되는 상이한 아이디어를 정확하게 분리하고, 그것들을 하나하나 고려해보는 것이다. 철학자들은 단일한 노선의 논변이 어디에 이르는지 보기 위해 곁가지로 빠지려는 유혹을 물리치고 (곁가지 생각이 나중에 가서는 유효할지라도) 한 가지 논변을 끝까지 붙잡는 법을 알고 있다. 곁가지는 잠시 유보해 두다가, 다시 그리로 돌아오면 되는 것이다. 그때 가서야 우리는 곁가지 생각을 현미경 아래로 가져와서, 기존 생각과 정확히 어떤 관련을 맺고 있는지를 관찰하는 것이다. 이것이 바로 '분석적' 방법이다. 나의 희망은 각 노선의 논변을 (지루할 정도로) 자세히 탐색한 후, 그것들을 다시 한 곳에 모아 종합적인 결정을 내리는 것이다. 그것이 나의 바람이다.

*

이 책은 두 부분으로 나뉘어 있는데, 꽤 상이한 두 질문이 각각 논의의 대상이기 때문이다. 하나는 거시적인 질문이다. 어떤 규칙이 교육제도를 지배하고 안내해야 할까? 부모에게 어떤 선택이 가능해야 할까? 아이 학교 문제로 고민하는 부모라면 지금의 법이 불공평(unfairness)을 초래하기 때문에 잘못되었고, 따라서 다른 학교법을 위해 투표해야 한다고 생각할 것이다. 다른 하나는 미시적인 질문이다. 주어진 기존 규칙 아래서 특정한 아이에게 어떤 선택의 특정한 학교가 정당화되는가? 부모가 자녀를 위해 가능한 한 최선의 교육을 추구하는 것은 옳은 행위인가? 자식 교육 문제를 고민하는 부모는 자녀를 위해 무엇을 해야 하고 무엇을 하면 안 되는지 알고 싶어 한다. 물론 그들은 거시적인 질문에 대한 답이 미시적인 질문에 대한 답과 일관되는지에 대해서도 염려한다.

1부 '학교법 선택하기'는 자녀를 위해 어떤 선택지의 학교교육이 부모에게 열려있어야 하는지, 교육제도가 어떻게 조직되어야 하는지를 논의한다. 2부 '주어진 법 아래서 학교 선택하기'는 부모들이 스스로 비판했던 종류의 학교에 아이를 보내는 것을 정당화하는 스무 가지 상이한 방법을 하나하나 다뤄본다. 나는 특정 상황에서는 부모 자신이 폐지해야 한다고 투표했던 학교에 자녀를 보내는 일이 위선적이지 않을 뿐만 아니라 정당화될 수도 있다고 주장할 것이다.

따라서 1부는 학교제도가 어떻게 조직되어야 하는지, 어떤 학교는 허가되어야 하고 어떤 학교는 그렇지 않아야 하는지에 관한 내용이다. 이 문제에 대한 입장은 어떤 교육제도에 우리가 투표해야 하는지를 결정한다. 그러나 현재의 교육제도를 선택한 것은 부모 개개인이 아니다. 우리는 우리가 선호하는 제도와는 별개로, 주어진 제도 아래서 자녀를 위한 선택을 내려야 한다. 2부는 이런 관점에서 문제를 바라본다. 위선자라는 비난을 이해하기 위해 우리는 정치적 신념이 개인의 행위와 어떤 관련이 있는지 살펴보아야 한다. 전혀 이상적이지 않은 맥락, 더구나 타인이 결정한 맥락 아래 있는 개인에게, 이상적인 제도에 대한 신념은 무엇을 함의하는가? 이것이야말로 당혹스러워하는 부모들의 불편한 생각 뒤에 놓인 심오한 이슈다.

\*

전문 용어에 대해 두 가지를 짚고 가자. 먼저 나는 집 근처 종합중등학교를 피하고자 자녀를 선별학교나 사립학교에 보내려 돈을 쓰는 부모에 대해 이야기할 것이다. 여기에 오해가 있을 수 있다. 종합중등학교는 다양한 사회적 계층을 반영하며 다양한 아이들이 함께 지내는 곳이다. 형편이 더 나은 아이들이 사립학교나 선별학교 진학을 선호한다면, 남겨진 아이들은 사회적으로 다양한 계층을 대표할 수 없으므로 종합중등학교의 '종합'이란 단어는 이름만 남게 될 것이다. 이것이 중요한 이유는 종합중등학교에 자녀를 보내는 것을 진심으로 행복해했던 몇몇 부모들이 더 이상 이름뿐인 종합중등학교에 자녀를 보내고 싶어 하지 않을 수도 있기 때문이다. 따라서 종종 부모가 자녀를 학교에서 빼낼 때 그들이 벗어나려는 학교는 엄밀히 말해 종합중등학교가 아닐 수도 있다. 그 학교는 사실 '종합'

학교가 아니기 때문이다. 이런 경고와 함께 나는 집 근처의 종합중등학교에 대해 계속 이야기할 것이다.

위의 문단에서 다룬 가상의 학생은 여자아이였다. 이것이 나의 두 번째 논점, 즉 젠더화된 언어의 위험성을 드러낸다. 대부분의 사람은 불특정한 누군가를 지칭할 때 그 사람의 성별을 '그'나 '그의' 같은 표현을 사용해 나타낸다. 일반적으로 나는 '그녀'나 '그녀의' 같은 표현을 선호하는데, 왜냐하면 이것은 사회적 불균형을 시정하고, 나아가 이 문제에 독자들이 더 민감하게 반응할 수 있게 돕기 위한 나름의 정치적으로 올바른 실천이기 때문이다. 그러나 이 책에서 이런 실천에는 한 가지 어려움이 따른다. 여기에는 수많은 가상의 자녀와 부모가 등장한다. 나는 복수 형태의 '부모들'로 이야기할 수 없는데, 그 까닭은 신념을 가진 것은 개인들이며, 우리가 앞으로 보겠지만, 부모들은 자녀 문제에서 서로 동의하지 않을 수도 있기 때문이다. 그러나 한 문장에 너무 많은 '그' 혹은 '그녀'가 혼용되어 있으면 혼란스러울 수 있기 때문에, 즉 독자들이 대체 누구를 지칭하는 것인지 놓칠 수 있기 때문에, 나는 부모와 자녀를 서로 다른 젠더로 표현하고자 한다. 하지만 어떤 쪽을 택할 것인가? 문제는 젠더가 중요하다는 것이다. 부모를 남성으로 그리고 자녀를 여성으로 표현하는 것은 결정권이 아빠에게 있다는 구시대적 가부장제를 연상시킬지도 모른다. 그 반대 경우는 자녀 양육이 일차적으로 엄마의 책임이라는 함의를 줄 수도 있다. 둘 사이에서 대안을 찾는 것은 혼란스러운 일이다. 이건 누구도 승자가 될 수 없는 상황이다. 이 문제를 강조했다는 점을 변명으로 삼으며 결정하자면, 나는 결국 부모는 여성으로, 자녀는 남성으로 표현할 것이고, 따라서 이 책에는 수많은 엄마와 아들들이 등장할 것이다. '엄마는 아들을 그의 잠재력이 충분히 발휘되지 못할 것 같은 학교로 보내야만 하는가?'와 같이 말이다. 그 반대일 수도 있다는 점을 명심하라. '아빠가 딸을 따돌림당할지도 모르는 학교로 보내야만 하는가?'와 같이 말이다. 부모가 문장에 드러나지 않을 경우에는 자녀를 여성으로 표현할 것이다.

# 1부

## 학교법 선택하기

아이를 사립학교나 선별학교에 보내는 것이 위선인지 아닌지 알아보려면 사람들이 그런 학교에 반감을 갖고 그런 학교를 폐지해야 한다고 생각하는 이유를 들여다볼 필요가 있다. 나는 이 문제를 그저 기술적으로(descriptively) 제시할 수도 있다. 위선이라는 것은 사람들이 자기 신념과 일관되게 행위하는지에 대한 문제이고, 우리가 곧 보겠지만, 위선의 문제는 해당 신념에 대한 비판적 검토를 거쳤는지 여부와 상관없이 독립적으로 결정될 수 있다. 그러나 나는 여기 머물고 싶지 않다. 나는 기술할 뿐 아니라 판단할 것이며, 사립학교와 선별학교에 반대하는 사람들이 옳다는 점을 논증할 것이다.

사립학교를 폐지해야 한다는 주장은 매우 논쟁적이어서 이 책 1부가 쓸모없는 유토피아론처럼 보일 수도 있다. 사립학교 폐지론은 현재 (영국에서는) 정치적 의제가 아니다. UN 인권선언에는 "부모는 아이에게 주어질 교육에 대해 우선적으로 선택할 권한이 있다."라고 명시되어 있다. 2000년 영국법에 통합된 유럽인권협약은 "국가는 부모의 종교적·철학적 신념에 따라 자녀를 교육하고 가르칠 … 권리를 존중해야 한다."라고 명시하고 있다. 이것을 넓게 적용하면 사립학교 교육 폐지는 불법으로 간주될 수도 있는 조항이 된다. 전 교육부 장관 에스텔 모리스는 사립학교에 자녀를 보내려는 부모의 바람을 노동당은 '항상 존중할 것'이라고 말한 바 있다. 한편 선발에 대한 정부의 태도는 자못 혼란스럽다. 한편으로 [영국] 정부는 공식적으로 종합중등학교를 지지하면서도, 또 한편으로는 현존하는 문법학교를 폐지하려는 각 지역 부모들의 시도를 (부당하게도) 방해하고 있다. 그러면서 정부는 특성화된 종합중등학교를 지원하는데, 많은 이들은 이것이 이름만 바꾸어 선발을 장려하는 것이라고 비판한다.

내가 이 두 종류의 학교를 비판한다고 해서 그런 학교가 없어질 거라고 생각하지는 않는다. 그러나 중요한 점은, 집 근처 종합중등학교에서 자녀를 빼내도 될지 고민하는 부모가 정말 중요한 고민을 하고 있다는 점이다. 이런 부모들은 자신이 어떤 정치적 신념을 저버리는 게 아닐지 걱정하는데, 그 정치적 신념은 사실 틀리지 않았다. 자녀를 종합중등학교에서 빼내는 것이 정당화될 수도, 그렇지 않을 수도 있다. 나는 이 문제를 2부에서 다룰 것이다. 그러나 그 선택권을 주지 않는 학교법을 위해 투표하는 것은 부모들에게 옳은 선택이다.

그 이유를 알기 위해 우리는 다양한 주제를 각 장에서 하나씩 다룰 것이다. 1장은 자녀를 위한 부모의 결정이 어디까지 허용될 수 있는지에 관한 근본적인 질문에서 시작한다. 누구도 부모가 할 자격이 있는 일을 금지하는 법에 투표해서는 안 된다. 나는 부모의 편파성이 언제 정당하고 또 언제 정당하지 않은지 결정하는 방법을 제시할 것이다. 2장에서는 '교육'의 복합적인 성격에 대해 논의한다. 자녀를 사립학교에 보낼 때, 또는 '좋은' 종합중등학교에 갈 수 있는 학군으로 이사할 때, 부모는 정확히 무엇에 돈을 쓰는 것일까? 그리고 3장에서는 사립학교와 선별학교의 차이와 유사성에 대해 탐구하겠다. 사립학교 교육을 반대하는 많은 사람이 능력에 의한 선발은 문제시하지 않는다. 공교육 제도하에서 [능력에 따라] 선발하는 것은 [예컨대, 한국의 경우 공립 과학고등학교, 특수목적고등학교, 혹은 비평준화 지역의 자율형 공립고], 사립학교와 같은 민간 영역에서 제기되는 것과 같은 도덕적 문제를 제기하는가? [예컨대, 다수 국제학교, 자율형 사립고, 사립 특수목적고등학교 등].

4장에서는 현실의 복잡함을 다룬다. 나는 사람들이 실제 현실에서 어떻게 투표해야 하는지를 말하고자 한다. 어쩌면 사립학교나 선별학교를 반대하는 것은 원칙적으로 정당하지만, 실제로 그런 학교가 우리 현실에 없다면 상황은 더 나쁠지도 모른다. 5장은 정당한 편파성에 대한 더 깊은 논의를 통해 우리를 철학으로 초대한다. 아이들과 관련된 부모의 '권리' 또는 '의무'가 무엇을 의미하는지 살펴보고, 그 결과가 가져오는 도덕적 의미에 관해 숙고할 것이다. 부모가 아이를 위해 할 수 있는 일은 얼마나 많은 다른 사람이, 얼마나 심각하게 영향을 받는지에 따라 결정되어야 한다. 1부는 이상의 논의를 종합하여, 사립학교와 선별학교의 혜택을 받을 수 있는 아이를 둔 부모조차 왜 그런 학교를 폐지하는 데 투표해야 하는지 설명하는 것으로 마무리된다.

# 1장
# 나의 아이를 위해 무엇을 할 수 있을까?

 나는 아이에게 무엇을 해줄 수 있을까? 보통 이 질문은 도덕적이기보다는 실천적인 질문으로 느껴진다. 돈, 시간, 에너지, 정보, 인맥 같은 여러 자원과 그것을 선택할 능력이 주어져 있을 때, 나는 아이들에게 최선의 이익을 주기 위해 어떻게 행위할 것인가? 무엇이 아이들의 성공과 행복을 극대화하기 위한 최선의 길일까? 아이들을 위험으로부터 지키고, 그들이 세상에서 자신의 길을 가는 데 필요한 기술을 갖추게 하려면, 나는 무엇을 해야 할까?

 그러나 '내가 아이들을 위해 무엇을 해줄 수 있을까?'라는 질문은 사실 도덕적인 질문이기도 하다. 이때 그것은 실천적으로 무엇이 가능한지가 아니라 도덕적으로 무엇이 허용되는지에 관한 질문이다. 그 이유인즉, 부모가 자녀를 위해 해줄 수 있도록 허용되는 일에는 한계가 있기 때문이다. 한 미국인 여성이 치어리더 자리를 놓고 자기 딸과 경쟁하던 소녀를 살해하려던 혐의로 기소된 적이 있다. 그 어머니는 자기 딸의 이익에만 과도하게 집착했다. 그녀는 너무 멀리 간 것이다. 나는 대부분의 저녁 시간에 아이들을 위해 머리맡에서 동화를 읽어준다. 나는 내 아이들에게만 특별하고 편파적인 관심이 있다. 나는 아이들에게 책을 읽어주는 것이 이들의 미래에 도움이 될 것을 알고 있다. 그것은 또한 다른 불운한 사람들은 누리지 못하는 이점이다. 우리 아이들이 누리는 것을 그들은 누릴 수 없다는 것은 물론 불공평하다. 운동장은 기울어져 있다. 머리맡에서 동화를 읽어주는 것은 그 운동장을 자기 아이들에게 유리하게 기울이는 것이다. 그렇다 하더라도 그것을 금지해야 한다고 주장하는 사람은 거의 없을 것이다. 머리맡 동화 읽기는 선을 넘지 않는다.

우리는 부모가 자녀를 위해 하는 행위들을 하나의 연속선상에서 생각해볼 수 있다. 한쪽 끝에 살인이 있고 그 반대쪽 끝에 머리맡 동화 읽기가 있다. 그 사이에 다음과 같은 것들이 있다. 아이를 위해 도둑질하는 것, 자녀의 취업을 위해 인맥을 사용하는 것, 돈을 물려주는 것, 자녀를 사립학교에 보내는 것, 보험에 가입하는 것, 아이들을 해외로 휴가 보내는 것, 컴퓨터와 책을 사주는 것, 숙제를 도와주는 것, 아이들의 먹을거리가 안전한지 챙기는 것 등등. 이런 것들은 다른 아이들보다 우리 아이를 우위에 서게 해준다. 이것들 중 어떤 것은 정당하고 어떤 것은 그렇지 않은가?

## 부모의 편파성 대 기회의 평등

부모가 자녀를 위해 하는 일에는 두 가지 측면이 있다. 한 측면은 아이가 어른이 되기 전, 어린 시절 동안 유익한 것이다. 이것을 소비적 측면이라고 부르자. 한동안 자전거를 사달라고 조르던 아이에게 자전거를 사주는 것은 그제야 아이가 친구들과 자전거를 타며 어울릴 수 있기에 좋은 일이다. 한편, 다른 측면은 아이들의 미래에 유익을 가져다 줄 공산이 높다. 이것을 투자적(또는 형성적) 측면이라고 부르자. 아이들이 피아노를 배우는 것이 좋은 일인 까닭은, 어른이 되었을 때 피아노를 칠 수 있게 되기 때문이다. 여기서 '투자'는 금전적 보상이 필요하지 않다. 그 보상이 투자자에게 돌아올 필요도 없다. 내가 우리 아이들이 피아노를 연주할 수 있기를 바라는 까닭은 그것이 아이들로 하여금 더 나은 삶을 살게끔 하기 때문이고, 이는 아이들이 돈을 더 잘 벌거나 나의 '투자'를 되갚는 것과는 전혀 상관없는 일이다.

대부분의 재화에는 이 두 가지 측면이 조금씩 다 있다. 자전거 타기는 아이들이 즐거워하기 때문에 좋다. 곧 자전거 타기는 소비적 가치가 있다. 또한 아이들을 더 건강하게, 더 독립적으로 만들어 준다는 점에서 형성적인 측면도 있다. 반대로 아이가 피아노 치는 것을 즐긴다면 그것은 즉각적인 소비 가치를 지니겠고, 나아가 장기적으로 볼 때 피아노를 배우는 것이 부모와 아이 사이를 더 가깝게 만든다면 여기엔 형성적인 가치도 있을 수 있겠다. 이를 다소 극단적으로 구분하는 방법도 있다. 우리 아이가 얼마 살지 못한다는 사실을 알고 있다고 해보자. 우리가 부모로서 해주려던 것, 제공하려던 것 중 일부는 바뀔 것인데, 우리 아이에게 형성적 측면이 더 이상 의미가 없을 것이기 때문이다. 아이에게 유익한 것을 해주려고 했던 한, 우리는 이 경우 미래의 행복을 위한 투자가 아니라 아이의 현재 소비 가치만을 목표로 하게 될 것이다.

도덕적으로 볼 때 아이들의 현재를 위한 소비보다는 미래를 위한 거액의 투자가 더 문제가 있어 보인다. 물론 우리는 불평등한 소비에도 반대할 수 있다. 토니의 부모는 그를 어디에도 데려갈 형편이 못되지만, 조니는 부모가 부자라는 이유로 외국에서 신나게 휴가를 보내도 되는 걸까? 트레이시는 토스트에 콩을 발라 먹는데, 제미마는 인도 음식을 즐겨도 되는 걸까? 조니의 휴가와 제미마의 카레가 이들의 미래에 어떤 혜택도 주지 않고, 형성적인 과정에서 어떤 차이도 만들지 않는다 해도, 이것은 우리가 제기할 만한 좋은 질문이다. 순전히 부모의 재정적 지위 때문에 조니와 제미마는 토니와 트레이시보다 훨씬 좋은 것들을 누린다. 이것은 불공평해 보인다. 그러나 이것이 좋은 질문이긴 하지만, 다음 질문만큼 성가시지는 않다. 부모는 아이들이 성인이 되어 잘 살게 하기 위해 무엇을 해주는가? 부유한 부모가 아이들의 소비를 늘리고 개선하는 것에만 집중한다면 그들의 자녀는 다른 집 아이들보다 더 즐거운 어린 시절을 보내게 될지도 모른다. 그러나 이 경우, 적어도 미래에 있어서는, 부잣집 아이들과 다른 배경에서 자란 아이들은 여전히 비슷한 전망을 가지게 될 것이다. 여기서 특히 문제가 되는 것은, 부모가 미래의 보상과 관련된 경쟁에서 자기 자녀를 위해 다른 아이들을 누르고 불공평한 이점을 안겨주는 일이다. 이것이 바로 운동장을 기울게 하는 것이기 때문이다. 이는 기회의 불평등을 가져온다.

당신이 불운한 토니나 트레이시라고 해보자. 다른 아이들은 휴가를 가고 카레를 먹지만, 당신은 그럴 수 없다. 이것은 불공평하다. 하지만 조니나 제미마가 그런 것을 누리는 일이 당신에게 해가 되는가? 누구도 그러한 호사를 누리지 않았을 때의 당신의 상태보다, 지금의 당신 상황이 더 나쁘다고 할 수 있는가? 그렇지 않다. 지금 당신의 상황은 당신의 부모가 그들의 부모처럼 부자인 경우보다는 나쁠 것이다. 그리고 조니나 제미마의 부모가 그들의 돈을 (반만이라도) 당신에게 써준다면, 당신의 상황은 지금보다 나아질 것이다. 어쩌면 우리는 그들이 그렇게 하도록 해야 하는지도 모른다. 하지만 부유한 부모가 자기 아이를 위해 휴가를 가거나 카레를 사주는 일을 막는다고 당신의 상황이 더 나아지지는 않는다. 확실히 그렇게 하는 것이 불평등(inequality)과 불공평(unfairness)을 없앨 수는 있을 것이다. 하지만 부모가 자기 아이를 그런 식으로 만족시키는 것을 금지하는 법이 있다면, 그것은 단지 질투나 앙심에 의한 것처럼 보일 것이다. 보상받는 사람이 없는데도 누군가의 상황을 악화시키는 것은 하향 평준화를 가져올 뿐이다.

이것이 보통 '평등'에 반대하는 표준적인 이유다. 종종 평등주의자는 본성이 분노에 차 있고 질투심 많은 것으로 오해를 받는다. 그들은 누군가가 다른 사람보다 잘사는 것을 견디지 못하며, 잘사는 사람을 남들과 같게 끌어내리고 싶어 한다. (스노우[1]는 '키 큰 양귀비 증후군'[2]이 옳다고 믿지 않았기에 아들을 영국의 전통적인 사립 귀족학교인 이튼 스쿨에 보내는 것을 스스로 정당화했다.) 나는 평등주의자를 향한 이런 오해가 거의 늘 부적절하다고 생각한다. 더 평등하길 원하는 사람들은 질투나 분개심으로 동기가 부여된 것이 아니다. 부자가 덜 가지기를 원한다면, 이는 (마치 로빈 후드 의적단이 그러했듯이) 그것이 가난한 사람들이 더 가질 수 있는 최선의 방책이라고 생각하기 때문이다. 하지만 평등주의자를 향한 그러한 비난이 타당하다고 해보자. 그리고 평등의 문제에 관심을 두는 이들이 누구에게도 도움이 되지 않더라도 이상하리만치 평등 그 자체만 추구한다고 해보자. 그런 사람들에 따르면, 토니나 트레이시가 누릴 수 없는 것을 조니나 제미마가 누리는 것은 불공평하기 때문에 그것을 금지해야 한다. 그러나 그것을 금지하는 일이 옳았을지라도, 기회의 평등에 대해 관심을 갖는 것은 이와는 다른 문제다. 기회의 평등은 하향 평준화와 무관

---

[1] Charles Percy Snow(1905~1980). 영국의 소설가, 1969년 'Two Cultures'라는 제목으로 강연을 열어 인문학과 과학의 괴리를 비판했다.
[2] 키 큰 양귀비 증후군(cutting down the tall poppies). 또래보다 우월하다고 분류되거나 지위가 높은 사람들을 원망하고, 공격하고, 비판하는 문화 양상을 관례적으로 이르는 말이다.

하다.

  부모가 자녀에게 더 좋은 삶의 기회를 누리도록 돕는 일이 금지된 세상이 있다고 상상해보자. 부유한 집 아이와 가난한 집 아이는 흥미롭고 보수가 좋은 직장을 갖거나 대학에 입학하는 데 동등한 기회를 누린다. 그러다가 새로운 정책을 기반으로 하는 정부가 만들어진다. 이제 부모에게는 아이의 미래를 위해 투자하는 것, 아이의 성공 가능성을 늘리기 위해 교육에 돈을 쓰는 것이 허용된다. 어떤 부모는 그렇게 하고 다른 부모는 그렇게 하지 않는다. 그렇게 하지 않는 부모는 못 해서 안 하는 것이다. 불운한 아이들이 전처럼 잘 살 수 있을까? 물론 아니다. 부유한 아이들의 성공 가능성이 더 높아진다는 사실은 가난한 아이들의 성공 가능성이 더 낮아진다는 것을 의미한다. 새로운 정책의 문제는 단순히 가난한 아이들이 부유한 아이들보다 더 나쁜 기회를 얻게 된다는 것뿐만 아니라, 자신들이 전에 가졌던 기회보다도 더 나쁜 기회를 얻게 된다는 점이다. 여기 있는 경쟁적 측면으로 인해, 부족한 재화를 얻기 위한 기회는 제로섬 게임이 된다. 어떤 사람이 더 많이 갖는다면 다른 사람들은 덜 가져야 한다. 그래서 누군가 다른 사람들보다 나은 기회를 얻지 못하게 막는 것은 하향평준화가 아니다. 그것은 순전히 평등 자체만을 위해 키 큰 양귀비를 자르는 것과 다르다. 부유한 아이가 더 많은 기회를 누리지 못하게 하는 것은, 그렇게 하지 않을 경우 기회가 더 줄어들 아이에게 분명 도움이 된다.

  이 책은 부모가 자녀를 위해 할 수 있는 일의 연속선상에서 명백히 형성적 측면을 지닌 것, 즉 교육에 초점을 맞추고자 한다. (물론 교육에도 소비적 측면이 있다. 이것은 적절한 시점에 우리가 고려해야 할 복잡한 문제다.) 아무도 아이를 사립학교에 보내는 것이 살인만큼 나쁘다고 생각하지는 않는다. 그러나 좋은 대학에 가고, 좋은 직업을 얻고, 그에 따라 많은 돈을 버는 경쟁에서 학교가 아이들에게 불공평한 이점을 준다면 이는 명백히 부당하다. 이와 관련된 논증은 단순하고 익숙하다. 돈이 교육으로 전환될 수 없어야 하는 이유는 교육이 (다른 좋은 것들과 아울러) 돈으로 전환되기 때문이다. 기회의 평등은 사회 정의의 중요한 일부분으로 보이고, 이것은 아이들의 성공 기회가 부모의 통장 잔고에 따라 달라져서는 안 된다는 것을 함의한다. 머리말 동화 읽기가 보여주는 것처럼, 친밀한 가족관계가 삶에 중요하다는 사실은 우리가 완전한 기회의 평등을 성취하려고 해서는 안 된다는 것을 의미한다. 그러나 부유한 부모가 자기 자녀에게 인생의 유리한 출발점을 돈으로 사주도록 허용하는 것은 친밀한 가족관계와는 별 상관이 없다.

사립학교 교육을 지지하는 사람들은 개인의 자유의 중요성을 강조한다. 부모는 아이들의 미래 복지를 포함하여 자기가 원하는 곳에 돈을 쓸 자유가 있어야 한다는 것이다. 그러나 치어리더 사례가 보여주듯, 부모가 자녀를 위해 무엇이든 자유롭게 할 수 있어야 한다고 주장하는 것은 얼토당토않다. 부모의 자유는 정의가 규정하는 한계, 다른 사람에게 해를 끼치지 않을 의무에 의해 제한되어야 한다. 따라서 사립학교가 정의롭지 않거나, 사립학교를 용인하는 것이 타인을 정의롭게 대할 의무에 어긋난다면, 사립학교를 금지하는 학교법을 선택하는 것은 정당화될 수 있다. 우리가 살인이나 절도를 금지하고, 특정한 종류의 차별을 예방(하려고 시도)하는 것과 마찬가지로 말이다.

물론 나는 이런 주장이 옳다는 것을 아직 증명한 것은 아니다. 만약 그랬다면 1부가 끝났을 것이다. 나는 사람들에게 서로를 향한 의무를 다하도록 강제할 때, 우리의 자유가 온갖 종류의 방식으로 간섭당한다는 사실을 지적했을 뿐이다. 사립학교 교육은 여전히 부당한 것이 아닐 수도 있다. 어쩌면 다른 사람들이 사립학교에 가는 바람에 불이익을 받는 사람들이 부당한 일을 겪는 것이 아닐 수도 있고, 그런 사람들이 입는 해악이 사립학교 폐지를 정당화할 정도로 크지 않을 수도 있다. 어쩌면 부모에게는 형편이 되는 한, 아이를 위해 돈을 써서 더 유리한 출발점을 마련해 줄 권리가 있는지도 모른다. 그리고 그 결과로 기회의 불평등을 초래할지라도, 이런 권리를 보호하는 것이 정의일지도 모른다. 이 경우 사립학교 보내기는 머리맡 동화 읽기와 비슷하게, 정당한 편파성과 부당한 편파성을 분리하는 선의 올바른 편에 있는 것일 수 있다.

살인과 머리맡 동화 읽기는 판단하기 쉬운 사례다. 사립학교 보내기는 훨씬 경계선 가까이에 있어서 답을 내리기가 어렵다. 어떤 사람들은 열심히 일해서 아이의 교육비를 마련하는 부모가 이기적인 것이 아니라 오히려 도덕적이라고 주장한다. 오히려 자기 아이들에게 해줄 수 있는 것을 **해주지 않는** 부모가 더 이기적이라는 것이다. 그 정도까지 열심히 일하려 하지 않는 부모나, 자녀 대신 자기 자신을 위해 돈을 쓰려는 부모들처럼 말이다. 가난이 아니라 자신의 원칙 때문에 아이를 사립학교에 보내지 않기로 했다면, 그 부모는 자신의 가치 때문에 아이를 고통받게 하는 것이다. **이것이야말로** 이기적이라고 할 수 있을지 모른다. 사립학교를 지지하는 도덕적 근거는 딸을 위해 치어리더를 살해하는 것을 지지하는 도덕적 근거보다는 훨씬 탄탄한 셈이다. 반면, 반대 주장도 만만치 않다. 부유한 부모가 더 많은 돈을 교육에 쓰도록 허락한다면, 이는 기회의 평등의 원칙을 위배한다. 결과의 평등에는 동의하지 않는 이들조차도, 기회의 평등이라는 사회적 이상에는 여전히 끌릴 것이다. 부모가 자녀를 위해 경쟁우위를 제공하는 교육에 돈을 쓸 때, 다른 아이들의 전망은 더 나빠진다. 부유한 부모는 다른 아이들이 덜 공평한 출발점에 서게 되는 방식으로 돈을 쓰는 것이다. 자기 자신을 위해 돈을 쓴 것은 아니지만 이 행위는 여전히 이기적이다. 카레나 해외여행의 경우처럼 자기 자녀에게 더 큰 비중을 두고 행동하는 것을 넘어서, 다른 아이들을 본래보다 더 불리한 처지에 떨어뜨리는 방식으로 자기 자녀를 돕고 있기 때문이다.

## 우리의 편파성 정도를 진단할 편파적이지 않은 검증

양쪽 주장 모두 만만치 않다. 어느 쪽이 옳은지 결정할 방법이 필요하다. 우리는 사람들이 얼마나 편파적이어도 되는지를 결정할 편파적이지 않은 방법이 필요하다. 다음을 보자.

당신이 부유한지 가난한지, 똑똑한지 어리석은지, 교육을 받았는지 받지 못했는지 알 수 없다고 해보자. 당신은 자신이 글을 읽을 수 있는지, 아이들이 잠들기 전에 이들의 얼굴을 볼 수 있을 만큼 일과시간이 짧은지 어떤지도 알 수 없다. 이제 누군가 당신에게 학교법을 제정하라고 한다. 부모가 아이를 사립학교에 보낼 수 있게 해야 할까? 그 법이 당신과 당신 가족에게 어떻게 적용되는지와 관련 있는 요소들은 당신의 판단에 영향을 미치지 못하도록 배제해야 한다. 당신에게 유리한지를 따지면서 법을 판단하는 것은 잘못된 종류의 편파성에 해당한다. 우리가 자신의 이해관계를 넘어서는 도덕성에 관심을 가진다면, 사람들이 얼마나 편파적이어도 되는지와 관련된 학교법을 정당화하는 것은, 특정 개인과 상관없는 (impersonal) 관점이어야 한다. 우리는 모든 이들의 관점에서 이것이 어떻게 보일지에 대해 생각할 필요가 있다. 어떤가? 당신은 사립학교가 **자신에게** 유리할지 혹은 불리할지 알 수 없다. 당신은 사립학교를 허용할 것인가?

비교적 쉬운 사례에 비추어 이 접근을 검토해 보자. 한 부모가 자기 아이를 위해 다른 아이를 살해하는 것을 허용해야 하는가? 물론 아니다. 심지어 치어리더 자리보다 더 중요한 어떤 것을 성취하기 위해서라도 말이다. 나아가 살인이 자기 아이를 부실한 학교에서 빼낼 유일한 방법일지라도 말이다. 머리맡 동화 읽기는 어떤가? 부모가 자녀에게 동화를 읽어주는 것을 금지하길 원하는가? 부디 아니었으면 좋겠다. 부모와 자녀 사이의 그러한 상호작용을 금지하는 것은 사람들에게 부모와 자녀 사이의 친밀한 관계라는 근본적인 가치를 박탈하는 것이기 때문이다. 머리맡 동화를 듣지 못하는 아이들이 그것을 듣는 아이들보다 불리한 위치에 있다는 것은 사실이다. 우리가 머리맡 동화를 들려줄 수 없는 부모에 해당한다면, 처음에는 머리맡 동화 읽기를 금지해야 한다고 생각할지도 모른다. 그러나 다시 생각해보면, 우리가 운이 없는 쪽에 속하게 될지라도 부모가 아이에게 동화를 읽어주는 것을 금지하는 사회에 살고 싶은 사람은 아무도 없을 것이다. 그런 종류의 편파성은 특정 개인과 상관이 없는 관점, 즉 모두의 관점에서 보더라도 허용되어야만 한다.

제안된 위 접근은 쓸모 있어 보인다. 어떤 법이 공평한지 검증하려면 자신이 개인적으로 그 법에 의해 어떤 영향을 받을지 모르는 상태에서, 모든 사람이 동의할 수 있는지 아닌지를 알아야 한다. 그렇다면 이제 부모가 자녀를 사립학교에 보내도 되는지 결정할 방법을 얻은 셈이다. 자기 자녀의 행복뿐만 아니라 다른 사람을 공평하게 대우하는 법 아래서 살아가길 원하는 부모라면, 특정 개인과 아무 상관이 없는 관점에서 정당화될 수 있는 법을 지지해야 한다. 이 정도면 충분히 명확해 보인다. 누군가 그런 관점에서 머리맡 동화 읽기를 허용하는 법 같은 것을 지지할 때, 그 법이 자기 아이에게 유리할 수도 있다. 그렇지만 자기 아이에게 유리하기 때문에 그가 그 법을 지지한 것은 아니다. 특정 개인과 상관이 없는 관점을 취하며 도덕적 관점을 수용한 사람은 자기 아이에게 불리하더라도 그 법을 지지했을 것이다. 마치 사회 정의에 관심 있는 부유한 부모가 자기 가족에게 불리하더라도 어떤 재분배 정책에는 찬성해야 하는 것처럼 말이다.

우리가 도덕을 사유할 때, 부모와 자녀간의 특수한 관계를 고려하는 것은 올바른 처사일 것이다. 그리고 이것이 우리가 따라야 할 법과 제도에 시사하는 바가 크다는 사실은 의심의 여지가 없다. 그러나 이 모든 것은 내가 정당한 편파성 검증이라고 부르는 것과 꽤 일관적이다. 정당한 편파성 검증은 잘못된 특수성, 즉 자기 아이에게 지나치게 많은 중요성을 부여하는 특수성만을 배제할 뿐이다. 아무도 다른 아이들을 자기 아이처럼 여겨야 한다고 하지 않는다. 물론 불편부당성(impartiality)을 그 정도까지 밀고 나가는 도덕 체계를 상상할 수는 있다. 공리주의의 거친 변형들은 다음과 같이 주장할지 모른다. 어떤 상황에서든 도덕적 행위는 사회 내 행복의 총합을 최대로 만드는 행위다. 여기서 모두의 행복은 동등한 값어치를 갖는다. 따라서 나는 부모로서 오늘 저녁에 무엇을 할지 결정할 때도, 모든 동료 인간의 행복에 가장 많이 기여할 방법을 찾아야 한다. 이때 나 자신이나 자녀의 행복을 특별히 더 중시하거나 우리의 특별한 관계를 특별히 더 고려하지 않아야 한다. 이렇게 대단히 강한 불편부당성을 (대부분의 공리주의자를 포함한) 철학자들은 대부분 거부한다. 특정 개인과 상관이 없는 관점에서도 머리맡 동화 읽기를 포함한 여러 편파적 행위는 정당화될 수 있다. 그것은 그냥 너무 중요하기 때문이다. 그런 행위는 **편파적이지만 정당하게** 편파적이다. 왜냐하면 그런 행위는 우리가 누구이며, 우리가 소중히 여기는 것이 무엇인지를 이해하는 데 결정적이기 때문이다.

## 좋은 부모는 이 (비)편파성-검증을 통과할 필요가 있는가?

잠깐 한발 물러서서 생각해보자. 이런 접근은 도덕성을 불편부당성과 동일시한다. 도덕적으로 옹호되는 법이라면 특정 개인과 상관없는 관점에서도 정당화될 수 있어야 한다는 것이다. 그 법 때문에 자기 자녀가 고통을 겪게 되더라도 말이다. 다소 차갑고 관료주의적인 접근으로 느껴지지 않는가? 누군가를 모두의 입장에 서게 하는 것, 즉 이 문제를 개인의 입장뿐만 아니라 모두의 입장에서 바라보는 것은 도덕적 관점을 취하는 것같아 보인다. 그러나 이런 관점이 부모와 자녀의 특별한 관계를 무시하고 법을 결정하는 데 어떤 식으로든 부모가 자녀를 더 중시하지 못하게 한다면, 도덕성을 이렇게 규정하는 것은 실수라고 할 수 있을지 모른다. 만약 도덕성이 그런 것을 요구한다면 도덕성이 잘못을 저지르고 있는 것이다. 자녀는 내 살과 피 같은 존재이며, 자녀와 나의 관계, 그리고 자녀의 미래를 향한 나의 관심은 내게 가장 중요한 일 중 하나이기 때문이다. 도덕의 이름으로 그 모든 것을 무시해야 한다면, 도덕성이라는 것은 무정하고 비인간적인 것임에 틀림없다. 나는 다른 아이들을 내 자녀만큼 사랑하지 않는다. 또 그럴 수도 없다. 내가 다른 아이들보다 우리 아이에게 더 관심을 기울이지 않는다면, 그것은 부모와 자녀 관계를 모독하는 것이다. 내가 위의 검증을 통과하는 학교법을 우리 아이에게 유리한 학교법보다 선호한다면, 이것이 나를 정말 더 나은 사람으로 만드는 것일까?

나는 "그렇다"라고 생각한다. 그 이유를 살펴보기 위해 우리를 혼란스럽게 하는 몇 가지 생각을 정리해보자.

첫째, 우리는 사람들이 실제로 어떻게 하고 있는지가 아니라, 어떻게 하는 것이 옳은지에 대해 논의하고 있다는 사실을 기억해야 한다. 많은 부모는 정당한 편파성의 경계선을 지킬 수 없는 자신을 발견할 것이다. 너무 이기적이어서 특정 개인과 상관없는 불편부당한 관점을 택할 수 없는 것이다. 좀 더 친절하게 말하자면, 자기 아이를 너무 사랑하는 것이다. 당연히 그럴 수 있다. 그러나 그렇다 할지라도, 이것은 무엇이 옳은 일인지가 아니라 그런 옳은 일을 실행할 수 없는 사람들의 무능에 대한 논점일 뿐이다. 옳은 일을 하는 것이 가끔 우리 능력 밖에 있을 수도 있다. 우리는 너무 나약하거나 겁이 많다. 올바른 길을 걷는 데 방해가 되는 다양한 감정에 휘둘린다. 그러나 사람들이 늘 이런 식이라면, 인간 행위를 안내하는 이론을 만들려는 도덕 철학자들에게는 확실히 문제가 될 것이다. 인간이란 존재가 결코 도덕적으로 행위할 수 없는 존재라면, 도덕성이 우리에게 무엇을 요구하는지를 두고 논의하는 철학자들의 작업은 별로 쓸모없어 보인다. 정말 그럴지도 모르겠다. 하지만 우리가 여기서 논하는 것은 사람들이 옳은 일을 행할 수 있는지 없는지가 아니라, 무엇이 옳은 일인가에 관한 것이다.

둘째, 흥미로운 것은 자녀의 이익에 치우치는 것이 자신의 이익에 치우치는 것과 도덕적으로 다르게 느껴진다는 사실이다. 자신만을 위한 법을 추구하는 것은 이기적인 것처럼 보인다. 그러나 자녀를 위한 법을 추구하는 것은 부모의 적절한 사랑과 애정처럼 보인다! 2부에서는 부모가 자신의 원칙을 위해 자녀를 고통받게 해서는 안 된다는 주장과, 부모가 자신의 가치를 자녀에게 그대로 강요하는 것이 옳지 못하다는 주장을 검토해볼 것이다. 그런 견해는 매우 흔하다. 그러나 우리는 자신의 원칙을 위해 고통을 감당하길 원하지 않는 사람을 위선자라고 부른다. 그런 사람들을 보면 그들이 진정으로 자신의 원칙을 지키려 하는지 의심하게 된다. 부자들이 평등을 확대해야 한다고 주장하면서도, 막상 자신이 지지하는 평등주의가 지금까지 누려온 좋은 (그리고 비싼) 것들을 포기하라고 요구할 때는 귀를 닫는 경우를 생각해보라. 이른바 샴페인 사회주의자들이 여기에 해당한다. 이런 위선적인 사람들을 비판하는 이들은 그들이 스스로 주장하는 원칙을 지키기 위한 비용을 감당할 의지가 전혀 없어 보인다고 말한다. 그런 사람들의 행동은 이기적이고 위선적으로 보인다. 하지만 여기에 자녀 문제가 더해지고, 부모가 사립학교를 반대하는 자신의 원칙대로 행동했을 때 그 자녀가 겪게 될 상처를 생각한다면, 갑자기 부모는 도덕의 굴레에서 벗어난다. 갑자기 그 부모는 자기 원칙대로 행동하지 **않는 것**이 옳은 일이 된다. 부모가 자기 원칙대로 행동하는 것은 자신의 가치를 자녀에게 잘못 강요하는 것이다! 왜 그들의 자녀는 고상한 원칙을 지닌 부모가 있다는 이유만으로 친구들보다 더 나쁜 상황에 처해야 하는가?

그런데 이런 노선의 질문에는 뭔가 이상한 점이 있다. 그것이 무엇인지 알려면 우리가 논하고 있는 원칙, 즉 정당한 편파성을 위한 검증을 통과한다는 것이 **부모와 자녀의 관계가 지닌 특별함을 이미 고려하고 있다는** 점을 기억해야 한다. 머리맡 동화 읽기가 기회의 불공평한 불평등을 만들지라도 합법적이었던 것은, 그런 특별한 종류의 대우를 허용하는 것이 부모와 자녀의 관계적 가치에 결정적이기 때문이다. 위의 검증은 부모가 자기 자녀에게 유리하도록 편파성을 띠는 것을 허용해야 한다는 주장을 무시하지 않는다. 다만 그 법을 적용할 때 자신의 처지가 얼마나 달라질지 정확히 알 수 없는 사람들에게도 정당화될 수 있는 정도로만 부모가 편파적이야 한다는 말이다. 이렇게 허용된 특별 대우는 모든 부모와 자녀가 선호할 종류의 특별 대우여야만 한다. 마치 친밀함이라는 가치가 머리맡 동화 읽기를 정당화했던 것처럼, 자기가 누구인지 모르는 상태에서도 여전히 중요할 가치들에 단순히 호소함으로써 특별 대우를 정당화해야 하는 것이다. 따라서 불편부당성에 반대하면서, 그 근거로 좋은 부모라면 자녀의 이익을 위해 편향적이어야 한다고 생각하는 사람들은, 일종의 **이중적인**(double) 편파성을 실제로 옹호하고 있음에 틀림없다. 그들에게는 이 검증을 통과하는 정도로만 자녀의 이익을 편향적으로 옹호한다는 것이 충분치 않다. 이 검증을 통과한 법을 지지해야 한다는 생각 자체가 자녀의 이익을 위함에 불충분하게 편향적이라는 것이다!

마지막으로, 이 검증이 부모에게 꽤 관대할 수도 있다는 점을 명확히 할 필요가 있다. 다른 아이들이 손해를 보더라도 부모가 자기 아이만 돌볼 수 있는 충분한 여지를 준다는 것이다. 정당한 편파성이라는 개념의 근본 취지는 부모가 자기 아이를 다른 집 아이들보다 더욱 우선적으로 고려해도 된다는 것이다. 여기서 부모가 자녀의 이익에 **얼마나 많은** 비중을 두어도 되는지, 또는 **어떤 방식으로** 부모와 자녀의 관계를 특별하다고 여기는 것이 정당한지에 대한 질문은 열린 채로 두려고 한다. 이런 질문은 너무 어려워서 일반적인 해답이 있지도 않고, 교육과 관련된 다른 퍼즐이 제자리를 찾아야만 제대로 고려될 수 있다. 하지만 논의가 어떤 방향으로 전개될 수 있는지 짚어보기 위해, 다음의 사고 실험을 생각해보자. 세 아이가 물에 빠져 죽어가고 있다. 당신의 아이는 그 셋 중 하나다. 아이들은 서로 멀리 떨어져 있기에, 그들을 물에서 구할 방법은 당신의 아이만 구하든지, 아니면 당신의 아이를 내버려 둔 채 나머지 둘의 생명을 구하든지, 둘 중 하나다. 모든 아이에게는 당신만큼이나 자기 아이를 아끼는 부모가 있다. 당신은 자신의 아이를 구할 것인가? 아니면 당신의 아이를 내버려 두고 나머지 두 아이를 구할 것인가?

우리의 편파성 검증은 어떤 결정을 내리도록 우리에게 시사하는가? 처음에는 당신의 아이를 구하는 것이 정당한 편파성의 경계를 넘어설지도 모른다고 생각할 수도 있다. 당신의 아이와 다른 한 아이 사이에서 양자택일해야 하는 상황이라면, 당신의 아이를 구하는 것이 정당할지도 모른다. 그러나 다른 두 아이를 구할 수 있는 상황이라면, 그리고 당신이 특정 개인과 상관없는 관점을 택한 사람이라면, 자기 아이를 구하지 말아야 한다고 생각할지도 모른다. 이런 생각은 맞을 수도 있고 아닐 수도 있다. 그러나 혹여 맞다는 관점을 취하더라도, 우리는 부모가 자기 아이를 구하는 것이 여전히 정당하다고 판단할 수 있을지도 모른다. 자기 아이를 구할 수 있었는데도 그러지 않기로 했던 부모가, 자기 기억을 지닌 채 살아야 한다는 것은 우리 생각에 인간적으로 견딜 수 없는 일일지도 모른다. 물 아래로 가라앉기 시작한 아이가 자기 부모가 내린 결정을 깨닫는 순간을 상상해보라. "엄마, 어떻게 나에게 이럴 수 있어요? 어떻게 내 목숨을 다른 두 아이의 목숨보다 덜 중요하게 생각할 수 있어요?" 익사하도록 남겨진 두 아이의 부모들조차 부모라면 당연히 자기 아이를 구해야 한다고 생각할지도 모른다. 내가 생각하기에도 다른 두 아이보다 자기 아이를 구하는 부모를 비난하기는 확실히 어려울 것이다. (도움이 될지 모르겠지만, 철학자 버나드 윌리엄스(Bernard Williams)는 난파선의 상황에서 어떤 행동이 옳은 것인지 따지는 것 자체가 쓸데없는 고민이라고 말한다. 당신은 당신의 아이를 구해야 하고, 이는 그 아이가 당신의 아이이기 때문이지, 도덕성이 자기 아이를 구해도 된다고 허락해 주어서가 아니기 때문이다.)

## ┃결론

위에서 소개한 예시는 사실 어떤 논의도 종결시킬 수 없다. 이 논의의 목적은 정당한 편파성 검증이 특별 대우를 허용할 여지를 남길 수 있다는 점을 지적하는 것뿐이다. 그것이 바로 논의의 핵심이다. 그러나 여기에는 여전히 '얼마나' 그리고 '어떤 종류나 방식으로'라는 질문이 남는다. 다른 두 아이보다 자기 아이를 구하는 것이 정당화된다고 해보자. 우리의 사고 실험에서 물에 빠져 죽어가는 아이들의 수를 한 명씩 늘린다면 분명 균형이 깨지는 지점이 생길 것이다. 철학자들은 믿기 어려운 시나리오를 만들어내는 데 전문가다. 당신의 아이 한 명이 익사하도록 두는 대신 수백만 명의 다른 아이들을 구할 수 있다고 생각해보자. 이 상황에서 자기 아이를 구하는 것은 너무 멀리 갔다는 점에 당신이 동의했으면 좋겠다. 이는 정당한 편파성이 얼마나 넓게 적용될 수 있는지가 진공 상태에서 고려될 수 없다는 것을 보여준다. 우리에게는 어떤 판단의 결과와 의미를 평가하기 위한 맥락이 필요하다. 장·단점의 균형, 즉 부모가 자기 아이를 편애하는 것의 긍정적인 측면과, 그것이 다른 아이들에게 끼칠 부정적인 측면 사이에서 균형을 잡아야 한다.

부모에게 자녀를 사립학교에 보낼 수 있는 권리를 갖게 하는 것은 얼마나 가치 있는 일일까? 난 그것이 머리맡 동화 읽기의 권리만큼이나 가치 있다고 생각하지 않는다. 머리맡 동화 읽기나 그와 비슷한 종류의 비형식적 상호작용은 친밀한 가족관계의 중요한 구성요소로, 우리 대부분은 이것이 핵심적인 인간적 가치라고 여긴다. 자녀를 사립학교에 보내는 것은 그와 다르다. 만약 부모가 자녀를 사립학교에 보내도 된다고 허용할 경우, 다른 이들이 겪게 될 비용은 얼마나 심각할 것이며, 얼마나 많은 사람이 그 비용을 치러야 할까? 나는 그 부정적인 결과를 공립학교에 남겨질 아이들이 겪게 될 '기회의 불공평한 불평등'이란 말로 암시했었다. 두 가지 관점 모두 정답으로 향하는 예비 단계 그 이상도 이하도 아니다. 두 가지 질문 모두를 완전히 다루려면, 부모가 사립학교를 선택할 때 정확히 어디에 돈을 쓰고 있는 것인지 생각해보아야 한다. 복합적인 재화로서의 교육은 다음 장의 중요한 논점이 될 것이다.

## 2장

# 어디에 돈을 쓰고 있는가?

 교육은 복합적인 재화다. 자녀를 사립학교에 보내는 일에 돈을 쓰는 부모는 틀림없이 무료로 제공되는 공교육에 비해 사립학교가 무엇이든 '더 낫다'고 생각할 것이다. 하지만 어떤 점에서 '더 나은' 걸까? 다양한 부모가 다양한 종류의 교육에 돈을 쓰고 있다. 그들 중 누군가는 서로 다른 이유로 같은 교육에 돈을 쓰고 있을지도 모른다. 이런 차이는 정당한 편파성 검증 결과에 영향을 미칠 것이다.

 당연한 말이지만 부모들은 자신이 더 높은 교육적 성취와 더 나은 결과에 돈을 쓰고 있다고 생각한다. 어떤 독자들은 사립학교가 공립학교보다 낫다는 생각에 반대할지도 모른다. 실로 사립학교 교사는 도심의 종합중등학교 교실에서 5분도 버티지 못할지도 모른다 [영국에서 도심 공립학교는 종종 열악한 학군에 해당한다는 점을 감안한다면]. 또한, 많은 공립학교가 다양한 능력과 동기를 지닌 아이들을 지도하는 어려운 과업을 훌륭하게 수행하는 것도 사실이다. 실로 많은 공립학교가 다수의 사립학교보다 더 나은 결과를 낳고 있다. 사립학교에 진학하는 아이 중 몇몇은 자기만 알고, 거만하고, 감정적으로 무능력하고, 사회적으로 서툴며, 현실과 동떨어진 사람으로 성장할지도 모른다. 내가 추측하기로는, 학부모가 한 학교를 다른 학교보다 '낫다'고 판단하는 기준은 많은 경우 끔찍하게도 편협할 수 있다. 이들의 편협한 관점은 학업성취를 평가하는 관습적인 방식만을 불균형하게 강조하고, 슬프게도 자녀의 행복(well-being)이 경쟁적이고 도구적인 차원에 있다고 생각하며, 학교가 학생들이 현재와 미래에 누릴 가치들에 기여하는 다양한 (그리고 어쩌면 더 중요한) 방식들을 무시한다. 그럼에도, 학업성취도만 놓고 보자면, 여러 사실이 뜻하는 바는 명확하지 않은가?

전체 학생들 중 오직 7%만 사립학교에 진학하지만 대학에 진학하는 전체 학생 중 20% 이상이, 심지어 옥스포드나 케임브리지에 다니는 학생 중 거의 50%가 사립학교 출신이다. 영국에서 학교의 학업성취 순위 중 상위권은 대부분 사립학교가 차지한다. 2001년 공립학교 학생 중 절반이 중등교육자격시험(GCSE)에서 최소 5과목에서 A*~C를 받은 반면, 또래의 사립학교 학생들 중에서는 4분의 3 이상이 이와 같은 성적을 받았다. 이런 통계가 그리 놀랄만한 일은 아니다. 사립학교는 [공립학교에 비해] 더 좋은 편의시설을 갖추고 있으며, 더 적은 수의 학생으로 학급을 운영한다. 2001년 사립학교가 학생들을 위해 지불한 하루 평균 교육비는 6,705파운드다. 정부는 공립학교 학생들을 위해 하루 평균 3,300파운드를 지불한다. 정부의 통계와 달리 사립학교의 통계에는 건물이나 운영을 위한 비용이 포함되어 있기 때문에 이 비교가 완벽하지는 않다. 하지만 공교육 제도에 속한 학생들보다 사립학교 학생들에게 더 많은 자원이 들어가고 있다는 것은 분명해 보인다.

그러나 이런 여러 사실이 의미하는 바는 그리 명확하지 않다. 학생들의 시험성적 분포 비율을 보여주는 학교 '순위표'는 학교 간의 차이가 그 학교에 진학한 학생들 간의 차이 때문임을 알려준다. 사립학교에 다니는 학생은 어느 학교를 가든지 무상 급식 대상자인 학생들보다 대체로 더 뛰어날 것이다. 이 말은 당신의 자녀가 어떤 학교로 진학해야 공부를 더 할지에 대해 학교 순위표가 알려주는 바는 별로 없다는 뜻이다. 혹여 다음번에 당신의 부모님께서 손주가 다니는 학교의 순위를 보고 안달하시며 전화를 걸어온다면 이렇게 말씀드릴 필요가 있다. 상위권에 있는 학교는 어디에 가도 잘했을 학생들을 더 많이 받기 때문에 그런 것이며, 따라서 상위권 학교는 당신 손주의 학업 결과에 별로 기여하는 바가 없다고. 부모님께서 진짜 참고해야 할 것은 '부가가치'를 반영한 학교 순위표라고 설명해 드릴 필요가 있다. '부가가치'는 시험결과를 기준으로 각 학교가 자기 학생들에게 만들어내는 **변화**를 측정하기 때문이다. 이 표는 학생들이 얼마나 잘하고 못했느냐만이 아니라, 학교가 학생들에게 얼마나 잘하고 못했는지를 보여준다.

물론 '부가가치' 표를 다루는 사회학자들에 따르면 이것 역시 전체 이야기를 드러내지 못한다. 좋은 결과를 얻는 학교가 그럴 수 있는 이유는 어딜 가도 잘했을 학생들만 모아 놓았기 때문만은 아니다. 따라서 당신의 부모님께서 손주의 학교를 두고 쉽사리 결정을 내리지 못하실 만도 하다. 사립학교 진학이 아이의 학업 전망을 높이는 것은 분명하다. 그러나 그 까닭은 자녀가 학교에서 얼마나 잘하는지가 상당 부분 학교에 함께 다니는 친구들에게 달려있기 때문이다. 같은 아이라면 문제가 많은 집안에서 가난하고 힘들게 자란 친구들이 있는 학교보다, 안정적인 중산층 가정에서 유복하게 자란 친구들이 많은 학교에 가는 편이 낫다. 사회학자들은 이를 '동료효과(peer group effect)'라고 부른다. 그리고 최신 연구를 참고하자면,

알고 하든 모르고 하든 부모가 자녀를 사립학교로 보낼 때는 이 효과의 유익함에 돈을 쓰는 것이다. 부모는 자녀의 학업성취를 높여줄 친구들이 있는 학교에 들어가는 데 돈을 쓰는 것이다.

그렇다면 사립학교 아이들에게 쓰이는 추가적인 자원은 상대적으로 덜 중요하다. 절대적인 기준으로 단순하게 서로 다른 학교의 성과를 측정하는 것보다, 학생들의 유관한 특성들을 통제한 채로, 즉 비슷한 종류의 (혹은 비슷한 구성의) 아이들이 다니는 학교를 서로 비교하여 순위를 매긴다면 두드러졌던 학교간 성과 격차는 대부분 사라질 것이다. 그렇다고 학부모가 자신의 돈을 현명하게 쓰지 않은 것은 아니다. 심지어 동료 효과 때문에라도 사립학교에 보내는 것이 자녀에게 유익하다면, 학부모는 여전히 합리적인 소비를 하는 것이다. 하지만 우리는 여전히 왜 부모는 자녀가 잘되길 바라는 것인지 정확한 이유를 물어야 할 필요가 있다.

## 지위재로서의 교육

한 사람이 받는 교육의 가치는 절대적인 기준에서 그것이 얼마나 좋은지뿐만 아니라, 다른 사람들이 받는 것에 비해서도 상대적으로 얼마나 좋은지에 따라 달라진다. 어떤 면에서 교육은 지위적이고 도구적인 재화다. 중요한 것은 얼마나 많은 교육을 받았는지, 얼마나 좋은 교육을 받았는지, 심지어는 그 결과가 어땠는지가 아니라, 교육의 양과 질, 결과의 분배에서 자신의 상대적 위치가 어디에 있는가이다. 사립학교로 진학해 공립학교에 있을 때보다 나은 학업성취를 이룬 학생들은 다른 학생들보다 경쟁우위를 얻게 된다. 그들은 대학에 들어갈 때나 인기 있는 직업을 얻고 좋은 대우를 받는 데 남들보다 앞서간다.

물론 부모들이 잘 알고 있듯, 사립학교가 주는 경쟁우위가 학업에서의 성취에만 국한된 것은 아니다.

> 퍼블릭스쿨[Public school, 우리로 치면 사립학교]의 교육은 증권중개 기업과의 협력을 위한 자격과 아무런 관련이 없다. 그러나 높은 정직성, 지속적으로 어려운 과업을 수행하면서 자기규율을 발휘할 능력, 사업을 따내기 위해 요구되는 개인적인 인맥 등은 퍼블릭스쿨을 다닌 사람들에게서 더 잘 발견된다.

1968년 한 증권중개 기업이 퍼블릭스쿨 위원회에게 말한 내용이다. 그때 이후로 세상은 달라졌을 수도, 그러지 않았을 수도 있다. 하지만 여전히 자녀를 사립학교로 보내는 부모들은 자기 자녀들이 사립학교에 다님으로써 단지 시험을 잘 보는 것을 넘어, 더 좋은 경쟁우위를 누릴 거라고 생각한다. 사립학교가 학업적으로 더 낫지 않다 하더라도 다른 측면에서 도구적으로 나을지도 모른다. 학교는 개인의 성격 형성에 영향을 끼치며 자기규율, 사회성, 유창한 언어 능력 등 미래의 고용주들이 좋아할 만한 자질을 길러줄 수 있다. 그리고 뿌리 깊은 학연은 의심의 여지 없이 여전히 사람들의 삶에서 모종의 역할을 한다. 무엇을 아는지가 아니라 어디에 가고 누구를 만나는지가 관건이다.

따라서 자녀를 사립학교로 보내는 부모는 다양하고 확실한 방식으로 자녀에게 경쟁우위를 만들어주는 것이다. 학교교육은 도구적이다. 학교는 다른 재화를 얻기 위한 수단이 되며, 학교교육의 가치는 남들보다 더 많이, 더 나은 교육을 받는 것에 달려있다. 문제를 단순화하여 2002년에 18세가 되어 대학 진학을 앞둔 모든 학생이 한 줄로 서열화되어 있고, 대학들도 모종의 위계를 따른다고 해보자. 높은 순위의 대학에 들어갈 기회는 그 학생의 서열에 달려있다고 해보자. 여기서 학생의 서열은 중등교육자격시험(GCSE)[3] 및 A 레벨 시험[4] 성적에 의해 거의 결정된다. 그렇다면 사립학교에 다닌 아이들이 다른 아이들보다 더 좋은 성적을 받는 한, 부모는 돈을 써서 아이의 서열을 높여주는 것이다.

기회의 평등을 두고 벌어지는 갈등은 분명하다. 좋은 대학, 아니, 대학 자체에 들어갈 기회는 부모가 자녀를 사립학교에 보낼 의지와 능력에 좌우되어서는 안 된다. 학생이 얼마나 똑똑한지, 그리고 그만큼 똑똑해지기 위해 얼마나 노력했는지에 따라 결정되어야 한다. 우리가 말하는 기회의 평등은 일종의 능력주의다. 타고난 지성(IQ)과 노력을 더한 것이 능력일 때, 같은 수준의 능력이라면 성공의 기회도 같아야 한다. 그들의 사회적 배경은 어떤 차이도 만들어내어서는 안 된다. 운이 좋은 누군가가 남들을 앞질러 가게 된다면, 운이 없는 누군가는 뒤처지는 것이다. 서열은 제로섬 게임이다. 이것이 바로 줄을 설 때, 당신 앞에 있는 누군가가 자기 친구를 자기 앞에 가게 하는 것을 반대하는 이유다. 어떤 아이들이 도움을 받고 있다는 사실은 그렇지 못한 아이들에게 불이익이 된다. 도움받을 수 없는 아이들은 그대로 있는 것이 아니고 오히려 불리해지는 것이다. 이것이 사립학교에 반대하고 기회의 평등을 옹호하는 명백하고 표준적인 논변이다.

재능과 동기가 비슷한 이들이 비슷한 성공의 기회를 얻어야 하는 이유, 즉 기회의 평등이 이루어져야 하는 이유 중 하나는 바로 그것이 공평(fair)

---

3 GCSE(General Certificate of Secondary Education)는 영국에서 의무교육과정(초등 6년, 중등 5년)의 성취도를 평가하기 위해 의무교육 말미에 치르는 시험이다.
4 A-레벨(A-Level, Advanced Level) 시험은 영국의 대학진학을 위한 교육과정과 시험을 통틀어 이르는 말로, 한국의 수능과 비슷한 것이다. 고등학교 마지막 2년 과정(보통 16~18세) 동안 공부하는 대학입학 자격시험이다.

하기 때문이다. 그러나 또 다른 이유는 바로 그것이 효율적이기 때문이다. 사립학교는 사람들이 직업을 얻는 방식의 질서를 왜곡한다. 그것은 우리 모두에게 안 좋은 일이다. 효율성은 부모가 쓴 돈으로 남들을 앞지르는 것이 아니라, 능력과 노력에 기초해 사람들이 직업을 얻을 것을 요구한다. 축구팀 감독이 가족의 은행 잔고를 보고 유소년 선수단을 구성한다고 생각해보라. 형편없는 팀이 만들어지리라는 것은 너무 당연하다. 이것은 다른 이들에게 불공평한 일일 뿐만 아니라 구단을 망치는 길이다. 사립학교 교육은 경제 전체로 볼 때 이와 비슷한 효과를 가져온다. 그것은 [사립학교의] 선발 과정이 아이들의 능력과 동기를 정확하게 반영하지 못하고 오히려 가족의 부유함에 따라 편향되어 있다는 의미다. 직원을 뽑을 때 성별이나 인종으로 차별하는 것처럼, 사립학교 교육은 불공평한 일일 뿐만 아니라 사회적으로도 대단한 낭비다.

여기에 다시 반론이 있을 수 있다. 부모가 자녀에게 투자하는 것이 불공평한 기회의 불평등을 초래하더라도, 사회 전체로 볼 때는 더 경제적이고 생산적일 수 있다는 주장이다. 이 문제를 4장에서 본격적으로 다루겠다. 도입 단계인 여기서 중요한 것은 교육의 지위적이고 도구적인 측면이 사립학교에 대한 두 가지 명백한 반론을 만들어냈다는 점이다. 부모가 자녀를 서열 경쟁에서 앞질러 가도록 돕는 일은 불공평할 뿐만 아니라 비효율적이다.

## 내재적 가치를 지닌 재화로서의 교육

부모가 사립학교를 선택하는 이유를 지위 때문이라고 생각하기 쉽다. 부모는 자녀가 다른 재화를 얻기 위한 경쟁에서 좋은 위치를 차지하길 원한다. 그러나 사립학교에 가면서 얻게 되는 이익은 지위상의 이점에만 머물지 않는다. 교육이 그런 도구적·지위적 측면이 있는 것도 사실이다. 하지만 교육은 그 자체의 가치를 통해 내재적으로 평가될 수도 있다. 학생 수가 더 적은 학급, 운동장, 연극 연습실 등 사립학교에 추가로 투입되는 자원은 사립학교에 갈 만큼 운 좋은 아이들이 보통의 종합중등학교에 가는 아이들과는 다른 경험을 한다는 것을 의미한다. 사립학교 아이들은 교사에게 개인적으로 더 많은 관심을 받을 것이다. 훈육에는 더 적은 시간이 쓰일 것이다. 그 아이들은 더 많이 배울지도 모른다. 부모는 자녀가 남들보다 앞질러 가는 데 전혀 관심을 두지 않으면서도, 아이들이 특정한 경험을 하길 원하거나 집 근처 종합중등학교에서는 배우지 못할 것들을 배우는 데 관심을 가질지도 모른다.

부모는 소비적 관점이나 투자적 관점에서, 혹은 두 관점 모두에서 이런 것들에 관심을 가질 수 있다. 아이들이 학교에서 흥미를 느끼고 행복해한다면, 그것이 아이들에게 형성적으로 어떤 영향을 끼치는지와 무관하게 그저 아이들이 행복해하고 흥미를 느낀다는 사실 자체가 중요한 것일지도 모른다. 5세부터 18세까지는 상당히 긴 시간이고, 부모는 아이들이 그 시간을 즐겁게 보낼 수 있도록 자기가 할 수 있는 일은 다 해주고 싶을 것이다. 다른 한편, 부모는 아이들이 지금 얼마나 행복한지 별로 관심이 없을 수도 있다. 학교가 아이들의 미래를 잘 준비시켜 주는 한, 아이들이 불행하더라도 개의치 않을 것이다. 그런 부모는 아이들이 피아노 교습을 싫어하거나 건강한 음식을 먹는 걸 싫어하더라도, 장기적으로는 그 결과가 충분히 가치 있다고 판단하는 부모와 같다. 물론 부모는 두 측면 모두에 신경을 쓸 것이며, 그 두 측면이 상호보완적이라고 생각할 것이다.

교육은 그 외 다른 목적의 성취에 유리한 자리를 차지하기 위한 수단이 되는 것과 아무 상관이 없는 방식으로 가치롭다. 그렇다면 이런 교육의 가치는 어디에 있을까? 왜 교육은 가치가 있을까? 그 답은 무수히 많다. 나에게는 내 아이들이 셰익스피어를 **제대로** 감상할 수 있는 사람으로 자라는 것이 중요하다. 다른 모든 조건이 같다면, 셰익스피어를 감상할 수 있는 사람이 그렇지 않은 사람보다 더욱 풍성한 삶을 살 것이다. 그리고 나에게 내 아이들이 더욱 풍성한 삶을 사는 것은 중요하다. 나는 셰익스피어를 감상할 수 있는 능력이 그 자체로 가치 있다고 믿는다. 오해를 피하자면, 나는 내 아이가 다른 아이들보다 더욱 뛰어나게 셰익스피어를 감상하길 바라는 것은 아니다. 나는 모든 사람이 셰익스피어를 감상할 수 있기를 바란다. 내 아이들이 셰익스피어를 감상할 수 있음으로써, 그러지 못할 때의 삶보다 나은 삶을 살기를 바랄 뿐이다. 동일한 이야기를 다양한 대상에 일반화할 수 있다. 예컨대 크리켓, 음악, 정치철학이 그렇다. 나아가 셰익스피어가 중요한 또 다른 이유가 있다. 나는 셰익스피어를 좋아할 뿐만 아니라, 내가 나이가 들어가고 내 아이들이 자라면서 셰익스피어에 대해 함께 이야기할 수 있기를 원한다. 나의 자녀와 친밀한 관계를 유지하는 것이 중요하다고 생각하고, 이를 위해서는 공통 관심사에 대해 이야기하는 것이 좋은 방법이라고 생각하기 때문이다. 나는 내 아이들과 나의 세계를 공유하길 원한다. 다시 말하지만, 여기서 내가 이기적이라고 말할 수는 없다. (물론 정치철학에 대한 나의 흥미를 아이들이 다소 지루해할 수는 있겠지만) 나는 모든 부모가 아이들과 친밀한 관계를 누리길 바란다고 본다.

어떤 부모는 자신이 아는 것을 아이들도 알기를 바란다. 부분적으로는 그것이 가치 있다고 생각하기 때문이다. (내가 셰익스피어를 그렇게 생각하듯이!) 또 부분적으로는 그것이 그 자체로 가치가 있든 없든, 공통 관심

사는 부모-자녀 관계에 중요하기 때문이다. 부모가 다음과 같이 자녀에게 말한다고 생각해보라.

너도 알겠지만 아빠는 정말 복싱을 좋아해. 물론 복싱이 특별히 대단한 것이라고 말하는 건 아니야. 여러 면에서 네가 다른 걸 배우는 게 나을 수도 있어. 하지만 내가 복싱을 좋아하는 건 사실이야. 그 세계 안에 있으면 편안하거든. 그러니 너도 복싱을 알게 된다면, 우리 관계에 좋은 일이 될 거야. 어차피 네가 대학에 가고 독립한다면, 내가 전혀 모르는 종류의 것들을 배우게 될 거야. 하지만 최소한 복싱이라는 공통점은 같이 가져보자. 그러니 샬럿, 앉아서 알리 대 프레이저 시합을 한 번 더 보자고.

어떤 부모는 자신이 모르는 것을 아이들이 알게 되길 바란다. 전형적인 사례로, 교육을 잘 받지 못한 부모가 자녀는 본인이 누리지 못했던 모든 고상한 기쁨을 누리길 원하는 경우가 그렇다. 하지만 모든 단계에서 이와 유사한 일이 일어날 수 있다. 옥스포드에서 강의했던 누군가가 내게 이렇게 말한 적이 있다. 그 사람은 자신이 그리스어와 라틴어를 몰라서 늘 소외감을 느꼈기 때문에 자녀를 사립학교에 보냈다고 한다. 자신이 갖지 못했던 것을 아이들은 가지길 원했던 것이다. 바로 최상류 문화권에 대한 소속감 말이다.

또한, 지식이나 이해의 문제가 전부는 아니다. 학교는 좁은 의미에서의 학문적이고 지적인 성취를 넘어서는 방식으로 영향을 미치는데, 인격과 성격이 여기 해당한다. 어떤 성격이 바람직한지는 부모마다 의견이 다를 수 있지만, 성격 형성이 중요하다는 점에는 대개 동의할 것이다. (앞서 예로 들었던 증권중개인의 관점과 노동당 소속 국회의원인 브라이언 윌슨의 견해를 비교해보자. 윌슨은 퍼블릭스쿨은 인간이 아는 어떠한 조직보다도 많은 사회적 불구자를 만들어냈다고 말한다.) 어떤 부모는 경쟁적인 환경을 건강하다고 여긴다. 그런 환경이 아이들에게 경쟁우위를 제공해서가 아니라, 경쟁에 익숙한 아이들은 자신을 더 강하게 몰아붙이고 더 많은 성취를 거두기 때문이다. (그런 부모는 모든 아이가 학교에서 건강한 경쟁을 통해 보상을 얻게 되길 바란다.) 반면 다른 부모는 경쟁을 혐오한다. 타인과 관계 맺는 방식, 곧 정서적 발달과 관련이 있다고 보기 때문이다. 어떤 부모는 여학교 또는 남학교를 선호하는데, 그런 학교가 아이를 성관계로부터, 혹은 적어도 이성과의 성관계로부터 보호해줄 것이라고 기대하기 때문이다. 반면 또 다른 부모들은 오히려 그런 이유로 여학교 또는 남학교를 피하려 한다.

아이들의 즉각적인 경험, 즉 그들이 지금 무엇을 소비하고 있는지도 중요하다. 사회학자들이 부모에게 왜 사립학교를 선택했는지 물어보면, 많은 부모는 훈육을 언급한다. 무질서한 학교에서 배움이 일어나기 어려운 것은 사실이다. 하지만 굳이 배움이 아니더라도, 아이들이 얻게 될 물리적인 안전과 그런 안정감에서 오는 정서적인 이익만 바라는 경우도 많다. 아이가 학교폭력을 당하거나, 당할 수도 있다는 두려움을 지니고 살길 원하는 부모는 없다. 나아가 아이의 교육적 경험은 현재와 미래에 걸쳐 아이의 정서에 영향을 끼친다. 학부모들은 똑똑한 자기 아이가 학교를 지루해할까, 혹은 충분한 도전을 받지 못하는 것이 행동장애로 드러날까, 혹은 집 근처 종합중등학교가 자기 아이를 필요한 만큼 섬세하게 대하지 않을까 걱정할 수 있다. 이런 부모가 사립학교를 선택하는 이유는 단순히 자기 아이를 행복하게 하기 위해, 혹은 자기 아이가 문제를 겪지 않게 하기 위해서일 수 있다. 이는 자기 아이가 다른 아이보다 더 빨리 배우고, 더 많이 알았으면 좋겠다는 욕망과는 아무 상관이 없다. 그런 부모는 아이가 탈선하지 않기를 바랄 뿐이다. 그들 생각에 사립학교는 이를 위한 최선의, 어쩌면 유일한 방법이다.

요점은 간단하다. 아이들은 자기 삶의 매우 중요한 시기 중 많은 시간을 학교에서 보낸다. 학교는 아이가 학교에 있는 동안 어떻게 사는지, 그리고 미래에 어떤 사람으로 자라나는지, 둘 모두에 결정적인 영향을 미친다. 부모는 두 가지 모두에 신경을 쓰기 때문에 아이가 어떤 학교에 가는지는 중요할 수밖에 없다. 이 모든 것은 서열에서 우위를 얻으려는 것과 무관하다. 나는 부모가 원하는 것을 얻으려면 사립학교를 선택해야 한다고 주장하는 것이 아니다. (공교육 제도 역시 내 아이에게 셰익스피어를 가르칠 수 있다고 생각한다.) 원하는 것을 얻는 유일한 방법이 사립학교라 해도, 그런 선택을 한 부모가 반드시 정당화된다는 것도 아니다. (크리켓이 중요하긴 하지만, 그 정도로 중요하지는 않을 것이다.) 다만 내가 지적하려는 것은, 사립학교를 선택하는 이유들 중에는 경쟁우위를 차지하는 것과 상관없는 이유도 있다는 점이다. 실제로 다른 아이들이 누리는 것보다 더 좋은 교육에 돈을 써서 자기 아이의 서열이 더 높아졌을 수도 있다. 그러나 그것이 사립학교를 선택한 이유가 아닐 수도 있다는 것이다. 경쟁우위는 의도하지 않은 부산물일지도 모른다.

경쟁우위가 **원치 않는** 부산물일 가능성도 있다. 아이들이 얻게 될 가치 때문에 사립학교를 선택한 부모라도, 그 과정에서 그들의 자녀가 다른 아이들보다 우위에 선다는 점을 안타까워할 수도 있다. **그것은** 그들이 원하는 것이 아니었기 때문이다. 그런 부모는 자기 아이가 받는 교육을 모든 아이가 받게 되길 바란다. 물론 자기 아이가 공교육에서 받게 될 교육보다 나은 교육을 받길 원하긴 하지만, 그건 공립학교가 제대로 된 교육을 제공하지 않기 때문이지 공립학교에 다니는 다른 아이들보다 자기 아이가 더 나아지길 바라기 때문은 아니다.

우리는 다음과 같은 세상을 상상해볼 수 있다. 세상에서는 부유한 부모가 아이에게 주고자 하는 내재적으로 가치 있는 교육이 아이에게 경쟁 우위를 제공하는 교육과 분리되어 제공된다. 어떤 의미에서 이런 세상은 이미 존재한다. 난 우리 아이가 악기를 다룰 수 있길 바라는 마음에 악기 강습에 돈을 쓴다. 우리 아이만 악기 강습을 듣고 다른 아이들은 듣지 못한다면, 이것은 불공평하지 않은가? 불공평하다. 그렇다고 우리 아이만 악기 강습을 듣는다는 사실이 다른 아이들에게 손해를 끼치는가? 별로 그렇진 않다. 물론 악기 다루는 능력이 경쟁에 유리한 상황에서는 다른 아이들에게 손해가 된다. 하지만 그 밖의 일반적인 상황에서는 다른 아이들이 반드시 손해를 보는 것은 아니다. 그런데도 우리 아이가 불공평한 이점을 누리는 것이 사실이고, 강습을 받지 못하는 아이들에게 내가 강습비를 (절반쯤?) 제공한다면, 그런 불공평함이 해소될지도 모르겠다. 하지만 이런 급진적인 가능성을 탐색하려는 유혹을 물리친다면, 우리 아이가 받는 강습은 본질적으로 앞에서 언급했던 해외여행이나 카레의 경우와 비슷하다. 이런 불평등을 막기 위해 자녀에게 돈을 쓰지 못하게 한다면, 이것은 다른 아이들을 나아지게 하지도 못하면서 나와 우리 아이를 더 나빠지게 하는 셈이다. 이는 심술궂거나 비뚤어진 처사로 보인다.

이상에서 다음과 같은 교훈을 얻을 수 있다. 사립학교가 제공하는 교육이 내재적 가치만을 가지며 지위적 가치를 갖지 않는다 해도, 그런 교육을 운 좋은 아이들만 받고 운 나쁜 아이들이 받지 못하는 상황은 불공평하다. 여기서 일종의 평등주의적 재분배가 필요하다고 주장할 수도 있겠지만, 그런 급진적인 가능성을 탐색하지는 않겠다. 여기서 문제가 되는 불평등은 적어도 그것을 누리지 못하는 타인을 더 불리하게 만들지는 않는다. 따라서 그런 불평등을 없애버리는 일은 해외여행이나 카레를 금지하는 경우와 마찬가지로 심술궂은 처사다. 그러나 사실 내재적으로 가치 있는 일들(예컨대, 셰익스피어를 감상할 수 있는 능력)은 일반적으로 적용될 수 있는 경쟁우위도 함께 제공한다. (어쩌면 음악 강습도 그럴지 모른다. 모차르트 음악을 들려주는 것이 영아의 인지발달을 돕는다는 연구를 생각해보자. 이 경우 자녀에게 음악 강습을 시켜주는 것이 다른 아이들에게 나쁘지 않다고 하기는 어렵다.) 그리고 내재적 가치를 위해 사립학교를 선택하더라도, 어쨌든 사립학교는 여전히 상당히 큰 도구적 가치(좋은 성적, 인맥 등)를 제공한다. 그렇다면 실제적으로 보건대, 순수하게 내재적 가치만을 위해, 즉 경쟁과는 무관한 의도로 아이를 사립학교에 보내는 경우라도, 보내지 않는 경우보다 다른 아이들을 더 불리하게 만든다.

## ▮ 내재적으로 가치 있는 재화를 두고 경쟁하기

교육의 내재적 가치와 지위적 가치를 구분한다면, 사립학교를 선택하는 부모가 반드시 아이에게 경쟁우위를 갖게 하려는 것은 아닐 수도 있다는 사실이 드러난다. 실제로는 아이들이 경쟁우위를 얻게 되더라도 말이다. 하지만 문제가 그렇게 간단하지만은 않다. 보통 그 자체로 가치 있는 재화는 희소하기 때문에 모두가 그 재화를 가질 수는 없다. 자녀가 그런 재화를 가진 아이 중 하나가 되길 바라는 부모라면 스스로 경쟁우위를 추구하고 있음을 깨닫게 될 것이다. 자녀를 대학에 보내려는 나의 욕망이 완전히 순수하다고 해보자. 내 욕망의 동기는 아이가 대학에서 받을 교육의 내재적 가치뿐이다. 말하자면 아이가 얻게 될 셰익스피어의 감상 능력 같은 것 말이다. 나의 동기는 아이가 취업 시장에서 누릴 경쟁우위와 같은 것으로 오염되어 있지 않다. 또한 내가 자녀를 종합중등학교에서 빼내어 사립학교로 보내는 데 돈을 쓰면 그런 대학에 들어갈 가능성이 커진다고 해보자. 나는 내 아이를 다른 아이들보다 유리하게 만들고 싶은 것이 아니다. 나는 모든 아이가 좋은 대학에 가서 그 혜택을 누리길 바란다. 하지만 그것은 불가능하다. 가치 있는 재화의 공급은 늘 부족하다. 그래서 내 아이의 가능성을 높이려면 서열에서 남들을 앞질러 가게 할 필요가 있다.

매우 경쟁심 많은 한 엄마를 생각해보자. 이 엄마는 돈을 써서 자기 아들을 1등으로 만드는 데 전혀 거리낌이 없다. 좋은 직장을 갖기 위한 서열에서 유리한 자리를 차지하기 위해, 엄마는 아들을 좋은 대학에 보내고 싶어 한다. 좋은 대학에 들어가려면 학비가 비싼 중고등학교에 다녀야 한다. 그러기 위해서는 알맞은 초등학교(feeder school)에 다녀야 할 텐데, 그러려면 3세 무렵부터 사립 어린이집에 보내는 것이 유리할 것이다. 이 엄마는 모든 것을 잘 짜놓았다. 아들의 이름을 중요한 곳에 모두 올렸고, 자신이 나온 대학의 교수에게 연락도 했다. 아이는 아직 태어나지도 않았는데 말이다! 이 중 하나라도 계획대로 실현된다면 엄마는 친구들에게 자랑거리가 생긴 셈이고, 자기 아들이 다른 아이들보다 잘하고 있다는 점에 만족할지도 모른다. 그런데 이 엄마는 실제로 무엇에 신경을 쓰는 걸까? 왜 아들이 고소득의 직업을 위한 서열에서 높은 자리에 있기를 원할까? 서열에서 앞선 사람이 뒤처지는 사람보다 나은 삶을 살게 되기 때문일 것이다. 그러나 이 엄마가 궁극적으로 원하는 것은 자기 아들이 다른 집 아이들보다 나은 삶을 사는 것이 아니다. 엄마는 본인이 그런 계획대로 하지 않았을 경우보다 자기 아들이 더 나은 삶을 살기를 바랄 뿐이다. 곧 자기 아들이 가능한 한 좋은 삶을 살기를 바랄 뿐이다. 무엇이 아들에게 더 낫거나 더 나쁜 삶일지에 대해서는 이 엄마가 틀렸을 수도 있다. 하지만 나 역시 우리 아이가 양질의 대학교육을 받기를 원하고, 그래서 우리 아이가 대학에 들어가는 서열에서 앞서 있기를 원한다. 여기서 나와 이 엄마의 논리는 별로 다르지 않다.

물론, 뼛속까지 경쟁심으로 가득 찬 사람들도 **있다**. 어떤 부모는 자녀가 1등이 되기를, 바로 그것을 원한다. 그 자체로 가치 있는 다른 목표를 위해서가 아니라, 그저 자기 아이가 다른 아이들을 이기길 원하는 것이다. 당신이 얼마나 경쟁적인 부모인지 알고 싶다면, 다음을 참고할 필요가 있다. X와 Y라는 두 사회가 있다. 두 사회에서 당신의 아이는 같은 정도로 좋은 삶을 살고 있다. 차이점이라면, X 사회에서 당신의 아이는 다른 아이들보다 낫게 사는 편이고, Y 사회에서는 평균 정도다. (Y 사회에 사는 사람들은 일반적으로 X 사회에 사는 사람들보다 잘산다.) 당신은 X나 Y 중 한쪽을 선호하겠는가? 아니면 어차피 아이가 같은 정도로 좋은 삶을 사는 것이므로 어느 쪽이든 상관없는가?

사람들이 어느 쪽을 많이 선택할지 모르겠지만, 내가 (조심스레) 추측해보자면 당신은 어느 쪽이든 상관없지 않을까? 부모가 대개 궁극적으로 원하는 것은 우리 아이가 다른 아이들보다 나은 삶을 사는 것이 아니다. 가능한 한 좋은 삶을 살면 될 뿐이다. 여기에 경쟁이 들어오는 이유는 좋은 재화(고소득의 직업, 좋은 대학 등)가 희소하기 때문이다. 그런 재화를 가지려면 서열에서 좋은 위치를 차지해야 하며, 특히 다른 이들보다 좋은 위치를 차지해야 한다. 이때 부유한 부모가 자녀에게 좋은 지위를 차지할 수 있도록 돈을 쓰는 것은 확실히 다른 아이들을 불리하게 만든다. 그런 부모가 경쟁심을 갖고 그러는 것이 아니더라도, 그들이 자신의 자녀에게 해주는 것은 다른 아이들에겐 확실히 **나쁜** 일이다.

## | 결론

우리는 어디에 이르렀는가? 나는 먼저 교육의 두 가지 측면을 구분했다. 교육에는 도구적 가치가 있다. 교육은 가치 있는 다른 것을 얻기 위한 수단이 된다. 이렇게 교육을 지위적 재화로 파악할 때 중요한 점은, 남들보다 얼마나 더 많은 혹은 더 양질의 교육을 받았는가이다. 그러나 교육에는 내재적 가치도 있다. 사립학교에 다니는 아이들이 남들보다 경쟁우위를 얻게 되는지 아닌지와 별개로, 아이들은 그 자체로 가치 있는 것들을 경험하거나 배울 수 있다. 그런 경험이나 배움을 현재의 소비로 혹은 미래를 위한 투자로 해석할 수도 있겠지만, 어느 쪽이든 추구하는 목표는 남들보다 나은 삶을 사는 것이 아니다. 그보다는, 가치 있는 경험이나 배움을 얻지 못할 경우보다 나은 삶을 사는 데 있다.

두 가지 결론은 각각 상당히 다른 방향을 가리킨다. 한편으로는 부모가 자녀를 남들보다 더 좋은 학교로 보내려고 할 때, 그 목적이 꼭 자녀가 남들보다 나은 삶을 살게 하는 것일 필요는 없다. 그저 자녀가 다른 아이들과 비슷한 학교에 다닐 경우보다 나은 삶을 살게 하려는 것일 수도 있다. 학교폭력을 피하고자 사립학교를 선택하는 부모의 경우를 생각해보자. 이 부모의 목표는 자녀를 학교폭력에서 보호하려는 것으로, 곧 자녀의 삶을 더 낫게 하려는 것뿐이다. 혹은 사립학교에 보내는 것이 아이가 자신의 가능성을 최대한 발휘할 수 있도록 최선을 다해 돕는 일일 수도 있다. 이는 경쟁과 전혀 무관하다. 이런 경우를 보면 사립학교는 경쟁적이지 않은 부모들로 가득할지도 모른다. 이런 부모는 서열에서 자기 아이를 다른 아이들보다 앞세우는 데 관심이 없다. 사립학교에 다니는 것이 경쟁에서 지위상 이점을 가져온다는 사실은 다른 내재적 가치를 지닌 관심사에 부수적인, 의도치 않은 결과일 수 있다.

반면 자녀가 서열에서 앞서가게 하려고 사립학교를 선택하는 부모조차, 사실은 전혀 경쟁과 무관한 동기가 있을 수 있다. 그런 부모가 자녀에게 최상위권의 성적을 바라는 것은 좋은 대학에 가는 것이 그 자체로 가치가 있을 수 있기 때문이다. 소득이 높고 흥미를 느낄 만한 직장을 목표로 두고 자녀가 경쟁에서 좋은 지위를 얻길 원하는 경우에도 그렇다. 그런 부모는 좋은 직장을 가진 사람이 그렇지 않은 사람보다 더 큰 성취감을 누릴 거라고 생각할 뿐이다. 교육에 경쟁적으로 돈을 쓰는 이유는 교육이 그 자체로 가치 있는 다른 결과를 위한 수단을 제공하기 때문이다. 그래서 부모는 어떤 면에서 자기 아이가 다른 아이들보다 잘하는지 관심을 가질 수도 있고, 이럴 경우 부모의 동기는 자기 아이에게 경쟁우위를 제공하는 것이라고 할 수 있다. 부모의 궁극적인 목표가 아이에게 사립학교에 다니지 않을 때보다 나은 삶을 주는 것뿐이라고 하더라도 말이다.

이미 말한 것처럼, 교육은 복합적인 재화다. 그래서 부모가 교육에 많은 관심을 쏟으면서도 자기 행동이 옳은지 아닌지 고민하는 것은 이상한 일이 아니다. 우리가 교육의 복합성을 살펴본 까닭은, 앞서 다룬 정당한 편파성 검증을 학교법에 적용했을 때 어떤 일이 일어나는지 이해하는 데 도움을 주기 때문이다. 이 질문에 한 발짝 더 다가갔지만 아직 완벽하진 않다. 우리는 선발에 대해 더 고민할 필요가 있다. 이를 통해 사립학교와 선별학교가 공립학교 학생들에게 미치는 다양한 방식의 악영향에 초점을 맞추게 될 것이다. 우리의 검증대로라면 특정한 학교법을 통해 이익을 보는 자들이 누리는 이점과, 그것에 의해 손해 보는 자들이 감당하게 될 비용 모두를 고려해야 한다. 따라서 선발을 고민해보는 것은 우리 이야기에서 중요한 부분이 될 것이다.

# 3장

# 선발에 무슨 문제가 있는가?

지금까지 우리는 사립학교만을 두고 이야기했다. 부모의 편파성과 기회의 평등은 사립학교 문제에서 가장 첨예하게 충돌한다. 어떤 부모는 공립학교의 교육보다 나아 보이는 교육에 돈을 쓸 수 있고, 어떤 부모는 그렇지 못하다. 자녀의 학교교육이 교육에 얼마나 돈을 쓸지에 대한 부모의 의지와 능력에 달려있다면, 재능과 동기가 비슷한 아이라도 동등한 기회를 얻지 못할 것이다. 그런데 이 글을 쓴 계기를 제공한 헤리엇 하먼이 자기 아들을 보낸 곳은 사실 사립학교가 아니라 선별학교[5]였다. 이는 사립학교 대 공립학교의 문제가 아니라 종합중등학교 대 문법학교의 문제고, 내가 학창 시절 고민한 것도 바로 이 문제였다. (그 시절 나는 사립학교가 당연히 도덕적인 선을 넘었다고 생각했다.) 그렇다면 문법학교의 경우는 어떠한가?

---

5   예컨대 한국의 경우 공립형 특수목적고등학교를 생각해볼 수 있다. 이런 학교들은 사립학교가 아니지만, 일반계 고등학교와 별도의 선발제도를 운영하는 선발학교에 해당한다. 아래의 '종합중등학교 대 문법학교' 역시 '일반계 고등학교 대 특수목적고등학교' 등으로 바꾸어 이해할 수 있다.

많은 사람이 선발 자체는 사립학교의 존재만큼 도덕적인 논쟁을 일으키지 않는다고 생각한다. 실제로 하먼의 자기변호에서 드러나는 중요한 논지 중 하나는 그가 자기 자녀를 공교육 제도에서 빼낸 적이 없다는 것이었다. 국가가 지원하는 문법학교는 능력에 따라 학생을 선발한다. 곧 주어진 집단의 상위 몇 퍼센트를 찾아내어 그들에게 적합한 교육을 제공한다. 다른 아이들은 문법학교보다 수준이 낮은 학교로 간다. 모두가 평등한 조건에서 선발을 위해 경쟁하고, 여기에 부모의 은행 잔고가 아무런 역할도 하지 않는다면, 기회의 평등과 관련한 갈등이 발생할 이유가 어디 있겠는가? 비슷한 수준의 아이들이 모여 있을 때 가장 잘 배운다는 것은 상식 아닌가? 정당한 편파성 검증을 통해 어떻게 학교법은 선발이라는 선택지를 허용하지 말아야 한다는 결론에 이를 수 있는가?

선별적 교육에 대해서는 다양한 차원의 반론이 있다. 어떤 사람은 비본질적인 측면을 지적한다. 흔히 하는 비판은 선발 절차에 여러 결점이 있다는 것이다. 각자 다른 속도로 성장하는 아이들을 (예컨대, 11세에 실시되는) 일회성 시험으로 선발하는 것은 불공평하다. 또한 시험은 무선오차(random error)를 피할 수 없다. 더 중요한 문제는 시험이 학생의 근본적인 실제 능력을 측정하는 것이 아니라, 시험을 얼마나 잘 쳤는지를 측정한다는 점이다. 그리고 시험 형식에 따라 달라지는 시험 준비는 아이들의 사회적·문화적 배경과도 깊이 관련되어 있을지도 모른다. 능력에 따른 선발은 대체로 계층에 따른 선발이 된다. 다만, 실제 이루어지는 선발에 대해 이렇게 강력한 반론이 있지만, 그러한 우려를 상당 부분 해소한 이상적인 선발 제도를 상상해볼 수도 있을 것이다.

다음 장에서는 우리가 결국 현실 속에 살고 있다는 불운한 사실을 확인할 것이다. 하지만 지금으로서는 선별적 교육에 대한 더 본질적이고 근본적인 두 가지 반론을 생각해보려 한다. 첫째, 선발은 사회적 분열을 초래하고 공동체적 가치를 해친다. 설령 선발 절차가 완벽할지라도, 능력이 각기 다른 아이들을 다른 종류의 학교에 나누어 보내는 것은 공동의 문화와 공통 경험에 대한 감각을 약화시킨다는 주장이다. 둘째, 선발은 전반적인 수준을 높이지 못하고 불평등한 결과를 심화시키기 때문에 선발되지 않은 아이들의 교육을 악화시킨다는 주장이다. 가장 똑똑한 아이들만 걸러내는 것은 그 아이들의 교육적 결과를 향상시킬 수 있을지 모르나, 나머지 다른 아이들의 교육적 결과는 악화시킬 것이다.

아직 우리가 선발을 정당한 편파성과 관련하여 다루지 않았다는 것을 기억해 두자. 위 주장은 선발에 반대하는 좋은 이유이지만, 그럼에도 학교 제도에서 선발을 배제하는 것은 그른 일일 수도 있다. 똑똑한 아이의 부모에게 자녀를 문법학교에 보낼 권리가 있다면, 그 선택권을 박탈하는 것은 잘못이다. 나아가, 그러한 선택권이 법적으로 보장된다 해서 학부모가 지금 여기서 아이를 문법학교로 진학시키겠다고 하는 것이 정당화될 수 있는지는 또 다른 문제이고, 이 문제는 2부에서 다룰 것이다. 그럼에도 나는 1장에서 정당한 편파성을 판단하기 위해서는 양측 주장을 모두 고려할 필요가 있다고 한 바 있다. 부모가 자녀를 위해 무엇까지 자유롭게 해 줄 수 있는지에 관한 문제는 이후 적절한 때 다시 다루겠다. 여기서 목적은 학교법이 선발을 허용해서는 안 된다는 주장의 이유를 밝히는 것이다.

## 공동체를 해치는 선발

종합중등학교 교육을 추동하는 교육적 이상은 본질적으로 기회의 평등이 아니다. 문제는 선발이 불공평하다는 점이 아니라, 그것이 사회적 분열을 초래한다는 점이다. 선발은 다양한 능력을 지닌 아이들을 서로 다른 학교에 나누어 보냄으로써 서로 접촉할 기회를 차단하고, 서로 다른 것을 서로 다른 방식으로 배우게 하고, 그렇게 아무런 공통점이 없는 사람들로 자라나게 한다. 상호존중에 필요한 대면 접촉이나, 공통된 이해의 기초를 형성하는 공통된 배움의 경험은 점점 부족해진다. 그 결과 공통된 문화나 공유하는 경험이 없는 분열된 사회가 만들어진다. 이 자체가 문제일 수 있다. 공동체 안에서 사는 것이 공통점이 없는 사람들 사이에서 홀로 사는 것보다 낫기 때문이다. 혹은, 분열된 사회가 초래하는 결과를 문제삼을 수도 있다. 일례로, 사회적 분열은 종종 부유한 이와 불우한 이 사이의 연대와 인류애를 표현하고 구현하는 제도들, 예컨대 복지국가 같은 사회제도를 점진적으로 훼손한다는 비판을 받는다.

이것이 선발에 대한 공동체주의적 반론이다. 이런 관점에서 볼 때, 학교법을 평가하는 기준은 학교가 제공하는 교육의 질이나 그 교육적 결과를 넘어서까지 확대되어야 한다. 학교교육은 자신이 사는 세계를 바라보는 아이들의 관점에 영향을 미치는 형성적 경험을 제공한다. 이것은 사회적 연대를 강화할 수도, 약화시킬 수도 있다. 흔히 말하기로 2차 세계대전은 배경이 다른 사람들을 하나로 묶고 그들에게 공통된 경험과 사회적 응집의 감각을 만들어냈다. 그 직접적 결과로 연대주의적 사회정의관을 제도화한 복지국가가 탄생했다고 여겨진다. 종합중등학교도 그와 비슷한 역할을 할 수 있다. 선발이 공동체를 해치는데, 공동체가 우리에게 중요하다면, 이것이 바로 종합중등학교를 옹호해야 할 이유가 된다. 선발이 교육수준을 전반적으로 개선하는 경향이 있더라도 말이다. 나아가 교육수준 개선이 운 좋게 선발된 몇몇 아이들만의 이야기라면 더욱 그렇다.

물론 더 많은 세부 사항을 살펴볼 필요가 있다. 앞서 말한 선발과 연대의 충돌은 능력에 따른 선발이 사회 분열을 심화시킨다는 생각에 기초한다. 그것이 얼마나 심각한지는 누가 선발되고 있는지에 달려있다. 만일 부유한 아이들이 선발되는 경향이 훨씬 높다면, 능력에 따른 선발이 아니라 사회 분열의 자기 영속화가 일어나는 것이다. 부유한 부모를 둔 아이들이 유력한 학교에서 선발되고 보수가 좋은 직업을 갖는 경우가 많은 것이 현실이다. 반면 가난한 부모를 둔 아이들은 선발되지도 못하고 임금이 적은 직업을 갖는 경우가 많다. (종합중등학교 아이들 중 5분의 1 정도가 무상급식 대상자일 만큼 가난하다. 문법학교에서는 그런 아이들이 50분의 1 정도다.) 종합중등학교의 확장을 선도했던 이들은 그러한 사회적 분열을 심각하게 염려했다. 그들의 목표는 계층(class) 격차와 상호 적대감을 줄이는 것이었다.

이런 우려는 중산층 아이들이 선발되는 **근거**와 무관하게 성립한다. 선발 절차가 아이의 사회적·문화적 배경에 아무런 영향을 받지 않은 채 아이의 내재적 능력만 평가할 만큼 완벽하게 정확하더라도 중산층 아이들은 여전히 선발될 가능성이 높을 수 있다. 만약 (a) 평균적으로 중산층 부모가 노동자층 부모보다 똑똑하고, (b) (마치 키와 같이) 아이들의 능력이 어느 정도 부모로부터 물려받는 것이라면, 그런 일이 실제로 일어날 것이다. 가설적으로, 부모의 능력이나 사회적 지위가 아이의 능력과 전혀 상관없고, 문법학교는 정확하게 능력으로만 선발한다고 해보자. 그런 경우라면 똑똑하지 않거나 가난한 부모를 둔 아이라도 똑똑하거나 부유한 부모를 둔 아이들만큼 선발될 수 있을 것이다. [이때] 선발은 심각한 사회 분열을 일으키지 않을 것이다. 어떤 세대라도 똑똑한 아이들은 그렇지 않은 아이들과 분리되어 교육받겠지만, 그렇다고 **그들의** 자녀들이 다른 아이들보다 선발될 가능성이 더 커지지는 않을 것이다. 이 경우 교육에서의 선발은 사회 분열을 가중시키는 요인이 되지는 않는다.

이상은 종합중등학교에 대한 공동체주의적 이상이 정의와 불평등의 문제와 밀접하게 관련되어 있음을 보여준다. 선발은 혜택받는 이들과 불이익을 받는 이들의 사회적 분열을 야기하고, 그 분열을 세대에 걸쳐 재생산하기 때문에 가장 문제적이다. 사회적 분열이 그런 방식으로 재생산되지 않는다면, 우리는 그것을 '사회적 분열'이라고 생각하지도 않았을 것이다. 이 주장은 어느 정도 힘이 있지만, 논쟁이 그렇게 흘러갈 필요가 없다는 것은 지적할 가치가 있다. 우리가 서로 더 나을 것도 모자랄 것도 없는 집단으로 나뉘어 산다고 상상해보더라도, 통합된 사회의 이상은 여전히 매력적이다.

각각 자기만의 학교와 이웃을 가진 세 종교 집단이 있다고 해보자. 모두가 평등하기에 불공평이나 계층 분열은 전혀 논쟁거리가 되지 않는다. 이때도 우리는 분열된 학교교육 때문에 발생하는 사회적 응집이나 우애의 결핍을 걱정하지 않을까? 확실히 각 집단 간의 평등은 덜 문제시될 것이다. 그러나 사회 정의 문제를 논외로 하더라도, 분열된 사회보다는 통합된 사회가 여전히 더 나을 수 있다. 미국, 프랑스, 호주 같은 많은 사회에서 사립학교는 주로 종교학교다. 이런 학교는 공공 정책과 관련하여 다양한 문제를 일으키지만, 그 문제는 그런 학교가 사회적 불평등을 재생산하고 악화시키는 것에 대한 우려가 아니다. 한 가지 분명한 염려는 종교학교가 사회 통합과 공동의 문화에 반대한다는 것이다. (2001년 여름, 브래드퍼드, 올덤, 번리에서 일어난 '인종 폭동'의 맥락에서 신노동당[6]이 '종교학교'를 옹호했던 사실을 생각해 보자.) 결국 문제는 그러한 종교학교들로

---

6 New Labour. 1990년대 초부터 토니 블레어를 중심으로 제기된 정치적 구호로, 전통적 노동당에 비해 우경화된 정책적 기조를 반영한다.

하여금 공통의 가치와 사회적 연대에 우호적인 관점을 가르치라고 국가가 요구할 수 있는지에 있다. 사립학교가 '불평등 없는 사회 분열'을 조장하고 지속시키는 경향이 있다면, 이를 문제시하는 이들은 영국에서 종합중등학교를 옹호하기 위해 '공통의 문화'를 주장했던 것과 유사한 논지를 사용한다.

선발에 대한 또 다른 반론들도 위의 공동체주의적 우려와 사촌간이다. 한 가지 전통적 논변은 선발되지 못한 대다수 아이가 받게 될 낙인과 부정적 자아상을 우려한다. (선발 절차가 더 정확할수록 그 낙인은 더 강력하다.) 이 주장의 한 가지 변종은 승패를 가리는 선발이 친구 관계에 재앙적 영향을 미친다는 점에 초점을 맞춘다. 어린 나이에 실패나 부족함을 경험하는 것은 매우 힘든 일이다. 그리고 그런 학생에게 자신의 가장 친한 친구의 성공은 아무런 위로가 되지 않는다. 다른 나라에서 온 부모들은 아이들을 극심한 괴로움과 스트레스로 몰아넣는 우리의 선발 제도를 매우 이상하게 생각한다. 이것은 물론 그러한 법 안에서 선택하는 부모가 자기 아이를 경쟁적인 선발 시험에 몰아넣는 것이 과연 현명한 일인지 의심하게 되는 이유다. 하지만 나아가 이것은 그러한 학교법을 선택하지 않아야 할 이유이기도 하다.

## 선발이 교육 수준에 미치는 영향

선발에 대한 첫 번째 반론, 곧 사회적 응집과 공동체적 가치에 근거한 반론은 이제 충분히 논의되었다. 최소한 이를 통해 학교법이 선발이라는 선택지를 주지 않아야 한다는 주장의 논지는 명확해졌기를 바란다. 그러한 선택지는 일부 아이들의 유익에 부합할지는 모르지만 (그 아이들이 사회적 응집 측면에서 잃을 것보다 선발로 얻을 것이 더 많다는 가정하에), 사회 전체에는 좋지 못할 것이다. 선발에 대한 두 번째 반론도 유사한 결론을 향해 나아가지만 이번에는 교육 차원에 좁게 한정되어 있다는 점이 다르다. 선발이 소수의 선택된 아이들의 교육을 향상시키더라도, 선택되지 않는 대다수 아이들의 교육은 악화시킨다는 것이다. 그렇게 모든 아이의 결과를 합산한 순효과(net effect)는 전반적 교육 수준의 하락이라는 주장도 있다.

아이들이 학교에서 어떻게 하는지는 학교에서 누구와 함께하는지와 어느 정도 관련이 있다. 호기심 많고 동기부여가 잘 된 똑똑한 아이들을 걸러낸다면, 교실 분위기와 그곳에 남겨진 이들, 즉 학생과 교사의 경험은 달라질 것이다. 평균 또는 그 이하의 능력을 지닌 아이들은 더 이상 자신보다 똑똑한 친구에게서 배울 수도, 자극을 받을 수도 없게 된다. 교사는 이제 똑똑한 아이들을 가르칠 때의 심리적 보람을 얻지 못한다. 이것이 사회학자들이 말하는 '동료효과(peer group effect)'다. 이는 자신에게 속하지는 않지만 자신의 동료 집단에 속한 자질이 개별 학생에게 미치는 효과를 말한다. 학교의 학풍은 대체로 그곳에 어떤 부류의 아이들이 다니는지에 달려있다. **당연히** 종합중등학교는 문법학교에 다닐 만큼 똑똑하지 못하다고 판단된 아이들로만 구성된 학교와는 다르게 느껴질 것이다. (게다가 자신이 선발될 만큼 똑똑하지 못하다는 사실을 **알고 있는** 아이들은 의욕도 자존감도 상처를 입고, 학교에 반항적인 태도일 공산이 크다. 여기에 작용하는 것은 동료효과만이 아니다. '의욕 저하에 의한 성취 저하' 효과라는 독립적인 요인도 작동하는 것이다.)

학교 순위표가 보여주는 것은, 최고의 교육적 성과를 내는 학교들은 가장 똑똑한 아이들로 가득 찬 학교라는 점이다. 놀라울 것도 없는 얘기다.

선발을 옹호하는 사람들은 종종 선별학교의 놀라운 성과를 종합중등학교의 명백하게 덜 인상적인 성과와 비교하면서, 결국 문법학교는 교육 수준의 향상을 가져온다고 결론을 내린다. 어처구니없는 얘기다. 의미 있는 비교를 하려면, 선발이 이루어지는 지역의 모든 아이(선발된 아이들 그리고 선발되지 않은 아이들)와 선발이 없는 지역의 모든 아이의 학업 성취를 비교해야 한다.

이런 비교를 수행한 모든 사회학자가 동일한 결론에 이른다면 참 다행일 것이다. 나는 다른 여러 논변을 통해 종합중등학교를 옹호할 것이기 때문에, 선발이 전반적인 교육 수준을 실제로 낮춘다는 것이 밝혀진다면 (나에게는) 특별히 다행일 것이다. 이 경우 종합중등학교에 대한 공동체주의적 논변은 좁게 한정된 교육적 논거에 의해서도 강하게 힘을 얻을 것이다. '문법학교가 그 학교에 진학한 아이들의 수준을 높이는 것은 사실'이라고 할 수는 있다. 하지만 어떻게 하든 최고가 될 아이들에게 혜택을 주는 법을 왜 선택해야 하는가? 우리에게 중요한 것은 아이들 전체의 교육 수준에 미칠 영향이다. 그것을 기준으로 할 때, 우리는 종합중등학교의 제도적 전면화를 옹호해야 한다.

실제로 그러한 결론을 정확히 보고하는 저명한 사회학자들이 있다. 나는 그들의 연구 결과를 여기서 단순히 보고하고 승인하고 싶은 강한 유혹을 받는다. 그러나 상반된 결론을 보고하는 학자들도 있고, 이를 인정하지 않는 것은 부정직할뿐더러 어리석은 태도일 것이다. 나는 어떤 연구들이 다른 연구보다 더 신뢰할 만하다고 생각하지만, 반대편의 증거에 대한 단순한 무시를 정당화할 수 있는, 그런 종류의 전문성을 내가 지녔다고 주장할 수는 없다. 또한 세부적인 내용에 휩쓸려 지면을 낭비할 생각도 없다. 따라서 여기서 펼칠 종합중등학교 옹호론은 종합중등학교가 전반적인 교육 수준을 향상시킨다는, 뜨거운 논쟁을 불러올 주장에 기대지 않는다. 그 대신 종합중등학교 옹호론은 학생 간 학업성취의 격차를 낮추어야 한다는 보다 덜 논쟁적인 관점에 호소할 수 있다. 이에 따르면 인구 전체의 교육 수준을 낮추지 않는 한편, 설령 천장이 낮아지더라도 바닥을 끌어올려야 한다. 미리 말하자면 이런 견해는 그 자체로 양측으로부터 모두 도전을 받는다. (누군가는 똑똑한 아이들은 종합중등학교에서도 마찬가지로 잘할 거라고 말한다. 다른 누군가는 종합중등학교가 전체 평균을 떨어뜨린다고 말한다.) 그럼에도 내가 보기에 (그리고 관련 연구를 검토한 다른 이들이 보기에) 이 견해는 사회학자들의 연구 결과를 온당하게 요약하는 것 같다.

 이것으로 충분하다. 자녀가 문법학교에 갈 수 있다고 확신하거나 그곳에서 더 잘하리라고 믿는 부모 입장에서는 선발이 타당할 수 있다. 그들은 종합중등학교 제도가 실패했다고 계속 주장할 것이다. 그러나 덜 재능 있는 아이를 둔 부모나 사회 전체 관점에서 본다면 그 문제는 달라 보인다. 능력 있고 동기부여가 강한 아이들이 서로 혜택을 주고받으면서 덜 유능한 아이들과의 불평등을 심화시키는 법을, 그 능력과 동기로 다른 아이들의 교육적 경험을 개선하게 할 법보다 선호해야 할 까닭은 무엇인가? 어떤 경우든지 능력 있고 동기가 강한 아이들은 결국 최고의 성과를 거두게 될 텐데 말이다.

 선발은 동료효과 외에도 더욱 간접적인 방식으로 선발되지 않은 아이들에게 악영향을 미친다. 똑똑한 아이들을 걸러내 분리된 학교로 입학시키면 당연히 그들의 부모도 분리되기 때문이다. 유능한 아이들이 다른 모든 아이와 같은 학교에 다닌다면, 그들의 부모는 자녀가 다니는 학교[종합중등학교] 교육의 질에 신경 쓸 이유가 있다. 동료효과로부터의 논변은 똑똑한 아이들이 덜 똑똑한 아이들과 같은 학교에 다니면, 후자의 교육을 향상시킬 수 있다는 점만 주장한다. 여기에는 이들의 가족에 관한 어떤 가정도 하지 않는다. 하지만 이제부터는 똑똑한 아이의 전체 인구에서 임의로 추출된 표본이 아니라, 그들 자신도 똑똑할 가능성이 상당히 높고 (능력은 유전될 수 있으므로), 부유한 편이라고 (똑똑한 사람들이 부자가 될 가능성이 더 높으므로) 하자. 이 경우 문법학교는 또 다른 원리를 통해 그곳에 들어가지 못하는 아이들에게 악영향을 미친다. 저녁 모임에 들이는 그 모든 시간과 에너지, 학교가 만족스러운지 확인하려는 동기, 예산을 받을 수 있도록 노력하는 정치적 영향력 등은 오직 문법학교에 유리한 방향으로 작동하는 경향이 있다. 게다가 이 모든 것은 아이들을 선발하는 절차가 아무리 정확하다 해도 그대로 적용될 것이다. 나아가 우리가 의심하는 대로, 선발 절차가 부유한 가정 아이들에게 이익이 되는 쪽으로 편향되어 있다면, 이 원리는 더욱 강력하게 적용될 것이다.

## ▎선발은 모두에게 좋은가?

문법학교가 그곳에 들어가지 못하는 학생들까지 포함한 모두에게 이익이 될 수도 있지 않을까? 그렇다면, 정당한 편파성에 대한 고려가 선발을 허용하는 학교법을 요청하는지를 고려할 필요가 없을 것이다. 선발은 모두에게 좋다는 것을 근거로 허용될 것이기 때문이다.

선발이 어떻게 모두에게 유익할 수 있을까? 선발에 반대하는 주장은 매우 똑똑한 아이들이 문법학교에서보다 종합중등학교에서 덜 잘 해내리라는 것을 인정했다. 그러나 이 논변은 나머지 학생들을 위한 교육적 향상에 호소했다. 최상위권 아이들 역시 성취가 조금 저하된다고 해보자. 이런 저하는 매우 중요한 의미가 있다. 해당 아이들뿐만 아니라 우리를 포함한 나머지 모두에게 말이다. 똑똑한 아이들이 더는 영향력 있는 지식인, 예컨대 과학자나 공학자가 되기 위한 지능을 개발하지 않게 된다면 어떻게 될까? 우리 모두는 누군가 탁월한 발상을 내놓거나, 신약을 개발하거나, 기술의 효율성을 개선할 때 그 이익을 누린다. 잘나가는 사람이 더 잘나갈 수 있게 하는 것, 그들의 능력의 한계를 끌어올리게 하는 것은 우리 모두에게 유익한 일처럼 보인다. 이 경우 선발 금지는 근시안적인 것으로 보인다. '그렇지, 똑똑한 아이들과 덜 똑똑한 아이들의 격차는 더 벌어질 수도 있겠다. 하지만 뛰어난 아이들을 위한 온실로서 문법학교가 필요하다면, 그 아이들의 잠재력이 완전히 발달되었을 때 우리 모두가 그 이익을 누릴 수 있다면, 그런 대가는 충분히 지불할 수 있지.' 이 논변에서 주목할 점은, 똑똑한 아이들에게 더 많은 자원을 투입하는 것까지도 정당화될 수 있다는 사실이다. 이런 견해에서 보자면 그것은 합당한 투자일 뿐이다. 또 하나 더 주목할 점은, 심지어 선발이 전반적인 학업 수준을 낮춘다 해도 이 주장이 설득력을 지니리라는 점이다. 당신은 똑똑한 아이들을 극한으로 밀어붙이는 것이 전반적인 학업 수준을 개선하는 것보다 장기적으로 모두에게 더 가치 있다고 생각할 수 있다.

이는 상당히 심각한 변론이다. 그리고 일부의 사적인 이익이 아닌 공공선에 호소한다는 점에서, **옳은 종류**의 변론이다. 이 변론을 올바르게 평가하기 위해 우리는 다음 사항을 고려할 필요가 있다. 잘나가는 학생들이 정말 종합중등학교에서는 날개를 펼 수 없는가? 그리고 우리 모두에게 가치로운, 잘나가는 이들의 비상이 [중등]학교에서보다 대학에서 더 일어날 가능성은 없는가? (능력에 따른 선발은 대학교육을 생각할 때 더 설득력 있어 보인다.) 여기서 문제가 되는 논점은 선발이 교육적 불평등을 심화시킨다는 사실, 심지어는 전반적인 수준을 저하시킨다는 사실을 알고 있음에도, 뛰어난 학생들의 온실을 통해 얻을 수 있는 이익이 장기적으로는 그로 인한 부정적인 효과를 능가할 수 있다는 지적이다.

이 변론이 이전 장에서 살펴본 사립학교에 대한 두 가지 반대 중 하나와 어떻게 대비되는지 주목해 보자. 기회의 불평등에는 두 가지 나쁜 점이 있다. 바로 불공평하고 비효율적이라는 점이다. 사람들은 부모의 계좌 잔고가 아니라 자신의 능력에 따라 인생의 성취를 결정해야 한다. 그리고 직업에 따라 보수가 달라지는 상황에서 공평하고 열린 경쟁을 통해 직업을 결정할 때, 모두가 그 유익을 누릴 수 있다. 우리가 살펴본 대로, 학생을 제대로 선발하기만 한다면 문법학교는 공평하다. 비슷한 수준의 능력과 동기부여를 갖춘 학생이라면 동등하게 성공의 기회를 누릴 것이다. 이제 우리는 선발이 사립학교 교육과 달리 경제적으로 효율적이라는 주장에 이르렀다. 부모의 자원이 아이가 받게 될 교육을 결정하는 데 원칙적으로 (실제적으로는 아니라 하더라도) 아무런 영향을 미치지 못한다면, 직업 획득의 사회적 작동 원리가 비효율적으로 왜곡될 필요가 없기 때문이다. 이와 반대로 가장 유능한 학생을 나머지 학생들과 분리하는 것이 장기적으로는 가장 생산적인 교육 방식일지도 모른다.

옳은 종류의 논변이라고 해서 옳은 논변이 되는 것은 아니다. 나처럼 선발에 반대하는 사람도 잘난 사람을 더 잘나게 함으로써 얻게 되는 생산성이 있다고 인정할 수 있다. 하지만 나머지 학생들의 성취 저하로 **잃게 될 생산성**은 어떻게 생각하는가? 사태를 지혜롭게 조직한다면, 종합중등학교에서도 유능한 학생들이 충분히 자기 능력을 펼칠 수 있다. 대학교에서 대기권을 뚫고 하늘 높이 날아오를 수 있을 만큼 말이다. 또한 미래의 생산성은 나머지 대다수 아이에게도 달려있으며, 그 아이들이 사기가 저하된 채 신중등학교[7]로 보내질 때보다 더 많은 성취를 이룰 것이다.

## 선발에 대한 반대를 사립학교 반대에 추가로 적용하기

지금까지 나는 학교법에서 선발을 허용하지 말아야 하는 두 가지 이유를 제시했다. 한편으로 선발은 공동체를 훼손하고 분열시킨다. 다른 한편으로 똑똑한 아이들이 선발된 뒤 남겨진 아이들은 다양한 능력의 학생들이 함께 다니는 학교에서보다 더 나쁜 교육을 받게 된다. 이 두 가지 이유는 모두 종합중등학교가 똑똑한 아이들의 교육적 발달을 저해할 수도 있다는 점을 부정하지는 않는다. 똑똑한 아이 자신과 그의 부모에게는 그런 교육적 발달이 중요한 것이 사실이다. 그러나 우리는 과연 똑똑한 아이들의 교육적 발달이 나머지 아이들의 교육적 발달보다, 그리고 공동체를 조성하는 것보다 더 중요한 일인지 생각해 보아야 한다. 아이들이 자신의 능력을 최대한 개발할 권리가 있다는 이유만으로 선발 제도를 옹호할 수는 없다. 어떤 아이들의 완전한 발달이 다른 아이들의 불완전한 발달을 대가로 성취될 수 있다면, 그 거래에 대해 훨씬 심각하게 고민할 필요가 있다.

선별형 공립학교가 사립학교보다 그나마 도덕적으로 덜 문제라고 생각하는 사람들이 옳을지도 모른다. 나는 이 결론에 반박하는 어떤 말도 하지 않았다. 비록 선발에 반대하지만 말이다. 다만 주목할 것은, 사소한 몇

---

7  신중등학교(secondary moderns). 1944년 교육조례에 의해 영국에서 운용한 공립 중등교육기관이다. 당시 영국 공립교육에서는 세 종류의 중학교를 운영했는데, 대학교 진학을 준비하는 '문법학교(grammar school)', 직업훈련을 받는 '중등공업학교(secondary technical school)' 그리고 기초교육을 담당하는 '신중등학교'가 그것이다. 초등학교 졸업시험 성적을 통해 학생을 각 학교에 배정했기 때문에, 신중등학교에는 문법학교에 진학하는 학생들보다 낮은 성적을 받은 학생들이 모여 있었다. 해당 제도는 1970년 폐지되고, 문법학교와 신중등학교는 종합중등학교로 병합되었다.

가지만 수정한다면, 종합중등학교를 선호하는 근거가 사립학교 폐지를 주장하는 근거도 될 수 있다는 점이다. 앞에서 이런 방식으로 사립학교에 반대하는 것은 말이 되지 않았는데, 기회의 평등을 근거로 펼친 두 가지 논변은 당시 논의를 진행하는 데 충분했고, 사립학교 교육에 대한 가장 중요한 반론으로 남아 있을 것이다. 그러나 논의가 여기까지 진전된 이상, 선발에 반대하는 것이 사립학교 반대와 어떤 관계에 있는지 살펴보는 것은 중요하다.

첫째, 문법학교처럼 사립학교는 공동체를 훼손한다. 사립학교는 사회적 연대보다는 분열을, 응집보다는 파편화를 조장한다. 문법학교도 그렇지만, 사립학교는 더 심각하다. 올바르게 작동하는 문법학교는 능력 있는 학생과 덜 능력 있는 학생을 나누지만, 사립학교는 학비를 낼 수 있는 학생과 그럴 수 없는 학생을 나눈다. 능력 있는 학생은 부적절할 정도로 비교적 부유한 집안 출신인 것이 사실이다. 선발 과정이 능력을 판별하지 못하고 대신 사회적·문화적 배경을 판별하는 것도 사실이다. 물론 똑똑하지만 학비를 버거워하는 학생들은 사립학교의 장학금이나 정부 보조금[8]을 지원받을 수 있다. 다른 것을 포기할 각오가 되어 있는 부모라면 자녀를 사립학교에 보내기 위해 어마어마하게 부유할 필요가 없을지도 모른다. 그러나 이 모든 것에도 불구하고, 전체적으로 보자면 여전히 사립학교를 허용함으로써 발생하는 사회적 분열은 선발로 인한 사회적 분열과 그 종류에서 다르다.

사립학교가 초래하는 분열이 [선별학교가 초래하는 분열과] 다를 뿐만 아니라 더욱 심각한 이유는 그것이 시간이 지날수록 재생산될 가능성이

---

[8] 'Assisted Place Scheme'을 이르는 말이다. 1980년 영국 보수당이 입안한 정책으로, 저소득 가정 학생이 무료로 사립학교에 입학하는 대신 정부가 사립학교에 수업비를 보조하는 정책이다.

높기 때문이다. 사립학교로 진학한 학생들은 그 결과, 경제적으로 그렇지 않은 학생들보다 부유할 가능성이 높다. 그 까닭은 그들이 사립학교를 나왔기 때문이기도 하고, 상대적으로 유리한 부모에게서 받은 다른 모든 조건들 때문이기도 하다. 그러니 그 학생의 자녀도 사립학교에 가게 될 가능성이 크고, 그렇게 반복되는 것이다. 문법학교로 진학한 학생들 역시 그렇지 않은 학생들보다 경제적으로 더 부유할 가능성이 높다. 하지만 그들이 부유해진다고 해서 그들의 자녀가 쉽게 문법학교로 갈 수 있게 되는 것은 아니다. 물론 유전학적으로는 그들의 자녀 역시 문법학교에 입학할 만한 재목일 가능성이 높을지도 모른다. 사회학적으로는 그들의 자녀 역시 문법학교에 입학하는 데 도움이 될 만한 문화자본을 상속받을 것이다. 바로 이것이 선발 제도가 세대에 걸쳐 지속되는 심각한 사회적 분열을 만들게 되는 이유다. 그럼에도 부모의 기득권을 자녀에게 물려주기에는 문법학교보다 사립학교가 더 매끄럽고 더 효과적인 수단이다.

둘째, 사립학교는 문법학교처럼 그곳에 다니지 않는 학생들의 교육을 악화시킨다. 2장에서 지적한 바와 같이 교육의 지위적 측면이란 누군가 나보다 더 많은 교육을 받을 때 내가 받는 교육의 가치가 감소하는 것을 뜻한다. 남들이 앞질러 가면 나는 뒤처지는 것이다. 우리는 여기에 한 가지 추가적인, 그리고 매우 별개의 기제를 덧붙일 수 있다. 자기 아이를 위해 더 나은 교육에 돈을 쓰는 것이 다른 아이들의 교육을 악화시키는 또 다른 기제, 다름아닌 동료효과다. 이때 감소하는 것은 교육의 도구적 가치만이 아니다. 즉 아이들은 전과 다를 바 없는 교육적 경험과 성취를 이루지만, 그러한 성취 결과는 다른 이들이 더 나은 성취 결과를 갖기 때문에 결과적으로 그 가치가 감소된다. 이 경우, 사립학교는 나머지 학생들이 받는 교육의 **절대적인** 질을 떨어뜨린다.

사립학교는 공교육 제도 내의 학생들을 걸러내어 데려간다. 물론 문법학교와 다르게, 사립학교가 데려가는 학생들이 모두 최고로 똑똑한 것은 아니다. 그러한 학생은 문법학교에 가게 되어 있기 때문이다. 그러나 많은 사립학교가 높은 학업 수준을 선발의 문턱으로 제시하면서, 그것을 넘을 수 있는 매우 유능한 학생들을, 부분적으로는 장학금 제도와 같은 방식으로 끌어들이고 있다. 설령 덜 똑똑한 아이가 사립학교에 들어갔다 하더라도 그 아이의 부모는 기꺼이 사립학교 학비를 낼 정도로 자녀 교육에 신경을 쓰는 사람이다. 물론 사립학교에 다니지 않는 학생들의 부모가 아이들의 학교교육에 관심이 없다고 말하는 것은 아니다. 돈만 있다면 그들도 기꺼이 아이들 교육에 돈을 썼을 것이다. 그럼에도, 전반적으로 말하자면 사립학교 학생들은 대체로 똑똑하고, 동기부여가 잘 되어 있으며, 품행이 바른 경우가 많다. 이런 학생들을 공립학교로 보낸다면 전반적인 학업 수준에 긍정적인 영향을 미쳤을 것이다. 영국의 전체 학생 중 7~8%만 사립학교에 다니지만, 특정 지역에서는 20%를 넘기도 한다. 상당히 큰 비중의 학생들이 걸러내어지는 셈이다.

그러나 사립학교의 경우 교육 전반에 더 나쁜 영향을 미치는 것은 학생보다 **학부모**를 걸러내어 데려간다는 점이다. 부유한 가정의 학생에게 다른 모든 학생과 똑같은 학교에 다녀야 한다고 요청한다면, 그들의 부모는 더 많은 교육적 자원을, 더 적은 인원의 학급을, 더 적당한 운동장을 요구하느라 목소리를 높일 것이다. 당연히 그 부모들은 사회에서 가장 많은 권력과 영향력을 지닌 사람들일 것이다. 그들은 자기 견해를 명확하게 표현하고 그 견해를 관철하는 데 익숙하다. 그들은 자신의 목소리가 묻히도록 놔두지 않을 것이다. 토리당의 전 하원의원 조지 월든은 이렇게 말했다.

부유하고 영향력 있는 가정의 자녀들이 나머지 사회로부터 차단되고, 그 결과 그들의 부모는 공립학교가 어떻게 돌아가는지에 관심이 없습니다. 이 건 영국 교육제도의 전통적인 기현상 정도로 치부할 수 있는 일이 아닙니다. 우리 교육문화의 목을 자르는 격입니다. 상위 7% 시민이 공교육과 아무런 상관이 없을 때, 어떤 나라도 높은 수준의 공교육을 발전시키지 못했습니다.

지난 보수당 정권에서는 내각 구성원 중에서 자녀를 공립학교에 보낸 사람이 한 명도 없었던 적도 있다. 그러니 공교육 지원이 열악해진 것도 놀랄 일은 아니다. 요약하면, 사립학교 교육은 그 규모가 작지만 학교 내의 동료효과 측면에서나 영향력 있는 부모들을 빼낸다는 측면에서 공교육에 절대적인 의미에서 부정적인 영향을 미친다.

## 결론

선발에 의한 선별적 교육은 사립학교 교육처럼 가장 근본적인 반대에 부딪치지는 않는다. 능력에 따라 아이들을 분리해 교육한다고 해서 기회의 평등이 반드시 훼손되는 것은 아니다. 선발 절차가 정확하다면, 아이들이 순수하게 능력과 동기의 차이에 따라서만 서로 다른 학교에 배정된다면, 부정행위나 불법을 통해 운동장을 기울이는 일이 발생하지 않을 것이다. 그러나 그런 경우에도 여전히 다른 반론들이 남아 있다. 공동체와 사회적 연대에 대한 우려다. 나아가 선발이 '문법학교 신분'을 영속화하는 경향이 강할수록, 그런 우려는 심각한 문제가 될 것이다. 나아가, 동료효과(그리고 보다 간접적으로 작용하는 여타 학부모 관련 기제들)를 감안할 때, 가장 똑똑한 아이들을 걸러내는 것은 남은 아이들의 교육적 경험을 악화시킨다.

이런 반론의 변형이 사립학교에 적용될 수 있다. 사립학교의 문제는 운이 나빠 그곳에 다니지 못하는 아이들이 받게 될 교육의 도구적·지위적 가치를 감소시킴으로써 기회의 평등과 충돌한다는 것뿐만이 아니다. 사립학교는 후자의 교육을 절대적인 의미에서 악화시킨다. 문법학교와 비교했을 때 사립학교는 동료효과의 측면에서는 덜 급진적이지만, 학부모의 영향력의 관점에서는 더 급진적으로 후자에 악영향을 미친다. 나아가 사립학교는 선발 교육이 그러한 것보다 더 근본적으로 공동체와 사회적 연대를 와해시킨다.

지금까지의 논의가 선발을 배제하는 학교법을 선택하기 위한 충분한 이유가 되었기를 바란다. 그렇지만 아직 그런 선택지를 배제해야 한다고 당신을 설득한 것은 아니다. 우리는 지금까지의 논의를 통해 평등이나 공동체 같은 가치들이 정당한 편파성과 충돌한다는 사실을 이미 알고 있다. 이번 장에서는 한쪽 입장의 논의만 다뤘을 뿐이다. 자녀에게 이것저것(아마도 최고의 것)을 해주고 싶은 부모의 입장에서라면 어떨까? 우리가 모두 선발을 금지하는 법을 위해 힘을 합치게 될까? 나는 곧 정당한 편파성 검증으로 돌아갈 테지만, 아직은 아니다. 이 모든 반론에 동의하면서도, 여전히 반론의 대상이 되는 종류의 학교들을 폐지하지 않을 또 다른 이유가 있기 때문이다. 바로 우리가 '현실'이라고 부르는 것이다. 이것이 바로 다음 장에서 다룰 주제다.

# 4장

# 현실이라는 세계

우리는 어떤 종류의 편파성이 정당하고 또 그렇지 않은지를 검증할 방법을 확보했다. 또 우리는 사람들이 교육에 돈을 쓴다고 할 때, 그들이 어떤 재화에 돈을 쓰고 있는 것인지를 둘러싼 여러 복잡한 사안을 논의했으며, 사립학교와 선별학교에 반대하는 주요한 주장을 다루었다. 이제 이 주장들을 부모가 자녀에게 어디까지 해줄 수 있도록 허용되어야 하는지의 문제와 나란히 고려하면서, 올바른 학교법이 무엇인지에 대한 결론에 도달할 수 있을지도 모르겠다. 사립학교와 선별학교에 대한 반론은 이런 학교를 선택할 권리를 부모로부터 박탈해도 될 만큼 충분히 중요하고 설득력이 있는가? 아니면 이런 반론에도 불구하고, 정당한 편파성에 따라 자녀를 사립학교나 선별학교로 보낼 수 있게 해야 하는가?

우리는 아직 그 답에 이르지 못했다. 여전히 중요한 퍼즐 한 조각이 남아 있다. 우리는 철학자들이 현실 세계라고 부르는 영역을 고려해야 한다. 많은 독자는 정치는 가능성의 예술이라는 격언을 들어보았을 텐데, 이들에게 지금까지의 [이상적이고 원칙적인] 논의는 불만족스러울지도 모르겠다. 우리는 사립학교와 선별학교에 대한 다양한 비판을 충분히 잘 검토하고 정리했다. 그러나 과연 그 대안이라고 더 나을까? 실로 혹자는 우리 교육제도의 많은 실패가 정책가들의 현실감 부족 때문이라고 비판한다. 많은 사람은 사립학교와 선별학교를 전면적으로 폐지하려는 교육제도(all-state all-comprehensive system)를 지나치게 순진한 것으로 여긴다.

지금까지 논지를 개진하면서 나는 쉽게 달라질 수 있는 우연적이거나 우발적인 요소들을 피하고 기본적인 사항에만 충실하려 했다. 나의 초점은 학교법이 상당 부분 불가피하게 마주할 수밖에 없는 문제만 다루는 것이었다. 다른 모든 조건이 동일하다면, 똑똑한 학생들을 선발해 문법학교로 보내는 일은 남겨진 학생들의 교육 경험에 부정적인 영향을 줄 수밖에 없다. 부모가 자녀 교육에 돈을 쓸 수 있게 하는 학교제도는 거의 불가피하게 기회의 평등과 대립할 수밖에 없다. (내가 '거의'라고 말한 까닭은, 사립학교의 어떤 것도 거기에 자녀를 보낼 여력이 되는 부모로 하여금 아이를 그곳에 보내야 하는 필연적 이유를 제공하는 것은 아니기 때문이다. 사실 모든 사람이 자녀를 사립학교에 보낼 여력이 있음에도 아무도 그런 선택을 하지 않는 세계를 상상해볼 수는 있다.)

우연성, 즉 현실 세계에서 참일 수도 아닐 수도 있는 것을 논의에 가져오면 사태가 더 복잡해진다. 사립학교와 선별학교에 대한 모든 반론이 타당하다고 해보자. 그러면 사립학교와 선별학교를 폐지해야 할 이유는 충분하다. 이상적으로 말하자면, 원칙적으로는 사립학교와 선별학교를 폐지하는 것이 낫다. 그러나 현실에서 우리가 알고 있는 것들을 고려한다면, 문제가 다르게 보일 것이다. 현실에서는 사립학교와 선별학교를 폐지하려는 주장보다 다른 고려사항들이 결국 더 중요할지도 모른다.

어쩌면 사립학교와 선별학교를 폐지하는 것이 (기회의 평등이나 공동체와 같은) 목표했던 것을 성취하는 데 도움이 될지도 모르지만, 그 과정에서 다른 중요한 가치를 잃게 될 수 있다. 그러나 이 모든 것이 반드시 불가피한 것은 아니다. 즉 사립학교와 선별학교를 금지하는 학교제도가 다른 좋은 가치들을 이뤄낼 수도 있지만, 우리는 실제로 그렇지 않다는 것을 안다. 현실 세계에서 사립학교와 선별학교를 폐지하는 것은 심각한 문제를 낳으므로 차라리 사립학교와 선별학교를 유지하는 것이 낫다는 주장도 충분히 가능하다. 어쩌면 사립학교와 선별학교를 폐지하더라도 원하는 목표를 달성하지 못할 수 있다. 지금까지 살펴본 이유를 근거로 사립학교와 선별학교에 반대할 만하고, 또 원칙적으로는 그것들을 폐지하는 것이 옳을지라도, 실제로는 그런 폐지가 도움이 안 될 수도 있다. 공동체나 기회의 평등 같은 가치와 관련하여, 사립학교와 선별학교의 폐지가 아무런 도움이 되지 않을 뿐만 아니라, 오히려 상황을 더 악화시킬 수도 있다.

하지만 또 반드시 그렇게 될 것이라고 볼 필요도 없다. 현실 세계에 대한 지식을 고려할 때, 사립학교와 선별학교를 **폐지하려는** 주장이 더 강화될 수도 있다. 어쩌면 사립학교와 선별학교의 현실을 과장되게 낙관하여 순진한 사람이라고 불릴 만한 이들은 바로 그런 학교를 옹호하는 사람들일지도 모른다. 어쩌면 현실적인 관점에서 볼 때, 사립학교와 선별학교 폐지를 우리는 더욱 원하게 될지도 모른다.

## ▍가치가 충돌하는 지점

당신이 사립학교를 반대하는 모든 의견에 동의한다고 해보자. 실제로 사립학교를 폐지해야 할 충분한 이유가 있다. 그러나 동시에 당신이 남학교 혹은 여학교에 강하게 찬성한다고 하자. 어쩌면 남학생과 여학생을 분리해 교육하는 것만이 청소년기의 고충으로부터 아이들을 가장 잘 보호하는 것이며, 여학생들이 자신감과 자부심을 기를 수 있는 방법일지도 모른다. 아이들에게 남학교 혹은 여학교에 다니도록 강요하는 것은 옳지 못한 일이지만, 그곳에 다닐 선택권은 주어져야 한다. 그리고 물론, 그 선택권은 사립학교에 갈 여력이 있는 학생뿐만 아니라 모든 학생에게 주어져야 할 것이다. 그렇다면 당신이 선호하는 학교제도는 사립학교를 금지하지만, 남학교 혹은 여학교로 된 공립학교는 허용하는 것이다. 여기까지는 괜찮다. 문제는 지금부터다. 당신은 정부가 남학교나 여학교를 세우지 않을 거라고 확신한다. 당신은 그런 정부가 잘못되었다고 생각하지만, 공교롭게도 남녀공학을 지지하는 정부의 입장은 바뀌지 않는다. 당신은 어떤 길로 뛰어들 것인가? 사립학교가 불공평하기 때문에 폐지하려는 쪽인가? 혹은 부모가 자녀를 남학교 혹은 여학교에 보낼 수 있는 것처럼, (비록 자녀를 사립학교에 보낼 여력이 있는 부모는 일부겠지만) 사립학교도 허락해야 한다는 쪽인가?

또 다른 예를 들어보자. 만일 당신이 내가 말한 사립학교의 모든 단점뿐만 아니라, 똑똑한 아이들을 선발해 문법학교로 보내면 남겨진 아이들이 용납할 수 없는 피해를 입는다는 사실까지 수긍한다고 해보자. 그리고 이를 바탕으로 당신은 종합중등학교를 지지한다. 그러나 또 한편으로 당신은 고전 문화의 사그라드는 불씨가 계속 살아날 수 있도록 지켜나가는 고전학자. 하지만 불행하게도 종합중등학교는 당신이 아는 한, 신 경제(new economy)에 적합한 직업인들로 아이들을 훈련하는 데 우선적인 관심이 있는 야만적인 실용주의적 노선을 추종하는 듯하다. 실용적이지 않은 지식에 흥미를 보일 아이들조차 동료집단의 압력을 받아 (부모가 그 반대 방향으로 압력을 가하더라도) 그런 지식을 습득할 가능성을 기피하는 경향이 있을 것이다. 따라서 당신은 문법학교를 허용하는 것만이 그리스어나 라틴어를 보존할 유일한 길이라고 결론 내린다. 이제 당신은 어떤 결정을 하게 될까?

요점인즉, 사람들이 교육제도에서 중요하게 여기는 어떤 가치들은 사립학교나 선별학교에 찬성하거나 반대하는 논변과 원칙적으로 아무런 상관이 없을 수 있지만, 동시에 실천적으로는 관련이 있을 수 있다는 것이다. 우리가 이상적으로 선호하는 교육제도는 (공립의 남학교 또는 여학교, 고전을 가르치는 종합중등학교 등의) 특정한 형식을 취할 수 있는데, 이런 형태의 교육이 실제로는 제공되지 않을 수도 있다. 이럴 경우 우리는 부모가 자녀를 위해 어떤 일까지 자유롭게 해도 되는지의 문제를 살펴보기도 전에 어떤 교육법에 투표해야 하는지 결정해야 될 수 있으며, 이때 서로 경쟁하는 가치들의 무게를 이리저리 재며 균형을 잡아야 하는 어려운 입장에 처하게 된다.

선발에 대한 앞의 반론을 수용하는 동시에, 선별학교를 폐지하는 일이 고전의 종말이라고 생각하는 사람을 상정해보자. 그는 그런 이유로 마지못해 문법학교를 위해 투표하기로 한다. 이제 당신이 그 사람에게 선발에 동의하는지 반대하는지 물어본다고 해보자. 그 사람은 어떻게 답할까? 어떤 의미에서 이 사람은 선발에 반대한다. 이 사람이 보기에 선발은 차라리 없는 편이 낫고, 따라서 선발 없는 교육제도를 선호하는 것이다. 하지만 또 다른 의미에서 그는 선발에 찬성하기도 한다. 그가 실제로 가능하다고 생각하는 학교제도 중에서 그는 선발이 있는 제도를 선호하기 때문이다. 나는 이 사람이 선발에 찬성한다고 여기겠다. 내 관심은 **모든 것을 고려한 상태에서** 결국 사립학교와 선별학교를 허용해야 하는지 여부에 있기 때문이다. 나는 사람들이 현실 세계에서 과연 어디에 투표해야 하는지를 논의하는 중이다.

　두 사례 모두에서, 현실적인 제약들은 사립학교나 선별학교의 폐지에 반대하는 쪽으로 우리를 이끈다. 사립학교나 선별학교의 폐지가 어떤 면에서는 세상을 좀 더 낫게 만들지만, 다른 면에서는 더 나쁘게 만들기 때문이다. 하지만 반드시 그렇기만 한 것은 아니다. **동일한** 가치를 놓고 이야기하더라도, 그것이 사립학교 폐지론에 무엇을 함의하는지에 대한 우리의 판단은 현실 세계에 대한 정보를 접한 결과 뒤바뀔 수도 있다. 오히려 사립학교 폐지를 **선호하는** 방향으로 판단하게 될 수도 있는 것이다.

　당신이 사립학교에 반대하는 주장에는 동의하지만, 선발을 반대하는 주장에는 설득되지 않았다고 생각해보자. 당신은 사회적 불평등을 고착화한다는 이유로 사립학교 교육에 반대한다. 사립학교는 사회를 계층으로 나누어 특권층이 다른 계층과 접촉하는 것을 피하게 하고, 부모의 기득권이 자녀에게 자연스럽게 대물림되게 만들어, 명백하게 기회의 평등을 훼손한다. 이런 일이 선발에서도 반드시 일어난다고 볼 수는 없다. 따라서 당신은 사립학교에 반대하면서도 선발은 허용할 수 있다.

　그러다가 당신은 어떤 교육사회학 책을 읽었다. 거기서 당신은 아이들의 계층적 배경과, 문법학교에 선발될 기회 사이에 강한 상관관계를 발견한다. 어떤 가족은 이런 방식으로, 또 다른 어떤 가족은 저런 방식으로 살아가는데, 이를 통해 사회학자들이 '문화자본'이라고 부르는 것이 부모에게서 자녀에게로 전달된다. 당신은 중산층 아이들이 노동자 계층에서 자란 아이들과 실제로 언어를 다른 방식으로 사용한다는 사실을 알게 된다. (중산층 아이들이 배우는 '정교한' 코드는 학교의 교육 방식과 부합한다. 노동자 계층 아이들이 사용하는 '제한된' 코드는 그들의 학습을 더 어렵게 한다.) 당신은 문법학교 선발에 사용되는 어떤 시험이라도 필연적으로 문화적 편향을 내포하며, 타고난 능력이 아닌 시험 잘 보는 능력을 측정하는 것에 가깝다고 판단할 것이다.

갑자기 문법학교는 사립학교와 더 비슷해 보인다. 물론 사립학교만큼 나쁜 것은 아니다. 분명히 문법학교는 노동자 계층의 똑똑한 아이들에게 '기회의 사다리'가 되어준다. 하지만 문법학교가 진정한 의미에서 능력주의 교육기관, 즉 계층적 배경에서 오는 모든 효과를 무효화하는 방식으로 선발하는 교육기관인 것은 전혀 아니다. 오히려 문법학교는 사립학교와 마찬가지로 사회 계층과 깊게 엉켜있다. (문법학교에 다니는 아이 중에 무상 급식을 먹는 아이들이 매우 적다는 통계를 기억해보자.) 문법학교가 초래하는 사회적 분리는 단순히 능력 있는 사람과 없는 사람의 분리가 아니다. 그것은 세대를 넘어 지속되며, 서로 다른 집단으로 사회를 계층화하는 방식은 아니지만 그래도 견고하며 자기 영속적이다. 문법학교가 사립학교만큼 효율적으로 계층을 재생산하는 수단은 아니지만, 여전히 계층 재생산의 수단인 것은 분명하다. 이 새로운 정보로 무장한 당신은 이제 무엇보다도 종합중등학교에 찬성하기로 한다.

그런데 알고 보니 종합중등학교 제도 역시 아이들을 계층에 따라 나누고 있었다. 아이가 어떤 학교에 진학하는가는 그 아이가 어디에 살고 있는지에 달려있다. 아이가 어디에 살고 있는가는 부모가 어떤 집을 살 수 있는지에 달려있다. 이것이 바로 당신이 자녀를 '좋은' 공립학교로 보내기 위해 가능한 한 좋은 학군으로 이사하려는 이유다. 공교육 제도의 이런 측면, 즉 거주지에 의한 선발은 너무 익숙해서 길게 설명할 필요도 없다. 물론 영국의 상황은 지역 재산세를 재원으로 학교를 운영하는 미국보다야 낫다. 그곳에서는 아이의 학교교육에 얼마나 돈을 쓰는지가 얼마나 비싼 집에서 사는가와 **직접** 관련이 있다. 미국에서는 공교육 안에서도 부유한 교외 지역에 사는 아이들이 도심에 사는 아이들보다 세 배나 많은 예산을 지원받는다. 영국에서는 모든 지역에서 아동 1인당 할당되는 공공 예산이 기본적으로 동일하고, 낙후된 지역에 조금 더 자원을 집중할 뿐이다. 그럼에도, 우리가 아는 것처럼 학생의 교육적 경험은 학교가 속한 학군의 특성에 결정적으로 의존한다. 좋은 거주 지역에 사는 중산층 아이들은 임대주택 지역에 사는 가난한 아이들과 비교할 때, 그 능력까지는 아니라도 포부에서 차이를 보인다. 중산층 부모들은 에너지, 돈, 정보력 그리고 관심을 들여 공립학교의 재원을 늘리고 교사을 지지하는 환경을 조성할 수 있다.

이제는 문법학교가 그렇게 나빠 보이지만은 않을 것이다. 능력에 따른 선발은 단점이 있으며, 진정한 기회의 평등을 이루기에는 완벽하지 않은 수단일 수 있지만, 여전히 거주지에 의한 선발보다는 상책으로 보인다. 그리고 현실 세계에서 아이들이 거주지에 따라 분리되는 바람에 종합중등학교가 계층을 뛰어넘어 아이들을 한곳에 모으지 못한다면, 문법학교를 옹호하는 사회적 연대 논증이 더 수긍할 만해 보인다.

## ▌ 현실 세계의 제약 분석하기

정치적 결정은 대개 어려운 선택과 가치의 충돌을 포함한다. 당연히 정치인들은 그 사실을 인정하지 않으려고 한다. 그들의 일은 우리가 특정한 입장에 서도록 설득하는 것이지, 그 선택으로 잃게 될 것들을 알려주는 것이 아니다. 하지만 교육에 대해 진지하게 고민해 본 사람이라면 이 문제가 대단히 복잡하다는 사실과, 특정한 정책으로 발생할 수 있는 현실적인 득과 실을 따져보는 것이 얼마나 중요한지를 알 것이다. (이런 복잡성은 우리가 공공선의 관점에서 학교법을 고민하기 때문에 생겨난다는 점을 기억해야 한다. 여러 학교제도가 정당한 편파성을 어떻게 다루는지를 묻는 질문으로 돌아가는 5장에서는, 복잡함의 층위가 더 늘어날 것이다. 그리고 복잡한 층위가 하나 더 있는데, 그것은 할 수만 있다면 폐지하고 싶은 학교제도 아래서 자녀를 위해 어떤 선택을 해야 하는지에 대한 질문이다.)

이 어려운 선택을 살펴보기 위해, 먼저 학군에 대한 우려를 다루어보자. 종합중등학교의 이상에 공감하는 이들은 지금까지 나온 반론에 다시 반박할 수 있을지도 모르겠다. 남학교 또는 여학교 자체가 바람직하지 않다거나, 혹은 (더 설득력 있는 반박으로) 현실적으로 정부가 그런 학교를 설립하리라 기대할 수 있다고 말이다. 고전의 가치가 종합중등학교 제도의 장점보다 크지 않다거나, 혹은 (더 설득력 있는 반박으로) 완전한 종합중등학교 체제 아래서도 고전은 살아남을 거라고 반박할 수도 있겠다. 그러나 학군 문제는 보다 심각하다. 학군은 종합중등학교가 추구하는, 공동체나 기회의 평등 같은 가치에 정면으로 도전한다.

학군이 문제가 되는 것은 거주지에 따른 사회적 분리 때문이다. 민족, 종교 혹은 그 외의 다양한 기준으로 사람들을 나눌 수도 있지만, 우리가 가장 관심을 갖는 것은 계층에 따른 분리다. 계층과 민족은 복잡한 방식으로 상호작용한다. 소수민족은 다수민족보다 불이익을 받지만, 그럼에도 자신의 동족을 곁에 두려는 사람들의 경향이 민족에 따른 분리를 더욱 심화시킨다. 문제를 단순화하기 위해, 거주지에 따른 모든 분리가 경제적인 이유 때문이라고 해보자. 여러 가지 분명한 이유로 사람들이 사는 곳은 그들이 버는 돈의 영향을 받는다. 각 지역의 학교가 그 지역의 아이를 받는다면, 적어도 지금 대도시에서 볼 수 있는 것처럼 학교들이 서로 분리될 것이다. 그래서 문제인 것이다.

어떻게 해야 할까? 사람들에게서 원하는 곳에 살 수 있는 자유를 빼앗을 수도 있다. 사실 그런 자유가 실제로 있는 사람은 거의 없다. 난 내가 살고 싶은 곳에 살 수 있는 자유가 없다. 돈이 없기 때문이다. 그러니 우리가 진짜 이야기하려는 것은 결국 사람들에게서 각자 살고 싶은 곳에 돈을 쓸 자유를 빼앗는 것이다. 그렇게 사람들을 다양한 계층이 혼합된 이웃들과 함께 살도록 강요하는 것이다. (많은 사람이 그렇겠지만) 이런 방책이 당신의 마음에 들지 않는다면, 사람들이 자기 형편이 되는 대로 자신이 살고 싶은 곳에 살 수 있는 자유가 있어야 한다고 생각하기 때문일 것이다. 당신은 정부가 개입하여 사람들이 살 곳을 지정해주는 것이 싫을 수 있다. 사회적으로 혼합된 동네를 만들기 위해 치러야 할 대가가 이것이라면, 개인의 자유라는 측면에서 그 비용은 너무 크다.

다른 선택지는 사람들에게 자신이 원하는 곳에 살 수 있게 하는 대신, 그 자녀는 사회적으로 혼합된 학교에 다니게 하는 것이다. 미국에서 버스 통학제(bussing)라고 부르는 정책이 여기 포함된다. 집에서 멀어도 아이들을 사회적으로 혼합된 학교에 배정한 뒤, 그 학교로 데려다주고 또 데리고 오는 것이다. 데이비드 블런킷(David Blunkett)은 이런 정책 역시 수용할 수 없을 정도로 자유를 침해한다고 생각한다. 그는 영국의 교육제도 특유의 불평등을 비판한 언론인 닉 데이비스(Nick Davies)를 조롱하며, 데이비스가 부모의 권리를 무시하고, 중산층 아이들을 교외에서 도심으로 버스에 태워 나르도록 한다고 했다. 나는 블런킷이 틀렸다고 생각한다. 그리고 버스 통학제가 잘못되었다면, 적어도 그 이유는 자녀를 그렇게 하지 못하도록 막을 권리가 부모에게 있기 때문은 아니다. (우습지 않은가? 멀리 있는 학교가 아이에게 더 적합하다고 생각하는 부모라면 기꺼이 아이를 그곳에 보낼 것이다. 물론 선택과 강요는 다르다. 하지만 아이를 집 근처 학교로 보내는 일이 그렇게 중요한 문제는 아닌 셈이다. 오히려 집에서 먼 학교로 자녀를 통학시키는 많은 부모는 자기 아이가 혜택을 입는 한 기꺼이 버스 통학제를 선택할 준비가 되어 있는 듯하다.)

우리는 다음 장에서 부모의 권리와, 그것이 교육정책에 가하는 제약을 다룰 것이다. 지금으로서 중요한 것은 비록 내가 버스 통학제에 찬성할지라도, 동료 시민들이 나에게 동의하리라고 생각할 이유가 별로 없다는 사실이다. 따라서 사회적으로 혼합된 학교는 선택지에 없다. 내가 생각하는 이상적인 세상에서는 사람들이 사회적으로 혼합된 동네에서 어울려 살기를 자발적으로 선택할 것이다. 나는 이런 일이 일어나지도 않을 것이고, 또 이런 일을 강요할 수도 없다는 것을 안다. 그럴 수만 있다면, 나는 아이들을 버스에 태워 사회적으로 혼합된 학교로 보냈을 것이다. 그러나 이런 일 또한 일어나지 않으리라는 것을 안다. 그것이 옳지 않아서가 아니라, 우리 사회의 다른 구성원들이 그것이 옳지 않다고 생각하기 때문이다. 어느 쪽이든 사회적으로 혼합된 학교는 비현실적이다. 내가 여전히 선발에 반대하는 투표를 한다면, 나의 결정은 어느 정도 경제적 수준에 따른 분리를 받아들일 필요가 있다. 이 문제는 여러 가지 고려사항 중 하나에 불과하므로 나는 여전히 선발에 반대하는 투표를 할 수 있겠지만, 이 반론을 아예 무시하는 것은 너무 순진한 것이다.

때로는 가치의 충돌 때문에 현실 세계를 고려해야 한다. 사람들에게 형편이 되는 한 원하는 곳에서 살 수 있는 자유를 보장한다는 것은 실천적으로 거주지에 의한 분리를 수용한다는 것을 의미하기 때문에, 사회적으로 혼합된 동네는 선택지에 없다. 또 때로는 사람들이 가치가 충돌한다고 **생각하기** 때문에 현실을 고려해야 한다. 내가 보기엔 잘못된 생각이지만, 다른 동료 시민들은 버스 통학제를 받아들일 수 없는 정책이라고 생각하기 때문에, 버스 통학제는 선택지에 없다. 어떤 학교제도에 투표할지 결정할 때, 우리는 현실에서 가능한 선택지 중 하나를 선택해야 한다. 현실을 진지하게 고려한다는 것은 현실 안에서 충돌하는 가치를 저울질해 보는 것 이상의 의미가 있다. 그것은 정치적으로 가능한 것이 무엇인지에 대해 현실적인 입장을 취한다는 뜻이기도 하다.

## 자원에 대한 현실주의

사립학교, 능력에 따른 선발, 거주지에 따른 선발은 모두 현실에서 기회의 불평등을 낳고, 사회 분열을 조장하며, 취약계층의 교육을 악화시킨다. 우리가 이것들을 받아들인다 하더라도 절망에 빠져 손 놓고 있을 필요는 없다.

이런 불평등의 심화를 해소하는 한 가지 대안은 정부가 자원을 재분배하여 불평등을 상쇄하는 것이다. 이것은 부모가 더 부유할수록 그의 자녀가 다니는 공립학교에 더 많은 자원을 분배하는 미국의 상황과는 정반대다. 영국의 상황은 그 정도로 나쁘지 않다. 다음에서 다룰 몇 가지 예외가 아니라면, 영국에서 1인당 집행되는 공공 예산의 규모는 전국적으로 균등한 편이다. 그러나 제도적 차원에서 미국과 반대 방향으로 더 나아갈 수도 있다. 부유한 아이들보다 가난한 아이들에게 더 많은 자원이 분배되도록 하는 것이다.

**이런 주장**은 현실적일까? 아니면 희망사항에 불과한가? 완전히 유토피아적인 이야기는 아니다. 영국 정부는 이미 이런 기조에 따라 두 가지 정책을 시행했다. 1999년 시작된 슈어 스타트 프로그램[9]은 부모가 자력으로 어떤 것도 제공하지 못하는 학령기 이전 아동을 지원한다. 유년기의

---

9 'Sure Start Programme'은 가장 불리한 지역에 사는 4세 미만 아이의 부모와 아이들을 대상으로 하는 프로그램으로, 아이들의 학습 능력, 건강과 복지, 그리고 사회적·정서적 발전을 고려하여 다양한 서비스를 제공한다.

경험은 아동의 교육적 발달에 결정적인 영향을 준다고 입증되었다. 따라서 이 정책은 평등을 촉진하는, 잠재적으로 중요한 개입에 해당한다. 또한 영국 정부는 1998년부터 아동의 성취가 특히 떨어지는 지역을 대상으로 교육특별지구[10]를 지정하여, 그들의 성취를 향상하기 위한 추가적인 자원을 투입하고 있다. 그러므로 앞서 말한 불평등을 완화하기 위해 자원을 적재적소에 분배하는 일은 이미 일어나고 있다. 이런 정책은 부유한 아이와 가난한 아이 사이에 있는 기회의 불평등을 완화하고, 후자가 받는 교육의 객관적인 수준을 높일 것이다. 그 아이들은 긍정적인 동료효과를 누리지는 못하겠지만, 그 대신 필요한 장비, 교사, 더 적은 인원의 학급을 마련하는 데 필요한 재정을 확보할 수는 있다.

네덜란드는 여기서 더 나아간다. 영국에서는 특별히 낙후된 지역을 목표로 자원을 집중적으로 투입하는 반면, 네덜란드의 예산정책은 훨씬 보편적이고 제도적인 평등화를 추진한다. 1인당 투입되는 공공 예산을 기준으로 볼 때, 학력이 낮은 부모의 자녀는 1.25배, 부두 노동자의 자녀는 1.4배, 이민자 및 유랑자의 자녀는 1.7배, 학력이 낮은 소수민족의 자녀는 1.9배의 지원을 받는다. 그래서 학력이 낮은 소수민족의 부모를 둔 아이들로 가득 찬 도심의 학교는 백인 중산층의 아이들로 가득 찬 학교보다 거의 2배의 지원을 받는다.

주어진 현실로 받아들여야만 했던 교육적 불평등의 원인을 해소하기 위해, 공공 예산을 차등 분배해야 한다는 생각은 충분히 현실적이다. 영국은 이미 어느 정도 그렇게 하고 있다. 네덜란드에서는 더 적극적으로 실

---

[10] '교육특별지구(Educational Action Zone, EAZ)'는 1998년 토니 블레어의 노동당 정부에 의해 시행된 정책으로, 주로 교육환경이 낙후된 대도시 지역학교를 개선하기 위해 고안되었다. 부모, 지역사회단체, 기업이 함께 학교를 자치 운영하는 것으로, 민간 후원 및 투자를 유치하되 정부 지원도 함께 받는다. 지방교육당국의 정책에서 벗어나 자유로운 학교운영이 보장된다는 이점이 있다.

행하고 있다. 물론 아이들이 겪는 불평등을 완전히 상쇄할 만큼 자원을 분배하는 일은 결코 쉽지 않다. 어쨌든 그 돈도 어딘가에서 나와야 하고, 따라서 우리는 재분배적 조세정책에 대해 논의해야 한다. 그러나 그런 조세정책이 결과의 평등이 아니라 기회의 평등을 촉진한다 하더라도, 정당 입장에서는 그런 정책을 지지하는 것처럼 비치기를 꺼린다. 그렇지만 부유한 사람들에게서 세금을 더 거두는 일은 그들이 사는 곳을 지정해 준다든가, 그들의 자녀를 사회적으로 혼합된 학교에 보내도록 강제하는 것보다는 덜 거슬리는 일이다. 거주지에 의한 선발이 현실적으로 주어진 조건이더라도, 그것을 방치할 때 초래될 불평등을 현실의 이름으로 받아들일 필요는 없는 것이다.

자원에 관한 또 다른 현실도 언급할 필요가 있다. 누군가는 공립학교가 충분한 예산을 지원받게 된다면 사립학교 폐지에 투표하겠다고 말한다. 일리 있는 말이다. 하지만, 당연히 '충분한 예산'이 무슨 의미인지가 중요하다. 때로 사람들은 공립학교가 현재의 사립학교만큼 지원받을 수 있다면 사립학교 폐지를 지지하려는 듯하다. 나는 이것이 얼마나 터무니없는 말인지 분명히 하고자 한다. 내가 자주 드는 예시로, 한 사립학교는 390명의 학생을 수용하기 위해 1200에이커의 땅을 확보하고 있다. 영국의 모든 아이들이 같은 정도의 면적을 누리게 하려면 총 3300만 에이커가 필요하다. 이는 영국의 절반 이상이 학교 운동장으로 넘어간다는 뜻이다. 이것은 극단적인 예시지만, 오히려 더 일반적으로 적용해볼 수 있는 이야기다. 사립학교에 반대한다고 주장하면서 공립학교 아이들에게 현재의 호화로운 사립학교 수준으로 예산을 지원해야 한다는 조건 아래서만 사립학교를 폐지할 수 있다고 믿는 사람들은, 사실 전혀 사립학교 교육에 반대하는 것이 아니다. 그런 사람은 사립학교 폐지에 결코 찬성표를 던질 수 없을 것이다.

## 개혁은 쓸모없는가?

사립학교와 선별학교의 전면적인 폐지에 반대하는 몇몇 입장에서는 이런 개혁이 쓸모없다고 지적한다. 원칙적으로는 사립학교와 선별학교를 없애는 것이 좋은 일일지도 모르지만 실제로는 전혀 좋은 결과가 나오지 않으리라는 주장이다. 이런 종류의 주장은 흔히 두 가지로 요약될 수 있다.

  첫 번째는 우리가 닫힌 체계를 논의하는 것이 아니라는 사실을 지적한다. 영국이 정말 그런 학교를 폐지하기로 했다고 해보자. 하지만 여전히 다른 나라의 사립학교나 선별학교라는 선택지가 있을 것이다. 형편이 되는 집은 아이들을 외국으로 보내면 그뿐이다. 똑똑한 사업가라면 영국과 가까운 나라에 영어로 수업하는 사립학교를 합법적으로 세울 것이다. 그러면 개혁은 아무런 효과가 없게 된다. 두 번째는 그 결론은 동일하지만, 그리로 이르는 과정이 조금 다르다. 우리의 목표는 기회의 평등을 증진하는 것인데, 사립학교와 문법학교 폐지는 부유한 부모가 자녀에게 기득권을 대물림하는 방식 하나를 막을 수 있을지는 몰라도, 그들은 여전히 여러 가지 다른 방법들을 가지고 있다는 것이다. 자녀에게 비싼 과외를 시켜준다든지, 컴퓨터와 책을 사준다든지, 아이들의 숙제를 도와준다든지, 그 밖에 일반적으로 자녀가 남들보다 앞서가도록 돕는 여러 가지 수단이 여전히 가능하다. 결국 학교법 개혁은 (위 제안처럼 급진적일지라도) 아무런 쓸모가 없으리라는 것이다.

  두 가지 반박에 답해보자면, 그래도 뭔가를 하는 게 아무것도 안 하는 것보다는 낫다는 것이다. 앞서 제안한 방식으로 학교법을 바꾼다 해도 변화를 불러올 만한 바람직한 효과가 전혀 없을 것이라는 주장에 나는 반대한다. 물론 몇몇 부유한 부모는 자녀를 유학 보낼 수도 있다. 하지만 현재 사립학교에 다니는 모두가 정말로 그럴 수 있으리라고 생각하는 사람이 있을까? (교육적 정의를 위해) 부모가 자녀를 사립학교에 보낼 수 없도록 민주적으로 결정한 나라에서, 당신의 아이를 외국에 있는 사립학교에 보내는 것과, [사립학교가 허용되는] 지금 여기서 아이를 사립학교에 보내는 것은 전혀 다른 행위다. 그리고 어떤 부모는 자녀와 떨어져 지내고 싶어 하지 않는다. 지금 사립학교를 선택한 부모 중에서도 강경한 소수의 부모만이 해외 유학이라는 극단적인 조치를 취할 것이다. 나아가 이전 장에서 제시한 논리가 옳다면, 현재의 사립학교 학생을 공교육 체제로 끌어들이는 것이 공교육을 개선하는 길이고, 그 결과 공교육에서 빠져나가야 얻게 되는 유인은 사라질 수 있다. 따라서 사립학교나 선별학교 폐지가 쓸모 없다는 첫 번째 반박은 나에게 설득력이 약하다.

더 심각하게 우려해야 할 점으로, 과외 교사와 같이 학교 바깥에서 기득권을 대물림하는 장치들을 생각해볼 필요가 있다. 물론 사립학교나 문법학교 폐지에 투표하는 사람이 부모가 자녀에게 기득권을 전수하는 모든 방법을 금지하는 데도 투표해야 하는 것은 아니다. 서두에서 말했듯이 머리맡 동화 읽기는 선을 넘지 않고, 부모가 머리맡 동화 읽기 이상으로 자녀의 숙제를 도와주거나, 그들을 다른 아이들보다 유리하게 만드는 재화나 서비스에 돈을 쓰는 것까지 금지해야 한다고 주장할 생각도 없다. 내 생각에 이를 금지하는 것이 정당화될 수 있다 하더라도, 이 장의 논의에서는 현실을 다루어야 한다. 나는 학교법 외의 것들이 얼마나 변화할 수 있을지 현실적인 고려를 하면서, 당신이 학교법 개혁에 투표하도록 설득하고자 한다. 따라서 나는 학교법을 완전히 바꾼다 해도, 서로 다른 가정에 태어난 아이들이 불공평하게 겪는 기회의 불평등이 모두 사라지지 않으리라는 사실을 전적으로 받아들인다. 내가 주장하려는 것은 그저 학교법 개혁이 옳은 방향으로 향하는 중요한 첫걸음이라는 것이다.

그러나 기득권을 대물림하는 다른 방식들에 대한 지적은 여전히 중요한데, 원칙에 입각하여 사립학교를 유지하자는 논증이 그로부터 나올 수 있기 때문이다. 이 논증에 따르면, 다른 이들보다 나은 학교교육 경험을 위해 어떤 부모들이 돈을 쓰는 것이 오히려 기회의 평등을 **증진하는 데** 도움이 될 수도 있다. 부모가 사립학교를 선택할 권리를 부정하는 것이 오히려 그것을 허용하는 것보다 더 불공평해 보일 수 있다는 것이다. 어떻게 그러한가? 만일 부모에게서 선택권을 제거한다면, 자기 자녀를 위해 경제적 우위를 우수한 교육으로 전환할 수 있는 한 가지 수단을 부모로부터 빼앗는 것이다. 이것은 공평해 보인다. 하지만 여전히 누군가는 다른 아이들보다 학교생활을 더 잘할 것이고, 따라서 여전히 누군가는 남들보다 더 나은 (혹은 더 나쁜) 직장을 갖게 될 것이다. 그리고 여전히 누가 어떤 직장을 갖게 되는지는 어떤 부모를 두었는지에 크게 영향을 받게 될 것이다. 부모가 자녀를 더 좋은 학교로 보내는 데 돈 쓰는 것을 금하는 것은 부모의 **다른** 요인들이 더 큰 영향을 발휘하게 만드는 셈이다. 아마도 성취가 가장 높은 아이에게는 교육을 잘 받고, 문화자본이 있으며, 아이의 숙제를 도와줄 수 있고, 고등교육 세계에 익숙하며, 아이의 선택지에 좋은 조언을 해줄 수 있는 여건을 갖춘 부모가 있을 것이다. 그럴 경우 사립학교 폐지는, 학력이 낮은 부모가 자신의 불리한 학력이 아이에게 끼칠 영향을 줄일 수 있는 수단 하나를 잃게 만드는 것이다. 그들이 문화자본 결핍을 만회할 수 있게 하기 위해서라도 사립학교를 선택할 수 있도록 해야 한다.

혹은 조금 다른 경우를 생각해보자. 어떤 아이들은 사립학교나 선별학교와 전혀 무관한 이유로 현실에서 더욱 큰 고생을 겪기도 한다. 예컨대 소수 인종에 속한 아이들은 종합중등학교나 그 이후의 직업 시장에서 자신에게 불리하게 운동장이 기울어져 있다고 느낄지도 모른다. 그들의 부모는 자녀를 사립학교에 보내려는 결정이 단지 아이가 겪는 다른 종류의 불평등에 대한 보상이라고 생각할 수도 있는데, 이 생각은 꽤나 합리적이다. 어차피 몇몇 사회적 과정은 그들의 자녀에게 불리하게 편향되어 있으므로, 할 수 있는 한 다른 이들을 밀쳐내고 내 아이를 유리한 자리에 서도록 하는 일에 죄책감을 느낄 필요가 없다. 그리고 이렇게 논증을 이어간다면, 다른 종류의 불공평함이 현실에 존재한다는 사실 때문에, 그 상황에 처해 보지 못한 우리가 그들에게 본질적으로 균형과 공평을 회복시키는 선택지인 사립학교를 금지하는 것은 잘못일 것이다.

그러나 [불리한 환경의 아이들에게] 사립학교가 기회의 평등을 위한 수단인가? 나는 여전히 이 주장을 의심해 보아야 한다고 생각한다. 확실히 위의 논증은 어느 정도 힘이 있지만, 우리는 현실을 고려하는 중이며, 이를 위해서는 실제로 사립학교가 어떻게 작동하는지 염두에 둘 필요가 있다. 우리는 물론 불공평하고 열악한 기회를 가진 아이들의 처지를 만회하기 위해, 그런 아이들만 교육하기 위해 존재하는 사립학교를 상상해볼 수도 있다. 다른 나라에서는 이것이 실제로 사립학교의 주요 기능이기도 하다. 그런 학교들은 대개 자선단체로 보이거나, 종교적 사명을 지닌 경우가 많다. 부모가 숙제를 도와줄 수 없는 아이들, 차별받을 거라고 예상되는 아이들로 가득 찬 사립학교는 현재 영국에 존재하는 사립학교와는 대단히 다를 것이다. 우리가 그런 학교를 세우고 적절히 규제할 수만 있다면, 나는 반대하지 않겠다. 하지만 실제로는 그럴 수 없을 것이라는 의심이 들고, 따라서 네덜란드처럼 보상적 재정 정책을 두고 사립학교와 선별학교를 전면적으로 폐지하는 것이 나아 보인다.

종합중등학교를 지지하는 모든 논증이 기회의 평등에 호소하는 것은 아니라는 사실을 기억해야 한다. (나로서는 믿기 어렵지만) 사립학교와 문법학교를 폐지하더라도 부유한 부모를 둔 아이가 역시 부유해지는 경향이 전혀 변하지 않는다고 해보자. 부유한 부모는 여전히 사교육과 참고서에 돈을 쓰고, 아이들에게 지적인 자극을 주는 대화를 하는 데 시간을 쓸 것이다. (사립학교 폐지는 이런 일을 더욱 늘릴 것이다. 지금은 자녀가 좋은 결과를 얻게 되는 것이 학교에 달려있다고 생각하는 부모도, 그때는 직접 나서서 학교 바깥에서 아이를 돕게 될 것이다.) 기회의 평등 측면에서, 결과 자체는 완전히 동일할 수도 있다. 여력이 있는 부모는 지금도 자녀의 미래 전망을 개선하기 위해 할 수 있는 모든 일을 하고 있다. 그렇다 할지라도, [사립학교와 선별학교를 폐지한다면] 아이들이 다닐 학교에는 매우 큰 변화가 있을 것이다. 동료효과는 대다수 아이들의 교육적 경험을 절대적으로 개선할 것이다. 서로 배경이 다른 아이들이 함께 시간을 보내면, 공동체와 사회적 연대에 긍정적인 영향을 미칠 것이다. 따라서 이번에도 나는 사립학교와 선별학교의 폐지가 쓸모없다고 생각하지 않는다.

## 개혁은 비효율적인가?

내 생각에 부모가 자녀를 사립학교나 선별학교에 보낼 수 있도록 허용하는 학교법을 지지하는 가장 설득력 있는 이유는 다음과 같다. 부모가 자녀에게 더 유리하게 행동하지 못하게 막는 것은 생산성 면에서 비효율적이라는 주장이다. 이 논증에는 두 갈래가 있다.

첫째, 자녀 부양은 부모가 열심히 일하게끔 만드는 주요한 동기 중 하나다. 부모가 자녀 교육에 투자할 가능성을 빼앗긴다면, 열심히 일할 강력한 동기 하나가 사라지는 것이다. 물론, 여전히 아이들에게 좋은 것을 주기 위한 욕망 때문에라도 돈을 벌려는 동기가 조금은 남아 있을 것이다. 사립학교를 폐지한다고 해서 아이를 비싼 레스토랑에 데려가거나, 피아노 강습에 돈을 쓰거나, 재산을 물려주는 것이 불가능한 것은 아니기 때문이다. 하지만 거기까지다. 사립학교 폐지를 위한 법에 투표해야 하는 핵심적인 이유는 기울어진 운동장을 더 공평하게 만드는 것에 있다. 여기에는 자기 아이에게 유리하도록 운동장을 기울이려는 부모의 능력을 제약할 수 있다는 사실이 포함된다. 그리고 부모가 정확히 그 일을 위해 열심히 일하고 있었던 만큼, 개혁은 부모의 근로 의욕을 피상적으로는 감소시킬 것이다.

둘째, 부모가 자녀를 사립학교에 보내는 것은 무엇보다도 아이의 생산 능력에 투자하는 일이다. 부모는 여러 자원을 들여 아이들의 미래 전망을 개선하려고 한다. 그 일이 아이들의 잠재적 생산력을 (그저 더 생산적인 것처럼 **보이게 하는** 것이 아닌) 실제로 얼마나 늘리는지 단언하기는 어려우나, 확실히 어느 정도는 도움이 될 것이다. 그렇다면 부모가 자녀를 사립학교에 보내지 못하게 하는 것은, 부모가 아이에게 자원을 투자해 그 아이가 나머지 우리에게까지 큰 효용을 주는 것을 금지하는 것과 같다. 우리가 그렇게 되기를 바라지는 않을 것이다.

이 두 가지 논증 모두 사립학교 교육이 불공평을 초래한다거나, 부모가 자녀를 사립학교에 보내는 것이 옳지 않은 행위라는 사실을 부정할 필요가 없다. 부모가 자기 소득을 사립학교에 쓸 수 있는지 여부와 관계없이 동일하게 열심히 일해야 한다는 사실도 부정할 필요가 없다. 또한, 부모가 자기 아이만큼 다른 아이들의 잠재적 생산력에도 기꺼이 투자할 마음을 가져야 한다고 주장하는 것도 아니다. 이 논증에서 중요한 것은 부모의 행위가 도덕적으로 정당화되는지 여부가 아니기 때문이다. 물론 많은 이들은 이것이 중요한 문제라고 생각한다. 이 논의는 다음 장에서 다루어 보자. 두 논증이 주장하는 바는 그저 부모가 실제로 그렇게 행동하고 있으며, 학교법을 설계할 때 이런 점을 무시하는 것은 말도 안 된다는 사실이다. 사회 제도는 사람들의 실제 모습에 따라 설계되어야 하므로 사람들의 도덕적인 결함도 포함해야 한다. 우리가 부모의 동기에 대해 알고 있는 사실을 고려한다면, 부모의 생산 동기와 자녀의 생산성을 위한 투자를 제거하는 것은 말 그대로 '비생산적'이다. 그리고 그렇게 사립학교 교육을 허용해야 한다는 주장으로 이어진다.

그렇다면 이 논증은 내가 3장에서 설명한, 선발을 옹호하는 옳은 종류의 논증과 다소 비슷하다. 그 논증은 (남겨진 아이들의 교육을 악화시키더라도) 똑똑한 아이들을 함께 모아서 가르치는 것이 우리 모두에게 이로울 수 있다는 것이었다. 똑똑한 아이들을 나머지 아이들과 다르게 대우할 때, 생산성 차원에서 더 높은 경지에 이를 수 있다는 주장이었다. 그러나 여기서는 다른 방식으로 생산성을 달성한다. 위의 논증은 부모가 자녀에게 투자할 수 있게 할 때 생겨나는 유익한 동기에 집중한다. 심지어 그 투자가 명백히 경쟁적이고, 그 자체로는 기회의 평등이나 교육적 정의를 전혀 고려하지 않더라도 말이다.

앞서 말한 것처럼, 내가 보기에 이 논증은 부모가 하지 말아야 할 행동을 하도록 허용해주는 가장 좋은 이유다. 우리는 부모가 자녀에게 갖는 편파적인 관심을 공공선에 기여하는 동기로 간주하는 것이다.

이 논증이 결정적일까? 과연 우리는 사립학교가 지나치게 편파성을 조장한다고 보면서도, 그런 사립학교를 허용하는 법에 투표해야 할까? 양측

이 꽤나 비등한 문제이지만, 내가 볼 때 그래서는 안 된다. 첫 번째 논증을 생각해보면, 학교법을 바꾸는 것은 부모가 자녀에게 해줄 수 있는 것의 일부만 건드릴 뿐이라는 점을 알 수 있다. 예를 들면, 우리가 지금 상속을 금지해야 한다고 하는 것이 아니다. 나는 상속세율을 100%까지 올리는 법에 투표하라고 설득할 마음은 없다. 그런 정책에 찬성할 만한 좋은 도덕적 근거가 있지만, 그 정책이 근로 동기에 끼칠 영향은 거의 재앙적이다. 반면, 사립학교를 금지하는 것은 매우 논쟁적이고 일반적으로 받아들이기 힘든 급진적인 주장처럼 보이지만, 사실 자녀의 행복을 증대시키려는 부모의 동기가 여전히 발휘될 여지를 남긴다. 분명 그 여지가 줄어들겠지만, 여전히 그럴 여지가 있다는 것은 사실이다. 그러할 여지 안에서 사립학교 폐지가 근로의욕에 미치는 악영향은 충분히 다른 고려들에 의해 상쇄될 수 있을 것이다.

두 번째 논증에 대한 나의 답변도 이와 비슷하다. 물론 내가 주장하는 개혁이 어느 정도 아이들에 대한 투자를 감소시키겠지만, 그렇다고 개혁 찬성론을 뒤집을 만큼 감소시키지는 않을 것이다. 우리가 논의하는 격차는 사립학교 학생들과 아예 교육받지 못한 아이들의 격차가 아니다. 이 두 집단 간의 문제였다면, 부모의 사적 투자를 용인하는 것이 당연히 중요할 것이다. 하지만 우리의 논의는 사립학교 학생과 공립학교 학생의 격차를 향해 있다. 사립학교에 투자되는 자원의 많은 부분이 생산적이지 못한 반면, 정부는 학생들의 생산 능력에 투자하는 일에 제법 유능하리라 기대되기 때문에, [사립학교를 폐지한다고 해서] 우리가 지나치게 많은 가치를 잃지는 않으리라고 생각할 수 있다. 다시 말하지만, 부모가 자녀를 사회에 유용한 사람이 되게끔 돕는 **모든** 통로를 막는 것은 심각한 문제를 초래할 수 있다. 여기에는 읽는 법과 생각하는 법을 자녀에게 가르치는 데 들어가는 모든 시간과 에너지가 포함된다. 이를 금지하는 것은 상속제도를 폐지하는 것만큼이나 비생산적일 수 있다. 그러나 학교법 개혁은 사회에 유익한 형태로 부모가 자녀에게 투자할 수 있는 상당한 여지를 남겨둔다는 점에서 그 정도로 극단적인 조치는 아니다. 나아가, 제안된 학교법 개혁을 수용한다면, 그러한 부모의 투자는 동료효과를 통해 부모의 투자를 받는 행운을 갖지 못한 아이들에게도 유익이 될 수 있다.

사립학교 허용이 생산성 향상에 미치는 악영향을 잊어서는 안 된다. 2장에서 나왔던 유소년 축구팀 코치가 자신에게 지불되는 금액에 따라 팀을 구성한 사례를 떠올려보라. 부모가 자녀를 도와 남을 앞지를 수 있게 만드는 것을 허용한다면, 분배의 원리를 왜곡하고 결국 비효율을 초래할 것이다. 게다가 사립학교는 공립학교 학생들이 받는 교육에 부정적인 영향을 미친다. 이상의 요인들을 고려한다면, 학교법 개혁을 지지하는 입장은 여전히 설득력이 있다.

## 결론

우리가 현실 세계에서 살아간다는 사실, 즉 여러 가치가 충돌하고 우리가 선호하는 선택지가 불가능할 수도 있는 현실 세계에서 살아간다는 사실을 무시할 수는 없다. 사립학교나 선별학교를 옹호하는 (적어도 지적으로는 정직한) 사람들은 사립학교나 선별학교에도 단점이 있음을 인정할 것이다. 이는 그런 학교의 폐지를 주장하는 사람들도 마찬가지다. 논쟁이 생기는 지점은 여기가 아니다. 진짜 문제는 대안을 실제로 적용했을 때, 과연 현실보다 나아지는가이다. 기회의 평등이나 공동체의 측면에서 초래되는 모든 문제에도 불구하고, 사립학교 교육이나 선별학교가 남학교 혹은 여학교, 고전문화의 수호 등과 같은 다른 좋은 것들을 실현할 수 있는 최선의 혹은 유일한 방법일 수 있다. 어쩌면 그보다 더 나쁠 수도 있다. 실현 가능한 대안들은 그것들이 중요하다고 주장했던 가치를 증진하는 데 실제로는 어떤 보탬도 되지 않을 수 있다. 오히려 그런 대안들이 경제적 생산성을 심각하게 훼손할지도 모른다.

여러 이유들 사이에서 어디에 균형점을 둘지 판단하는 것은 당신 몫이다. 도움이 될지는 모르겠으나 내 견해를 말하자면, 여러 부정적인 측면에 대해 현실적인 태도를 취했음에도, 지금까지 제시한 논증은 학교법의 광범위한 개혁을 지지하는 것으로 보인다. 물론 그 과정에서 잃게 될 가치도 있을 것이다. 선발 과정에 따라 뽑힐 수 있었을 노동자 계층의 어느 똑똑한 아이는 종합중등학교에 가는 바람에 잠재력을 충분히 발휘할 수 없을지도 모른다. 확실히 최고의 사립학교는 실제로 사라질 위기에 처한 고급문화의 전통을 유지하는 데 기여한다. 생산성에 미치는 효과는 양방향으로 작용할 것이다. 그러나 이런 논증과 그 비슷한 다른 논증을 모두 고려할지라도, 사립학교와 선별학교를 모두 폐지하는 입장은 여전히 강력해 보인다.

이 말은 내가 그런 학교를 폐지하는 법에 투표하겠다는 뜻일까? 아직은 아니다. 그 결론에 도달하기 전에 우리는 처음으로 돌아가야 한다. 균형 잡힌 입장에서 보더라도 이미 앞선 논증들은 사립학교와 선별학교의 폐지에 투표하는 것이 타당하다는 생각으로 이끈다. 하지만 나는 아직 정당한 편파성에서 비롯된 논증을 살펴보지 않았다. 우리는 이제 교육이 어떤 종류의 재화인지, 사립학교나 선별학교에 반대할 만한 근거가 무엇인지, 그리고 현실 세계에 대한 고려가 그 반대 근거에 어떤 영향을 미치는지 알게 되었으며, 따라서 우리가 시작했던 그 검증으로 돌아갈 수 있을 것이다. 물론, 이때도 현실 세계를 고려해야 한다. 논의의 편의상, 오직 선별학교만 고전을 가르친다고 해보자. 부모에게 그리스어와 라틴어를 가르치는 학교에 자녀를 보낼 권리가 반드시 있어야 한다면, 정당한 편파성에 따라 선별학교를 허용해야 한다. 하지만 부모에게 그러한 권리가 있다는 것은 꽤나 큰 가정이다. 학교법은 부모가 자녀에게 어디까지 해줄 수 있도록 허용해야 할까?

## 5장

# 부모의 권리 존중하기

지금까지의 논의는 당신의 자녀에게 미칠 영향과 관련 없는 근거에 호소하며 주장을 전개해왔다. 그런 주장이 아이가 없는 사람에게는 설득력이 있을지 모른다. 나는 '이 법이 당신의 아이에게 가장 좋은 것이기 때문에 이것을 선택해야 합니다'라는 식으로 말하지 않았다. '그것이 당신의 편파성을 정당화할 수 있기 때문'이라든가 '그것이 양심적인 부모로서 당신이 해야 할 일이기 때문'이라고도 말하지 않았다. 그런 의미에서 지금까지의 논의는 부모로서 당신의 아이에게 특별한 비중을 둘 자격이 있다는 사실로 생겨날 수 있는 어떤 고려사항도 염두에 두지 않았다. 어쩌면 우리는 순수하게 공공선에만 호소함으로써, 특정한 법을 반대하거나 지지하는 논의를 펼쳐온 것이다.

그렇다면 당신은 이렇게 생각할지도 모른다.

좋습니다. 나도 사립학교나 선별학교를 법으로 금지한다면 사회가 전반적으로 좋아진다는 점에는 동의합니다. 하지만 그런 학교를 완전히 없애버린다면 내 아이에게는 좋지 않을 것 같습니다. 책 서두에서 당신은 부모가 자기 아이를 특별하게 대하는 것을 허용할 수 있다고 했습니다. 그 점은 어떻게 된 겁니까? 내가 아는 한, 그 말은 어떤 법이 내 아이에게 알맞다면 다른 아이들에게 그리 좋지 않더라도 그 법에 투표하는 것이 허용된다는 뜻입니다. 앞선 난파선의 사례를 생각해보면, 당신은 설령 더 많은 아이가 물에 빠지더라도 부모가 자기 아이를 구하는 일은 정당화될 수 있다고 했습니다. 사회 전반적으로는 최선인 학교법이 내 아이에게는 최악이라고 해봅시다. 정당한 편파성이 무엇인가를 의미하긴 한다면, 그것은 분명 내 아이에게 이익이 되도록 투표하는 것이 정당화될 수 있다는 뜻일 겁니다.

앞 장에서 제시한 논의들은 정당한 편파성을 간과했다. 1장에서 언급했던 다른 예시인 머리맡 동화 읽기를 생각해보자. 나는 부모가 자녀를 위해 하는 몇몇 행동은 자유롭게 할 수 있어야 한다는 주장에 누구나 동의해야 한다고 말했다. 머리맡 동화 읽기가 불공평하고 불평등을 심화시키는 효과가 있다 할지라도, 그것을 금지하는 법에 투표하는 것은 잘못된 일이다. 자녀를 사립학교나 선별학교에 보낼 자유도 같은 경우가 아닐까? 어쩌면 부모에게 그런 자유를 허락하는 법은 마땅한 비용을 치를 것이다. 지금까지의 논의가 옳다면, 그 법은 기회의 평등을 거부하고, 다른 아이들의 교육을 악화시키며, 공동체적 감각을 저해한다. 그러나 설령 그럴지라도 자녀를 사립학교나 선별학교에 보내는 것이 머리맡 동화 읽기처럼 부모에게 금지해서는 안 될 종류의 행동이라면, 누구도 그것을 금지하는 법에 투표해서는 안 될 것이다.

문제가 점점 헷갈릴 테니, 한번 천천히 생각해보자. 위 생각은 부모가 자녀를 사립학교나 선별학교에 보내는 것을 금지하는 법에 투표하는 것이 잘못된 일인지를 묻고 있다. 그런 학교를 금지하는 것은 우리가 이미 정당한 것으로 수용한 종류의 편파성에 따라 행동하는 부모에게서 그것을 금지함으로써 그 부모의 권리를 침해하는 일인가? 우리는 이 물음에 자기 아이의 특별한 이익과 상관없이 답할 수도 있다. 자녀 없는 사람도 대답할 수 있다. 그러나 위 질문은 편파성을 더 심각하게 다룬다. 그것은 **당신과 자녀가 구체적으로 어떤 사람이라는 조건이 주어진 상황에서** 학교법에 투표하게 될 때, 자녀의 이익에 특별한 비중을 두어도 정당한지를 묻는다. 만일 그렇다면, 비록 사립학교나 선별학교를 허용하는 법이 다른 아이들에게 해롭다는 것을 인정할지라도, 그 법에 투표하는 것은 정당화될 수 있다. 결국 당신의 자녀를 구하려는 결정이 다른 아이들에게 나쁜 것임에도 여전히 정당한 것이다. 당신 생각엔 아이를 학교 내 괴롭힘에서 예방할 유일한 수단이 사립학교뿐이라고 해보자. 그렇다면 당신이 그런 학교를 허용하는 법에 투표하는 것이 정당한가?

이런 질문에 답하기 위해 나는 꽤나 추상적인 생각들을 동원해야 한다. 어쩔 수 없다. 우리는 부모에게 자녀를 사립학교에 보낼 권리가 있는지 궁금한 것이다. 자녀가 있는 부모라면 우리가 자녀에게 갖는 특별한 관심이 학교법을 두고 투표할 때 어떤 역할을 하는지, (혹은 그런 역할이 있기는 한지) 알고 싶어 한다. 이것은 철학적인 문제이고, 그렇기에 문제를 제대로 다루려면 당연히 철학이 필요하다. 우리는 누군가에게 무엇을 할 권리가 있다는 것의 의미가 무엇인지, 그런 권리가 있다는 주장을 정당화하는 것이 무엇인지를 이해해야 한다. 권리가 의무와 어떤 관계인지도 생각해보아야 하며, 과연 시민으로서 투표할 때 부모로서의 편파적인 이익을 무시하려고 노력해야 하는지도 생각해보아야 한다. 이것이 이 책의 어려운 부분이다. 이런 과정을 마치고 나면, 2부에서 다룰 문제인 자녀를 사립학교나 선별학교에 보내는 것이 정당화되는지를 결정하는 문제는 비교적 수월할 것이다.

## 권리와 의무

먼저 한 가지 분명히 할 점은, 우리가 이야기하는 것이 사람들이 마땅히 가져야 할 권리이지, 실정법상 우연히 인정되는 권리가 아니라는 점이다. 앞서 말한 것처럼 유럽인권협약은 유럽 시민들에게 일정한 권리를 보장한다. 많은 이들은 부모가 자녀의 사립학교 교육을 위해 돈을 쓸 수 있는 권리 역시 여기에 포함된다고 생각한다. 조약이 그렇다면 그것은 사실인 셈이다. 법은 사람들에게 사립학교를 선택할 자유가 있다고 말한다. 하지만 그와 동시에 이 법이 악법일 수도 있다. (양자는 논리적으로 일관적이다.) 예전에는 사람들에게 노예를 소유할 수 있는 합법적인 권리가 있었으며, 최근에는 남편이 아내를 겁탈하는 것도 합법이었다. 그런 법이 잘못되었다는 점이나, 그런 법을 개정한 것이 더욱 나은 변화였다는 점은 더 이상 설명할 필요가 없을 것이다. 사람들이 법에서 인정하지 않는 도덕적 권리를 가질 수 있고, 법이 부여하는 권리 중 일부는 부여되어서는 안 될 권리일 수 있다고 충분히 생각해볼 수 있다. 이 책은 우리가 우연히 갖게 된 지금의 법이 아니라, 마땅히 있어야 할 법이 무엇인지에 관심이 있다.

그런데 누군가에게 사립학교에 다닐 (도덕적) 권리가 있다는 것은 무슨 의미인가? **그것은 사립학교에 다니게 될 때 그 사람이 갖게 될 이익이 충분히 강력하기 때문에, 나머지 우리는 그를 그렇게 하도록 내버려 두어야 할 의무가 있다는 뜻이다.** 의무란 당신이 해야 하는 어떤 것이다. 당신이 도덕적으로 행동하고 싶다면 선택의 여지가 없다. 도덕성은 의무를 이행할 것을 요구한다. 권리란 당신이 그렇게 하도록 다른 사람들이 허용해야 하는 것이다. 그들이 도덕적으로 행동하고자 한다면 말이다. 그들에게는 당신의 권리를 존중할 의무가 있다. 그러나 당신이 권리로서 할 수 있는 행동을 꼭 해야 할 필요는 없다. 물론, 당신이 권리로서 할 수 있는 바가 의무로서 해야 하는 바와 동일한 경우가 아니라면 말이다.

몇 가지 예시가 도움이 될 것이다. 부모에게 자녀를 특정 종교의 구성원으로 키울 권리가 있다는 생각은 그럴듯해 보인다. 물론 우리는 이 권리를 어디까지 허용해야 하는지 조심스럽게 생각해보아야 한다. 내가 볼 때, 부모의 권리에 자녀가 성인이 되어서도 해당 종교를 거부할 수 없도록 기르는 권리는 포함되지 않는다. 그러나 적절히 규정되기만 한다면 이런 종류의 권리는 있을 법하다. 이게 사실이라면, 나머지 우리에게는 그 권리를 존중해야 할 의무가 있다. 우리는 우리가 만든 법이 그 권리를 침해하지 않도록 확실히 해야 한다. 물론, 부모에게 자녀를 한 종교의 구성원으로 키워야 하는 의무는 없다. 부모가 원한다면 자유롭게 그럴 수 있어야 하지만, 그렇다고 반드시 그래야 하는 것은 아니다.

그것은 부모에게 주어진, 의무가 아닌 권리인 것이다. 그렇다면 부모에게 주어진 한 가지 그럴듯한 의무를 보자. 부모에게는 자녀를 학대로부터 보호해야 할 의무가 있다. 이것은 부모가 원한다면 언제든 그렇게 할 수 있는 자유 그 이상의 것이다. 부모가 도덕적으로 행동하길 원한다면 이 의무를 반드시 이행해야 한다. 부모에게 자녀를 학대로부터 보호해야 할 권리도 있는가? 물론 그렇다. 만일 부모가 자기 자녀를 보호하는 것이 도덕적으로 요구된다면, 나머지 우리는 부모가 그렇게 하는 것을 허용할 도덕적 의무가 있다. 당신은 어떤 행동에 대한 의무 없이도 그 행동을 할 수 있는 권리를 가질 수 있다. 하지만 당신에게 어떤 행동에 대한 의무가 있다면 그 행동에 대한 권리도 있는 것이다.

　이제 우리는 왜 학교 선택 문제를 생각하는 부모가 왜 전형적으로 권리보다는 의무를 이야기하는지 알 수 있다. 만일, 사립학교 진학에 대해 부모에게 권리만 주어졌다면 그렇게 할지 말지 정하는 것은 순전히 그들에게 달렸다. 우리는 부모에게 선택지를 주어야 하지만, 그들이 반드시 그것을 선택할 필요는 없다. 반면, 자녀를 사립학교에 보내야 하는 것이 부모의 의무라면 그들에게는 아무런 대안도 없다. 도덕성이 부모에게 그렇게 행동할 것을 요구하는 것이다. 만일 부모가 그 선택지를 거절한다면, 그들은 자녀를 위해 옳은 일을 하지 못한 것이다. 학교 선택 문제로 도덕적 딜레마에 빠진 부모는 선택할 수 있는 자신의 권리를 주장하는 것만이 아니라, 서로 충돌하는 도덕적 요구 사이에서 고통받는다고 느낄 가능성이 높다.

　난파선의 사례로 돌아가서, 부모에게 자기 아이를 구할 자유가 있다고 해보자. 그런 부모의 행동은 정당한 편파성에 따른 것이다. 그런데 이 행동은 부모에게 도덕적으로 요구되는 행동인가? 그렇다면 이것은 단지 정당화되는 정도가 아니라 의무적인 편파성의 사례가 될 것이다. 다른 사람의 아이가 아닌 자기 아이를 구하는 것이 부모로서의 당연한 의무다. 사실 학교 선택 문제는 어떤 면에서 이와 비슷하다. 때로 부모가 내리는 특정한 선택들은 정당화될 뿐만 아니라, 그렇게 해야 할 의무이기도 하다.

　나는 진작에, **필수적으로 요구되는** 편파성에 대해 설명할 수도 있었다. 내가 **정당한** 편파성이라는 개념을 통해 이 주제에 접근한 것을 보면, 나의 본질적인 관심은 부모가 원한다면 자유롭게 할 수 있는 행동이 무엇이어야 하는지에 대한 것임이 드러난다. 실제로 그것이 우리가 학교제도를 선택할 때 결정해야 하는 것이다. 그러나 부모가 자유롭게 할 수 있는 일이란 그들이 해야 하는 의무와 밀접한 관련이 있다. 만일 정당한 편파성 검증에 따라 부모가 특정한 행동을 자유롭게 해야 한다고 결정한다면, 이는 부모에게 그렇게 행동해야 하는 의무가 있기 때문일 수도 있다. 종교교육의 사례에서처럼 이는 언제나 그런 것은 아니지만, 때로는 그럴 수도 있는 것이다.

## ▌부모에게는 자녀를 사립학교나 선별학교에 보낼 권리가 있는가?

우리는 정당한 편파성이 학교제도에 갖는 함의를 규정하기 위해 애쓰고 있다. 부모에게 자녀를 사립학교나 선별학교에 보낼 권리가 있다면, 우리는 부모가 그렇게 할 수 있도록 허용하는 법을 지지해야 한다. 이는 머리맡 동화 읽기의 사례와 비슷하다. 부모가 사립학교를 지지하는 데 투표하는 것이 그 자체로 정당한 편파성에 따른 행위라면, 부모의 그런 투표 행위가 다른 아이들의 상황을 악화시키더라도 정당화된다. 이는 난파선의 사례와 비슷하다. 1장 마지막에서 언급한 것처럼, 이 문제에 답하려면 그 결과를 고려해야 한다. 특정한 법을 선택함으로써 야기된 편익은 반드시 그 반대인 비용과 균형을 이루어야 한다. 각각의 법마다 우리는 그로 인해 얼마나 많은 사람이 얼마나 많은 선을 누리는지, 그리고 다른 한편으로는 얼마나 많은 사람이 얼마나 많은 고통을 받는지를 고려해야만 한다.

부모가 자녀에게 머리맡 동화를 읽어주고 자녀와 온갖 종류의 상호작용을 할 수 있도록 법적으로 허용해야 하는 이유를 두 가지로 생각해볼 수 있다. 한편으로, 그러한 상호작용이 촉진하거나 그러한 상호작용으로 구성되는 친밀한 가족관계는 어마어마한 가치를 지니기 때문이다. 다른 한편으로는 이를 위해 우리가 져야 할 부담이 대단히 가볍기 때문이다.

우리는 이런 부모들이 평소 하는 대로 내버려 두기만 하면 된다. (이와 대조적으로, 어려운 처지에 놓인 사람들에게 동료 시민으로부터 복지 혜택을 지원받을 자격을 부여하는 법을 생각해보라. 이런 법은 비수혜자에게 더 큰 부담을 지우겠지만, 그럼에도 나는 이것이 올바른 법이라고 생각한다.) 물론, 머리맡 동화 읽기를 허용한다면 누군가는 불이익을 받을 수 있다. 부모가 읽어주는 머리맡 동화를 경험할 만큼 운이 좋지 않았던 아이들은 (머리맡 동화 경험은 지위적 이점을 부여하기 때문에) 보수가 좋은 직업을 향한 경쟁에서 불이익을 받게 될 것이다. 그러나 우리 사회의 법을 결정하기 위해 전체적인 비용과 편익을 고려하여 판단한다면, 어떠한 그럴듯한 평가에서도 머리맡 동화를 허용하는 법이 우세할 것은 분명하다.

사립학교나 선별학교에 대해서는 어떨까? 내 견해로는 부모가 자녀를 사립학교나 선별학교에 보낼 수 있도록 허용하는 것의 가치는 그리 크지 않은 반면, 우리가 그로 인해 지불할 비용은 사립 및 선별학교를 폐지하는 법을 선택해야 할 정도로 충분히 심각하다. 물론 그렇게 하는 것은 개인의 자유에 대한 억압이다. 그러나 우리는 온갖 방식으로 개인의 자유를 적절하게 통제하고 있다. 자녀를 사립학교에 보낼 수 있는 부모의 권리나 개인의 자유가 지닌 가치에 호소하며 그런 권리를 옹호하려는 사람들은, 왜 그 특정한 자유가 그렇게 중요한지를 밝혀야 한다. 특히, 누군가 불이익을 받게 되는 심각한 부작용이 있음에도 어째서 **바로 그** 자유를 존중해야 하는지 밝혀야 할 것이다. 내 주장을 말하자면, 머리맡 동화 읽기와 달리 자녀를 사립학교나 선별학교에 보낼 수 있는 자유는 그다지 중요해 보이지 않는다는 것이다.

확실하게 짚고 넘어가자. 어떤 경우라도 자녀를 사립학교나 선별학교에 보내는 일은 결코 정당화될 수 없다고 하는 것이 아니다. 2부에서는 정확히 그 행동이 충분히 정당화될 수 있는 경우를 제시할 것이다. 하지만 우리는 아직 1부에 있다. 우리는 지금, 부모에게 자녀를 사립학교나 선별학교에 보낼 수 있는 선택지를 부여하는 법에 투표해야 할지 아닌지 생각해보는 중이다. 더 구체적으로는, 그 법에 반대하는 것이 부모의 권리를 침해한다거나 받아들일 수 없을 만큼 개인의 자유를 축소하는 것인지 생각해보는 중이다. 나는 그렇지 않다고 말하고 있다. 지금 여기를 살아가는 부모에게는 이미 주어진 법 아래서 자녀를 사립학교나 선별학교에 보내는 것이 정당화될 수도 있다. 하지만 그렇다고 이것이 우리가 그것을 허용하는 선택지에 계속해서 투표해야 한다는 뜻은 아니다.

나아가, 나는 부모에게 자녀 교육에 대한 **몇몇** 권리가 있다는 사실을 부정하지 않는다. 예를 들어, 부모가 자녀에게 특정 종교교육을 받게 할 수 있는 자유가 있다고 나는 생각한다. [그러나] 우리는 부모가 자녀의 교육 내용에 미칠 수 있도록 허용되어야 할 영향력의 폭을 과대평가하는 경향이 있다. 우리는 자녀가 스스로의 종교적 견해를 결정할 수 있는 위치에 서게 하는 것에 더 많은 가치를 부여해야 하며, 자신이 지지하는 특정 교리대로 자녀를 기르려는 부모의 바람에는 덜 주목해야 한다. 그러나 자녀가 받을 종교교육에 대한 부모의 영향력은 여전히 허용되어야 한다. 부모에게 그런 영향력을 부여하는 유일한 방식이 사립학교를 허용하는 것이라면 그렇게 해야 할 것이다. 하지만 사립학교는 그 유일한 방식이 아니다. 이와 비슷한 논리를 진정한 의미에서의 '가족적 가치'와 본질적으로 관련된 교육에도 적용해볼 수 있다. 물론 부모에게는 자녀를 양육하면서 자신의 관심사를 공유할 자유가 있고, 자녀가 어른으로 자라나면서도 부모와의 친밀한 관계를 계속 유지할 가능성이 높은 방식으로 자녀를 기를 자유가 있다. 사립학교와 선별학교의 전면적인 폐지가 부모의 그러한 양육을 방해한다면, 이 폐지에 투표하는 것은 잘못일 것이다. 하지만 그러한 방해는 일어나지 않을 것이다.

'가족적 가치'에 대한 존중은 아이들이 강제로 학교에 있어야 하는 시간을 제한한다. 가족은 아이들 사이에 발생하는 불평등의 기원으로 이해될 수 있고, 공립학교 교육은 이 불평등을 완화하는 데 도움을 준다. 물론, 실제로는 우리가 아는 것처럼 선발이 작동하는 방식이나 학군 때문에, 공립학교가 오히려 불평등의 세대 간 대물림을 촉진하고 있는지도 모른다. 그렇지만 현실에서는 여전히 공교육 제공이 서로 다른 배경의 가정에서 태어나고 자란 아이들 사이의 불평등을 줄이는 데 기여하고 있다. 평등을 강렬하게 열망하는 이들은 모든 아이를 가족에게서 떨어뜨려 놓고 싶을지도 모른다. 이것이 바로 보편적 고아원 해결책(The universal orphanage solution)이다. 평등을 그렇게까지 열망하지 않는 사람들은 아이들이 학교에 있는 시간을 더 늘리는 데 찬성할지도 모른다. 현재 영국 학생들은 총 15,000시간 정도를 학교에서 보낸다. 정부가 이를 두 배로 늘린다고 해보자. 30,000시간 정도라는 것은 아이들이 학교에 있는 시간이 더 늘어나고, 휴일은 더 줄어든다는 뜻이다.

이런 조치가 실제로 평등의 측면에 기여한다는 몇몇 증거가 있다. 연구에 따르면, 가정환경이 불우한 아이들은 학기 중에 상대적으로 배경이 나은 아이들을 따라잡는 경향이 있으며, 긴 방학 중에는 다시 처지는 경향이 있다. (이는 영국 정부가 학사일정 재조정을 고려하는 한 가지 이유일 수 있다.) 그러나 다른 반론을 제쳐놓더라도, 학교에 머무는 시간을 지나치게 확대하는 것은 가족생활에 대한 용납할 수 없는 침해일지도 모른다. 사실 방학이 끝날 때쯤 부모와 자녀의 관계가 최악으로 치닫는 것을 생각한다면 그렇게 긴 여름방학은 없애는 것이 오히려 나을 것 같지만, 그래도 나는 아이들로 하여금 그렇게 오랜 시간을 집 밖에서 보내도록 정부가 강제하는 것에는 반대한다. 언제나 그렇듯 적정한 선을 어디에 두어야 할지를 정하는 것은 어려운 일이다. 그러나 분명한 것은 '가족적 가치'에 대한 존중이 정부가 할 수 있는 요구에, 즉 그 목표가 평등이든 다른 무엇이든 간에, 제한을 둔다는 사실이다.

물론, 가족과 관련해서 무엇이 가치 있는지, 그리고 그에 따라 부모가 자녀에 대해 갖는 권리가 무엇인지에 대한 나의 이해에는 논란의 여지가 있다. 많은 이들이 생각하기에 좋은 부모가 된다는 것은 (꼭 사랑이나 친밀한 관계에서 나오는 것이 아니더라도) 자녀의 삶에 가능한 한 최선의 출발점을 만들어주는 것과 전적으로 관련이 있다. 이들의 관점에서는 부모가 자녀에게 우월적 지위를 물려주는 효율적인 수단을 금지하는 법에 투표하는 것은 '가족적 가치'에 대한 존중과 정면으로 충돌한다. 이런 관점에 대응하는 것은 쉽지 않다. **만일** 자녀가 대우도 좋고 인기도 있는 직업을 얻는 데 남들보다 앞질러 갈 수 있도록 돕는 일이 부모에게 어마어마하게 가치로운 일이라면, 곧 부모의 복리를 구성하는 필수 요소라면, 우리는 부모들이 그렇게 하도록 내버려두는 법에 투표해야 할지도 모르겠다. 실로 어떤 부모들이 이를 어마어마하게 가치롭게 **생각한다는** 사실을 부정하려는 것은 아니다. 그들에게 자녀를 그렇게 돕는 일은 삶의 핵심적인 목표일지도 모른다. 하지만 사람들은 중요한 가치가 무엇인지, 심지어 자신에게 중요한 가치가 무엇인지에 대해서도 오해를 품을 수 있다. 몇몇 부모는 자녀가 다른 관점에 노출되지 못한 채 하나의 진실된 믿음만 배우게 하는 데 삶을 바치며, 심지어 가족을 다른 무엇보다도 특정 종교의 전통을 전승하기 위한 수단으로 이해한다. 바라건대 우리는 그들의 이런 권리가 국가에 의해 보장되어야 하는 권리라고 생각하지 않는다. 우리가 투표하는 목적은 사람들이 가족과 관련하여 자유롭다고 믿는 바, 즉 자신이 가족에게 이러저러한 행동을 자유롭게 할 수 있다는 믿음을 법이 존중하게 만드는 것이 아니다. 그들이 실제로 마땅히 누려야 할 자유를 법으로 하여금 존중하게 하려는 것이다.

## 정당한 편파성과 투표 행위

이상에서 내 주장에 따르면, 부모가 자녀를 사립학교나 선별학교에 보내는 것과 자녀에게 머리맡 동화를 읽어주는 것은 서로 다른 이야기다. 사립학교나 선별학교는 인간의 행복에 본질적인 요소가 아니기에 그런 학교를 금지하는 법에 투표한다고 해서 잘못을 저지르는 것은 아니다. 하지만 난파선 사례에서 드러난, 정당한 편파성의 또 다른 측면에서는 어떨까? 그 사례는 부모가 자녀의 이익을 특별히 중시하는 것이 정당화될 수 있다는 점을 암시한다. 만일 그렇다면, 이것은 사립학교나 선별학교를 허가하는 법에 투표하는 것이 정당화될 수 있는 또 다른 이유를 제공하는 듯하다. 오직 공공선만 생각하는 불편부당한 관찰자쯤 된다면, 모든 아이의 이익을 동등한 비중으로 고려하면서 사립학교와 선별학교를 폐지하는 법에 투표할지도 모르겠다. 하지만 이미 말한 것처럼 부모가 그런 사람이 되어야 할 필요는 없다. 실로 불편부당한 관찰자는 부모가 불편부당하지 않도록 허용할 것이다. 부모는 자녀의 편을 편향적으로 옹호해도 괜찮다. 그렇다면 사립학교나 선별학교를 허가하는 법이 자기 자녀에게 이득이라면, 부모는 그 법에 투표해도 정당화될 수 있을지도 모르겠다.

그러나 이런 주장은 당신에게 매우 이상해 보일지도 모르겠다. 만일 그렇다면, 그것은 좋은 신호다. 이는 당신이 부모가 실제로 어떻게 투표하고 있는지를 고민하는 것이 아니라, 부모라면 **마땅히** 어떻게 투표해야 하는지를 고민하고 있다는 뜻이기 때문이다. 물론, 현실에서는 사람들이 자신의 특정한 이익을 추구하기 위해 정치를 이용하기도 한다. 그런 사람들은 전형적으로 공공선에 의해 동기가 부여되는 사람들이 아니다. (그들은 자신의 이익이 다른 시민들에게도 이익이 될 수 있는 것처럼 포장하는 데 아주 능하며, 정치 정당은 거의 대부분 자신들의 견해가 공공선을 위한 것처럼 표현하기 때문에 뭐가 뭔지 분별하기란 대단히 어렵다.) 나는 현실 세계를 진지하게 고려하는 중이지만, 이런 현실까지 진지하게 고려하려던 것은 아니다. 오히려 나는 어떤 식의 투표가 정당화될 수 있는지에 대한 도덕적 문제를 다루는 중이다. 그리고 내가 지금 고려하고 있는 주장은 부모가 자기 아이에게 이익이 되는 것처럼 보이는 법에 투표하는 것은 정당한 일일지도 모른다는 것이다.

이런 주장이 옳다면, 우리 모두는 마땅히 동일한 법에 투표해야 한다는 생각을 놓치고 있는 셈이다. 도덕성은 보편성 개념과 밀접하게 관련되어 있다. 어떤 행동을 위한 도덕적 근거란 전형적으로 모두에게 적용될 수 있어야 한다고 여겨진다. 도덕적으로 행동한다는 것은 그 행동이 우리 자신에게 어떤 영향이 있을지를 따지지 않고, 전체적으로 사람들에게 최선이라고 믿는 바를 실천하는 것이다. 바로 이 까닭에서 정당한 편파성 검증은 우리로 하여금 그 결과의 이익이나 손해를 전혀 알 수 없는 상태의 사람들이 동의할 수 있는 종류의 편파성이 무엇인지 (그리고 얼마나 편파적이어도 되는지) 생각해보게 한다. 그런데 이제는 그 검증이 부모가 자녀 편에 서도록 허용하는 것처럼 보인다. 그리고 주어진 법 아래서 선택해야 하는 사적인 개인으로서뿐만 아니라, 정치적 행위자인 시민으로서도 부모가 사립학교나 선별학교를 허용하는 학교법을 선택해도 되는 것처럼 보인다. 이럴 경우 사람들은 서로 다른 방식으로 투표하게 될 것이다. 그렇다면 우리는 결국 모든 사람이 도덕적으로 행동한다면 바람직한 법이 무엇인지에 대한 합의가 이루어지리라는 매력적인 주장을 포기해야 할 것이다.

자녀에게 가능한 한 최선의 교육을 제공할 수 있도록 허용하는 법에 부모가 투표하는 것이 정당화된다고 해보자. 부유한 부모에게 그런 투표는 곧 사립학교를 허가하는 데 투표하는 것이다. 그런 부모가 사적으로 지출하는 교육비를 공교육 제도가 따라잡기를 바라는 것은 터무니없는 생각이다. 반면, 가난한 부모에게 그런 투표는 곧 사립학교를 금지하는 데 투표하는 것이다. 이전 장에서 내 주장이 옳았다면, 다른 아이들이 공립학교에서 빠져나가도록 허용할 경우, 가난한 부모의 아이가 받게 될 교육은 교육 내적으로나 지위적으로 악화될 것이다. 만일 부모가 자녀의 잠재력을 최대한 발휘할 수 있게 하는 학교법에 투표하는 일이 정당화된다면, 똑같은 결과로 이어질 것이다. 우리는 다시 이기적인 (아니면 적어도 편파적이고 특수한) 이익 사이에서 벌어지는 단순한 충돌로 돌아가게 된다. 정당한 편파성은 사립학교 교육을 찬성하는 투표를 허용하는 동시에 그것을 금지하는 투표도 허용한다.

자녀에게 '가능한 한 최선의' 교육을 제공할 수 있게 허용하는 법이나 자녀의 '잠재력을 마음껏 발휘할' 수 있도록 허용하는 법에 투표하는 문제는 정당한 편파성 개념을 지나치게 멀리 밀고 나간 것처럼 보인다. 부모가 다른 아이보다 자기 아이의 이익을 더 옹호하도록 허용한다 하더라도, 방금과 같은 정도로 높은 목표를 추구하는 것은 정당화되지 않을 수도 있다. 난파선 사례에서는 정당한 편파성의 이념이 그럴듯해 보였다. 여기서는 어떤 부모도 자기 아이를 익사하게 내버려 두리라고 합리적으로 기대할 수 없다. (비록 다른 두 아이를 구할 수 있더라도 말이다). 그렇다면 부모의 목표를 조금 낮추어서, 자녀가 해를 입지 않도록 보호하는 정도를 생각해보자. 학교법에 투표하는 이유가 자기 자녀에게 가능한 한 최선의 교육을 제공하기 위한 것이라면 옳지 않다고 생각하는 부모라도, 그 이유가 자녀가 괴롭힘의 피해자가 될 가능성을 최소화하기 위해 투표하는 것이라면 정당하다고 생각할지도 모른다.

이것이 더 적절한 목표이기는 하지만, 이런 목표를 추구하는 부모들이라도 여전히 서로 다르게 투표할 수 있다. 부유한 부모는 세심한 배려가 가득한 유난히 작은 학교로 자녀를 빼낼 가능성을 여전히 열어 두고 싶을 것이다. 그들은 자기 아이가 집이 부자라는 이유로 공립학교에서 특히나 괴롭힘의 피해자가 될지도 모른다고 판단할 수도 있다. 따라서 그들은 사립학교를 허가하는 법에 투표할 것이다. 하지만 가난한 부모는 자기 아이가 괴롭힘을 당하게 될 확률을 줄이는 최선의 방법이 부잣집 아이들을 공립학교에 붙잡아두는 거라고 생각할 수도 있다. 부유하고 영향력 있는 부모의 자녀가 다니는 학교는 예산도 더 많고 학교 내 괴롭힘에 더욱 엄격하게 대처할 것이기 때문이다. 가난한 부모는 그저 학교 내 따돌림의 불씨를 자기 아이 대신 부잣집 아이에게로 떨어뜨려놓기 위해 부잣집 아이들을 같은 학교에 두고 싶을지도 모르겠다. 세부 조건이 어떻든지 간에, 혹 투표하는 부모들이 낮은 수준의 목표만을 정당하게 추구할 수 있다고 하더라도 (예컨대 자녀를 특별히 나쁘거나 해로운 교육으로부터 보호하기) **여전히** 부모들은 서로 다른 학교법에 투표할 가능성이 높다.

정당한 방법으로 모두가 투표한다면, 우리 모두 동일한 선택을 하리라는 생각을 누군가는 포기하기 힘들 것이다. 이런 생각을 구제할 확실한 방법은 부모의 편파성을 투표 행위로 확장하는 논리를 거부하는 것이다. 영향력 있는 몇몇 관점에 따르면, 우리는 자신을 두 가지 구별되는 역할을 하는 사람으로, 혹은 서로 다른 두 가지 모자를 썼다고 여길 필요가 있다. 앞서 말했듯이, 사적인 삶에서 우리는 **부모**로서 자녀에 대한 특별한 관심에 의해 동기가 부여되며, 다른 아이보다 자기 아이 편에서 행동하는 것이 정당화될 수 있다. 그러나 투표할 때의 우리는 시민으로서의 역할에 따라 공공선에 대한 관심에 의해서만 동기가 부여되어야 한다. 투표소로 들어갈 때 시민이라는 지위가 요구하는 것은 '자녀에게 좋은 것에만 관심을 갖는 사랑 가득한 부모'의 모자를 벗고 '다른 시민들의 공공선에도 관심을 갖는 탁월한 시민'이라고 적힌 모자를 써야 한다는 것이다. 서로 다른 맥락에는 서로 다른 합리적 사고가 적용된다. 어떤 법이 우리 정치 공동체의 구성원을 다스려야 할지를 결정하는 투표의 맥락에서는 공동체 전체의 이익만 생각해야 한다는 것이다. 그리고 우리 모두가 **그것**만을 생각한다면, 모두 투표에서 똑같은 선택을 내려야 한다.

    내가 볼 때, 두 개의 모자 논증은 의심스럽다. 주어진 법 아래서 투표할 때의 합리성과, 법 자체를 선택하기 위해 투표할 때의 합리성 사이에 극단적인 불연속성이 있다는 (혹은 있어야 한다는) 이런 생각은 아주 위험한 잘못을 저지르고 있다. 이런 생각이 옳다면 우리의 위선자 문제는 즉시 해결될 것이다. 그럴 경우, 사립학교를 반대하면서도 자녀를 사립학교에 보내는 부모는 이렇게 말할 것이다.

    물론, 나는 공공선을 생각하는 시민으로서 사립학교 폐지에 투표할 겁니다. 그것은 분명 부정의가 뿌리 깊게 자리 잡은 사회의 질서를 유지하는 데 결정적인 역할을 하는 끔찍한 교육제도입니다. 그렇지만 지금 문제는 그게 아니지 않나요? 나는 주어진 법 아래서 선택해야 하는 부모의 모자를 쓰고 있고, 내가 내 아이들 편에서 행동하는 것은 분명 정당한 일입니다. 따

라서 나는 자녀를 바질에서 이튼으로 보내는 일에 아무런 문제가 없다고
생각합니다.

참 편한 생각이다. 그리고 이는 '두 개의 모자' 논증에서 비롯된 사고방식
이다.

내 견해는 다르다. 나는 부모가 두 가지 맥락, 즉 주어진 법 아래서 해야 하는 선택 그리고 법 자체를 선택하는 것 모두에서 정당한 편파성에 따라 행동해도 괜찮다고 생각한다. 내가 보기에 투표란 여러 행위 중 하나일 뿐이며, 여기에 적용되는 합리적 근거는 다른 곳에 적용되는 합리적 근거와 하나도 다를 것이 없다. 이 말이 부유한 부모가 자기 아이에게 최선이라는 이유로 사립학교에 찬성 투표를 하는 것이 정당화된다는 뜻일까? 아니다. (놀랄 것도 없다.) 하지만 우리는 그 이유를 더욱더 명확히 할 필요가 있다. 그것은 부모가 투표소에 들어갈 때 자기 아이의 이익에 대한 모든 지식을 접어두고 불편부당하게 투표해야 하기 때문이 아니다. 부모가 **정당한 편파성**에 따라 투표해야 하기 때문이며, 자기 아이에게 최선의 교육을 제공할 수 있게 하는 법에 투표하는 것은 그 선을 넘기 때문이다.

그것이 선을 넘는다고 할 수 있는 이유를 알아보기 위해, 우리는 결과의 중요성을 기억해야 한다. 나는 난파선 사례에서 부모가 다른 두 아이 대신 자기 아이를 구하는 일이 정당하다고 했다. 하지만 자기 아이 한 명과 수백만 명의 다른 아이들 사이에서 선택해야 한다면, 분명히 그 선택의 저울이 반대로 기울 것이다. ('엄마, 어떻게 고작 수백만 명의 다른 아이들을 구하기 위해 나를 물에 가라앉도록 내버려 둘 수 있어요?'라는 말은 확실히 다른 느낌을 준다.) 사립학교를 허용하는 법이 내가 말한 것처럼 수

많은 아이에게 나쁘다고 해보자. 단지 자기 아이가 가능한 한 최선의 학교로 진학할 수 있게 하기 위해, 또는 아이의 잠재력을 최대한 실현하기 위해, 부모가 사립학교를 허용하는 법에 투표하는 것이 정당화될 수 있을까? 물론 아니다. 그렇게 판단하는 부모가 있다면, 그런 부모는 자기 아이에게 적당히가 아닌 터무니없이 과도한 비중을 둔 채 편파성을 극단적으로 추구한 것이다.

  이것은 아주 쉬운 경우다. 두 요소가 결합되어 있기 때문이다. 한편으로 부모는 자녀를 위해 많은 것을 추구한다. 자녀가 가능한 한 최선의 교육을 받길 바라는 마음은 자녀가 학교 내 괴롭힘과 같은 나쁜 결과를 피하길 바라는 마음보다 훨씬 큰 바람이다. 다른 한편으로, 부모가 자녀에게 최선의 교육을 제공하도록 내버려 둘 때의 대가는 상당하며, 많은 이들이 그로 인해 고통을 겪는다. 덜 부담스러운 재화를 제공하는 학교로 부모가 아이를 보내도록 자유롭게 내버려 두는 법은 부작용도 적고, 그 부작용을 겪어야 하는 사람들의 수도 더 적다. 나는 부모가 자기 아이에게 유리한 법에 투표하는 것이 정당화되려면, 정당한 편파성의 범위에서만 그렇게 행동해야 한다고 했다. 그 범위가 무엇인지 판단하기 위해서는 일종의 균형잡기가 요청된다. 사립학교가 자기 아이에게 최선이라는 사실은 그들이 그 법에 투표해도 될 만큼 충분히 좋은 이유가 될 수 없다. 하지만 편파적인 투표가 정당화되는 다른 경우도 있지 않을까?

## ▌ 부실한 학교를 피하기 위한 투표

자녀를 사립학교나 선별학교에 보냈지만 양심의 가책을 느끼는 부모들이 흔히 하는 자기변호가 있다. 자녀를 그 학교에 보낸 까닭이 자녀에게 최선의 교육을 주고 싶었던 욕심 때문이 아니라, 그저 집 근처의 종합중등학교가 그리 좋지 않기 때문이라는 것이다. 종합중등학교는 부모가 자녀를 그곳에서 빼내는 것이 정당하다고 판단할 때 가장 중요하게 여기는 모종의 요소를 제공하지 못하고, 그 점에서 부실한 학교다. 2부에서는 여기에 관련된 정당화를 자세히 다룰 것이다. 여기서는 이 정당화가 투표에도 적용될 수 있다는 주장을 짧게만 다뤄보고자 한다. 이 주장에 따르면, 사립학교나 선별학교를 위해 투표하는 행위가 정당화되는 것은 그것이 자녀를 만족스러운 학교로 보낼 수 있는 유일한 길일 때다. 지금까지 나는 피해회피(harm-avoidance)의 한 사례로 학교 내 괴롭힘을 이야기해왔다. 하지만 부모들은 그 외의 다양한 조건에도 관심을 가지며, 그런 조건들에 호소하면서 자녀를 집 근처 종합중등학교에서 빼내는 것을 정당화한다. 부모들은 자녀의 특별한 필요에 적절한 관심을 기울이기 위해, 자녀가 정서적이고 심리적인 고통을 겪지 않게 하기 위해, 자녀와의 친밀한 가족관계를 유지하는 데 필요한 교육을 제공하기 위해, 자녀가 좋은 대학에 들어갈 수 있는 공평한 기회를 얻게 하기 위해 그런 행동을 한다. 부모가 이런 이유들 때문에 사립학교와 선별학교를 허가하는 법에 투표하는 것은 정당화될 수 있을까?

비록 각각의 경우에서 서로 다른 문제가 발생하지만, 두 가지 점은 보편적으로 적용할 수 있다. 첫째, 앞 장에서의 논의가 옳다면, 사립학교와 선별학교를 금지하도록 학교법을 바꾼다고 해서 모든 아이가 지금과 같은 상태의 공립 '종합중등학교'에 다니게 된다는 뜻은 아니다. 학교법을 바꾸려는 이유 중 하나는, 그렇게 함으로써 종합중등학교가 개선될 것이기 때문이다. 어떤 경우에는 이름뿐인 종합중등학교를 실제로 종합적인 학교로 만들 것이다. 현재는 여러 가지 이유로, 즉 자녀를 학교 내 괴롭힘으로부터 보호하기 위해, 자녀가 정서적이고 심리적인 문제를 피해 자신의 잠재력을 충분히 발휘하도록 하기 위해, 부모와 자녀 사이의 친밀한 관계를 유지하는 데 필요한 종류의 것들을 자녀가 배우게 하기 위해, 자녀가 좋은 대학에 들어갈 수 있는 공평한 기회를 얻도록 하기 위해, 자녀를 사립학교에 보내야 한다고 생각하는 부모라도, 이제는 그런 목표를 이루기 위해 반드시 사립학교 찬성에 투표해야 한다고 생각할 필요가 없다. 이것은 사립학교를 폐지한 뒤 모든 종합중등학교가 완벽해질 거라는 말이 아니다. 여전히 그렇게 바뀐 종합중등학교도 자기 아이에게는 만족스럽지 않다고 부모들은 생각할 수 있다. 내가 여기서 지적하려는 것은 종합중등학교에서 아이들을 빼내지 못하도록 학교법을 바꾸면, 자녀를 빼내야 할 필요 자체가 사라질 수 있다는 점이다. 사립학교나 선별학교를 위해 투표하려는 까닭이 그런 학교만이 자기 아이에게 충분히 좋은 학교로 판단되기 때문이라면, 오히려 그런 학교를 금지하는 법에 투표하는 것이 똑같은 목표를 달성할 수도 있다는 점을 최소한 고려해볼 필요가 있다는 것이다.

둘째, 사립학교나 선별학교를 허용할 때 생기는 문제점은 부실한 학교를 피해 자녀를 빼내려는 부모들과 별로 상관이 없다. 이 점을 이해하는 것은 중요하다. 대부분의 경우, 세심하게 규제된, 피해를 방지하는 특수한 학교로 자녀를 빼낼 수 있도록 허용하는 학교법에 부모가 투표한다 해서 반드시 문제가 생기는 것은 아니다. **그런** 학교는 다른 학교에 악영향을 미치는 현재의 사립학교와는 다르다. 물론, 여전히 부잣집 아이들은 돈을 써서 위험에서 빠져나오는 반면, 가난한 아이들은 그럴 수 없다는 점에서 불공평하긴 하다. 또한 종합중등학교를 빠져나갈 수 있도록 허용할 경우, 종합중등학교 학생들에게 제공되는 교육을 개선해야 한다는 압박이 줄어들어 양극화가 초래될 수도 있다. 하지만 다른 아이들이 지불해야 할 비용을 엄격한 규제를 통해 용납할 수 있는 범위 내로 줄일 수는 있을 것이다. 확실한 것은, 자녀를 위한 정당한 관심이 곧 피해를 방지하는 특수한 종류의 학교를 허가하는 법에 투표하는 것을 정당화한다고 생각하는 부모라고 해서, 현재의 사립학교나 선별학교와 같은 것에 찬성하는 데 투표할 이유가 반드시 생기지 않는다는 것이다.

첫 번째 논점은 학교법을 바꾼다고 해서 당신의 자녀에게 그렇게 손해는 아니라는 것이다. 특히, 지금 여기 집 근처 종합중등학교로 자녀를 보내는 것만큼의 손해는 아닐 것이다. 두 번째 논점은 그런데도 당신이 피해를 회피하려는 목적으로 정당한 편파성에 따라 사립학교나 선별학교를 허가하는 법에 투표하려고 했다면, 당신은 피해를 방지하는 학교의 허용에만 투표해야지 그보다 더 좋은 학교의 허용에 투표해서는 안 된다는 것이다. 이 둘을 종합하면 어떻게 될까? 다음과 같은 특이한 경우를 상상해볼 수 있다. 특수한 종류의 사립학교나 선별학교는 당신의 자녀를 피해로부터 보호하는 한편, 소수의 다른 아이들에게만 미치는 악영향은 아예 없거나 최소화될 것이다. 이런 사례는 다른 아이들이 물에 빠지도록 내버려 두면서 당신의 아이만을 구하는 일이 정당화되는 난파선 사례와 비슷하다. 하지만 내가 보기에 이 사례는 특이한 경우다. 일반적으로 말하자면, 투표할 때 부모라는 모자를 쓰도록 허용하는 경우라도, 그리고 자기 아이의 이익에 비중을 두는 편파적인 합리성이 중요한 경우조차도, 자녀에게 이익이 되는 학교법에 투표하는 행위는 **여전히** 정당한 편파성의 테두리를 벗어나는 것처럼 보인다.

## | 결론

정부가 사립학교 재정지원정책[11]을 폐지했을 때, TV 뉴스는 그 제도의 혜택을 입었던 한 소년의 어머니를 인터뷰했다. 그녀가 보기에는 형편없는 정부가 아이들에게서 그들의 잠재력을 최대한 발휘할 수 있게 하는 최선의 교육을 박탈해버린 상황이었다. 나도 그녀의 말처럼, 재정지원정책의 폐지로 어떤 아이들은 불이익을 받게 되리라 생각한다. (그리고 그녀가 분노한 것처럼, 부유한 부모는 가난한 부모와 달리 재능이 부족한 아이를 두었더라도 계속해서 자녀에게 그런 교육을 시켜줄 것이다.) 하지만 부모와 아이들에게 마땅히 보장되어야 할 것을 정부가 부당하게 박탈했다는 그녀의 견해에는 전혀 동의할 수 없다.

학교법에 관한 투표를 할 때, 우리는 부모의 권리 존중에 조심스러워야 한다. 이것은 학교법의 내용을 규정하는 데 중요한 함의를 갖기 때문이다. 예를 들어, 우리는 자녀의 종교교육에 영향력을 행사할 수 있는 부모의 권리를 존중해야 한다. 그러나 불공평하게 다른 아이들의 교육을 악화시키면서까지 자신의 잠재력을 최대한 발휘할 수 있는 최선의 교육을 받을 권리는 어떤 아이에게도 없다. 자기 아이에게 그런 교육을 제공할 수 있는 권리 역시 어떤 부모에게도 없다. 머리맡 동화 읽기가 괜찮은 이유는 그것이 우리 삶의 가장 근본적 가치인 가족관계를 구성하는 요소이기 때문이며, 부모가 자녀에게 동화를 읽어주는 것이 다른 아이들의 권리를 침해하는 것은 아니기 때문이다. 그러나 사립학교나 선별학교는 이것과 다른 경

---

11 사립학교 재정지원정책(Assisted Places Scheme). 사립학교 입학시험에서 상위 10~15% 성적을 거둔 아이들에게 학비 전액이나 일부를 국가가 지원해주는 정책이다. 1980년 영국 보수당이 제정했으며 1997년 노동당 정부에 의해 폐지되었다.

우다.

  이 문제를 극단적인 '두 개의 모자' 사고방식으로 접근하려는 이들에게는 이미 논의가 끝났을지도 모른다. 그들의 관점에서 볼 때, 투표라는 행위는 특별한 애착 관계를 무시하고 공공선 추구라는 불편부당성에 의해서만 동기가 부여될 것을 요구한다. 나는 이렇게까지 요구하지는 않는다. 나는 투표할 때 부모들이 정당한 편파성에 의해 적절히 동기가 부여되어도 괜찮다고 생각한다. 이것은 원칙적으로 서로 다른 사람들이 서로 다른 방식으로 투표할 수 있다는 뜻이다. 어떤 법에 대한 투표를 하든지, 부모들은 자신이 정당한 편파성의 경계 안에서 투표한 것인지 혹은 그 선을 넘어서 투표한 것인지를 고민해야 한다는 뜻이기도 하다. 투표 행위가 '두 개의 모자'의 방식으로 특별한 것은 아니지만, 다른 의미에서는 특별하다. 주어진 법 아래서의 사적인 선택과 달리, 법 자체에 대한 선택은 다른 수많은 사람에게 영향을 끼칠 것이다. 당신에게 알맞은 법이 다른 사람에게는 불리하다면, 반대편의 수적인 규모는 그 법에 저항하는 방향으로 균형을 기울일 것이다.

# 결론

 자신이 반대한다고 하는 학교에 자녀를 보내는 사람들은 위선자라는 비판을 받는다. 대개는 그런 행동을 일관적이지 않거나 모순적이라고 평가한다. 자기가 믿(는다고 주장하)는 원칙에 따라 행동하지 못했기 때문이다. 1부에서 우리는 사립학교나 선별학교에 반대하는 이유가 무엇인지, 그런 학교를 폐지하는 방향으로 투표해야 하는 이유가 무엇인지를 다루었다. 따라서 나는 없어져야 한다고 생각하는 학교에 자녀를 진학시키는 부모를 상상해보았다. 나아가 2부에서 우리가 알아볼 것은 그런 행동이 그들의 원칙과 일관적일 뿐만 아니라 정당화될 수도 있음을 보일 것이다. 심지어 그들이 사립학교나 선별학교를 폐지하는 법에 투표하는 것이 정당화되는 경우에도 그러하다는 것을 보일 것이다. 상황에 따라서는, 가능하다면 부모가 자녀를 집 근처 종합중등학교에서 빼내는 것이 옳을 수도 있다. 하지만, 동시에 그 부모가 자신(과 다른 사람들)에게서 그 선택권을 박탈하는 법에 투표하는 것도 옳은 일이다.
 이 마지막 주장은 상당히 많은 논란을 불러일으킨다. 나는 사립학교나 선별학교를 '반대하는' 사람들이라고 말했지만, 반대한다는 말이 반드시 그런 학교를 금지하길 바란다는 의미는 아니다. 나는 사람들이 하고 싶어 하는 여러 가지 행동에 반대하지만, 그렇다고 그 행동을 금지하는 데 투표하지는 않을 것이다. 실제로 지금까지 나는 당신에게 사립학교나 선별학교를 이용하길 바라는 사람들에게 집단적으로 맞서고, 그들의 의지를 우리 의지에 종속시킬 것을 촉구했다. 이보다 심각한 문제는, 그런 사람들이 자신의 바람이 정당화될 수 있다고 믿는다면, 혹은 도덕적으로 요구된다고까지 믿는다면, 우리가 사립학교나 선별학교를 폐지하는 법에 투표하는 것이 그들의 의지를 꺾는 일일 뿐만 아니라, 우리와 관점이 다른 사람들에게 우리의 도덕적 관점을 강요하는 일이라는 것이다. 반대를 법제화하는 일에는 더욱 더 조심스러워야 한다. 그렇다고 우리가 **절대로** 이런 식의 집단적인 행동을 하지 말아야 하는 것은 아니다. 대부분의 사람은 도덕적으로 소득세에 반대하는 사람일지라도 자기 몫의 세금을 내야 한다고 생각한다.

나는 학교법을 급진적으로 바꾸어야 한다는 제안을 정당화하기 위해 다음과 같은 사실을 밝히고자 했다. 누군가는 자신이 하고 싶어 하는 일을 하지 못하게 금지당하거나, 스스로가 도덕적으로 허용되고 요구되는 것이라고 믿는 행동을 하지 못하게 금지당할지 모르지만, 여전히 그런 행동을 할 수 있는 **권리** 자체를 누구도 박탈당해서는 안 된다는 사실 말이다. 게다가 우리에게 다른 시민을 정의롭게 대해야 할 의무가 있다는 것은 무엇보다도 우리가 기회의 평등을 촉진하는 법 아래서 살아가고 있다는 뜻이다. '가족적 가치"는 기회가 균등해져야 하는 정도를 제한하지만, 가족적 가치를 존중한다고 해서 반드시 사립학교나 선별학교를 허용해야 하는 것은 아니다. 물론 법이 어때야 하는지를 논할 때, 현실의 고려사항들은 원칙과 실천 사이의 중대한 간극을 만들어낼지도 모른다.(주어진 법 아래서 사람들이 어떻게 행위해야 하는지에 대해서는 아직 다루지 않았지만, 2부에서 주로 다루게 될 것이다.) 그러나 그런 간극을 감안하더라도, 나는 여전히 사립학교나 선별학교를 폐지해야 한다고 주장했다. 그리고 그렇게 할 때의 이익은 기회의 평등, 공평, 공동체, 경제적 효율성 등의 모든 측면에서 상당할 것이다.

이런 이익을 '사회적 유익'이라고 부르기도 하는데, 이 말은 그 자체로 유익을 누리는 주체가 개인을 넘어서는 '사회'인 것처럼 보인다. 하지만 이는 사실이 아니다. 그런 유익을 누리는 주체는 모든 개인이다. 다시 말해, 인생의 공평한 출발선에 서게 되고, 다양한 배경과 다양한 수준의 능력이 있는 아이들과 함께 학교를 다님으로써 풍성한 교육적 경험을 하게 되며, 경제적 생산성도 높아지게 되는 것은 개인에게 유익한 것이다. 충돌은 '개인'과 '공동체' 사이에 있는 것이 아니라 한 개인과 다른 개인 사이에만 있을 뿐이다. 부모가 자녀의 이익을 특히 중시하는 것이 정당화될 수 있다 할지라도, 그것이 많은 사람에게 큰 대가를 지불하게 한다면 이는 너무 나간 것이다. 바로 이것이 사립학교나 선별학교를 폐지할 때 상황이 악화되는 누군가라도 여전히 그런 학교를 폐지하는 법에 투표해야 하는 이유다.

# 2부

## 주어진 법 아래서 학교 선택하기

이 책의 1부는 다소 이상적이었다. 나는 아직 정치적 의제가 되지도 않은 문제에서 당신이 어떻게 투표해야 하는지를 설득했다. 이 문제가 의제화되지 못한 까닭은, 부분적으로는 충분히 많은 사람이 그에 동의하지 않기 때문이기도 하고, 다른 한편으로는 내가 제시하는 관점이 유럽인권재판소 같은 기구들이 인간의 권리로 간주할 법한 내용을 침해하고 있기 때문이다. 내 생각에는 그들이 틀렸지만, 그들이 권위 있는 기관이므로 그들의 말이 곧 법이다. 따라서 내가 많은 사람을 설득하여 사립학교 폐지를 위한 법에 민주적으로 투표하더라도, 우리의 그런 결정은 불법으로 규정될 것이다.

그러나 나의 논의가 완전히 유토피아적인 것만은 아니다. 나는 학교가 실제로 작동하는 방식에 대해 현실주의적 태도를 취하고 싶었고, 따라서 현실 세계에서의 실현가능성에 대한 제약도 고려했다. 우리가 투표해야 할 학교법은 주어진 선택지가 무엇인지에 따라 달라진다. 그리고 그 선택지는 다양한 교육제도가 실제로 어떻게 작동하는지에 관한 여러 구체적인 요인에 따라 달라진다. 내 주장인즉, 그런 요인들을 모두 고려했을 때, (다른 장점들 외에도, 부모-자녀간 특별한 관계를 적절하게 고려했을 때) 사립학교와 선별학교의 전면적 폐지가 매우 현실적이라는 것이다. 그런 제도를 시행하더라도 부모가 자녀에게 자유롭게 해줄 수 있어야 하는 일들은 방해받지 않을 것이다.

그러나 현실 세계를 조금 더 직접적으로 마주해보자. 교육제도가 어떠해야 하는가에 대한 우리의 정치적 견해가 무엇이든, 그리고 나와 다른 사람들에게 마땅히 주어져야 한다고 생각하는 선택지가 무엇이든, 우리는 지금 여기 실제로 주어진 선택지 중 한 학교를 선택해야 한다. 1부에서의 논의는 특정한 아이의 부모로서 특정한 선택지를 마주하는 우리에게 무엇을 함축할까? 어떤 맥락의 어떤 선택이 정당화될 수 있을까?

2부에서는 자녀를 자신이 반대하는 학교에 보내는 부모가 가장 흔히 사용하는 정당화 혹은 변명을 쭉 살펴볼 것이다. 내 목표는 사람들이 이 문제에 대해 흔히 생각하는 바를 충실히 좇아가면서, 그중 잘 알려진 형태들부터 논의를 시작하고, 이를 1부에서 개진한 철학적 사유에 비추어보는 것이다. 나는 내가 들어본 모든 정당화를 다룰 것이다. 혹시 그 밖의 다른 정당화를 알고 있다면, 혹 그것이 본질상 여기서 논의된 정당화의 변형은 아닌지 생각해보길 바란다. 만일 그것도 아니라면 나에게 알려주기 바란다. 새로운 방식의 자기정당화를 알게 되는 것만큼 기쁜 일은 나에게 없다.

구체적인 정당화로 들어가기에 앞서 위선, 비일관성 그리고 진정성에 관한 일반적인 논점 몇 가지를 명확히 할 필요가 있다. 앞으로 살펴보겠지만, 위선과 비일관성을 피하기는 쉽다. 진정성 있게 행동하는 것은 조금 더 어렵지만 그렇게 힘든 일은 아니다. 부모가 단지 진정으로 믿는 신념에 따라 일관성 있게 행위하면서 위선을 피하는 것은 그리 중요한 일이 아니다. 그들의 신념이 과연 옳은지가 중요한 것이다. 자신이 폐지해야 한다고 주장하는 학교에 자기 아이를 보낼 때, 그 부모는 정말 옳은 일을 하는 걸까? 신념에서 일관성만 따지는 것은 충분하지 않다. 사람들이 믿어도 될 만한 옳은 신념이 무엇인지 고민할 필요가 있다.

## 6장

# 위선, 진정성, 그리고 정당한 선택

## | 위선

사전적 의미를 살펴보면, 위선자란 '실제로 그렇지 않으면서도 스스로를 도덕적이거나 종교적이라고, 혹은 남들보다 고차원의 감정 혹은 신념을 갖고 있다고 공언하는 사람, 즉 위선에 빠진 사람'이다. 그리고 위선이란 '도덕적인 척 가장하거나 자신의 성품이나 행동에 일치하지 않는 신념을 거짓으로 주장하고 위장하는 경우'를 뜻한다. 이 정의에 따르면, 위선을 피하기 위해 해야 할 일은 자기에게 없는 신념을 주장하지 않는 것뿐이다. 만일 그렇다면 문제는 간단하다. 자녀를 사립학교에 보내는 사람이 있다면, 이 사실 자체가 사립학교는 존재해도 된다고 이 사람이 믿는다는 것을 말하는가?

그렇게 물어본다면 답은 꽤 명백하다. 당연히 그렇지 않다. 쉬운 예를 들어보겠다. 사립학교 교육이 공립학교에 다니는 아이들에게 나쁜 영향을 미친다고 생각하는 부모가 있다고 해보자. 사립학교가 있기 때문에 자기 집 근처 종합중등학교는 만족스럽지 않다. 사립학교가 없었다면 종합중등학교도 충분히 좋은 학교일 것이다. 사립학교가 있기 때문에 종합중등학교는 부실한 학교가 되었다. 따라서 이 부모는 어쩔 수 없이 자녀를 사립학교에 보내면서도 자신이 그럴 필요가 애초에 없었기를 바란다. 단지 사립학교가 존재하기에 자신은 그렇게 할 수밖에 없었다고 믿는 것이다. 여기에는 아무런 위선도 없다. 이 사례는 우리가 논의해야 할 수많은 예시 중 하나에 불과하지만, 사람들의 행동에서 그들의 정치적 신념을 추론하는 데 매우 조심스러워야 한다는 점을 충분히 잘 보여준다. 자녀를 사립학교에 보내는 사람이 사립학교 폐지론을 주장한다고 해서 반드시 거짓말쟁이가 되는 것은 아니다.

모두가 이런 부모 같다는 말이 아니다. 분명 말로는 진보적인 혹은 정치적으로 올바른 신념을 공언하면서도 실제로는 이를 믿지 않기 때문에 위선적인 사람들도 있다. 결정적인 상황이 올 때 이들은 자신이 주장했던 신념대로 행동하지 않을 것이다. 하지만 결정적 상황이 과연 언제일지는 조심스럽게 판단할 필요가 있다. 누군가가 정말 사립학교를 폐지해야 한다고 믿는지 확인하려면, 그 사람이 **자신의 표가 결정적인 한 표임을 아는 상황에서** 사립학교 폐지에 투표하는지 보아야 한다. 여기서 강조된 문구가 중요한 이유는 다음과 같다. 내 추측에 어떤 사람들은 자신이 지지하는 (실제로 믿지는 않지만) 정치적 신념을 공언할 뿐 아니라 그 신념에 따라 투표하기까지 하는데, 왜냐하면 자신이 투표에서 질 거라고 확신하기 때문이다. 자기 관점이 소수 의견에 해당하며 어떤 경우라도 승리하지 못할 것임을 안다는 것은 투표할 때조차 높은 도덕적 기준을 안전하게 지킬 수 있게 해준다.

누군가의 '정치적 신념'은 서로 다른 두 가지를 가리킬 수 있다. 하나는 공공 정책에 적용되어야 한다는 정치적 원칙이다. 그는 사회·정치적 제도가 그 원칙에 따라야 한다고 보고, 관련 제도를 어떻게 조직해야 할지 결정하는 문제에서 그 원칙에 따라 투표할 것이다. 다시 말해, 이것은 어떤 법을 선택할지 결정하는 데 쓰이는 원칙이다. 다른 하나는 한 개인이 직면한 사회·정치적 제도와 관련해서 개인의 행동에 적용되어야 한다는 원칙이다. 이는 주어진 법 아래서 어떤 선택을 할지 결정하는 데 쓰인다.

어떤 사람을 만났는데 이 사람의 정치적 신념이 다음과 같다고 해보자. 이 사람은 정부가 제공하고 모두가 누릴 수 있는 교육보다 더 나은 교육에 부모가 돈을 쓰는 것은 어느 경우든 잘못이라고 생각한다. 그런데 알고 보니, 그는 자기 아이를 비싼 사립학교에 보내고 있었다. 그런 사람에게는 정말로 위선의 책임이 **있다**. 그 사람의 행동은 자신이 공언하는 신념과 정면으로 모순되기 때문이다. 하지만 이 책의 주제는 그런 종류의 신념이 아니다. 내 관심사는 '어떤 부모가 사립학교를 선택했음에도 이러한 선택이 학교법에서 허용되어서는 안 된다고 일관적으로 믿을 수 있는지, 나아가 그런 법에 찬성하는 법에 진심으로 투표하고 싶어 할 수 있는지(심지어 자신의 표가 결정적 한 표인 상황에서도)'이다. 이것이 가능하다는 것을 밝힐 수 있길 바란다.

'정치적 신념'이라 불리는 두 가지, 곧 '법 자체에 적용하는 원칙'과 '주어진 법 아래서 개인적인 행위에 적용하는 원칙'을 구분한다면, 일관성은 대단히 이루기 쉬운 목표가 된다. 나는 상당히 단순한 사례를 들어 설명을 시작했다. '사립학교나 선별학교가 존재하기 때문에 소위 종합중등학교로 불리는 학교 중 일부는 충분히 좋지 않아 보인다. 이것은 사립학교나 선별학교에 반대하는 투표를 해야 하는 이유인 동시에, 자녀를 그런 학교에 보내는 것이 정당한 이유이기도 하다.' 또 다른 예를 들어보겠다. 이번에는 당신이 덜 공감할 수도 있겠지만, 좋으나 싫으나 이 예시에서도 일관성은 여전히 유지된다.

다음과 같이 생각하는 부유한 부모가 있다고 상상해보자.

학교법을 바꾼다면 내 아이가 최상위권 교육을 받지는 못하겠지만 교육제도가 좀 더 공평해지겠죠. 내 아이에겐 최상위권 교육을 못 받는 것이 손해겠지만, 더 공평한 교육제도를 통해 많은 사람이 혜택을 입을 겁니다. 저는 이 사회의 아이들이 더 나은 교육적 정의를 누릴 수 있다면, 우리 아이의 최상위권 교육을 희생할 수 있습니다. 그래서 저는 학교법 개정에 투표할 의지가 있습니다. 하지만 다른 시민들은 모두 사립학교나 선별학교를 허가하는 쪽에 투표할 겁니다. 그래서 사회 전체의 교육적 정의는 선택지에 없습니다. 나는 내 아이의 최상위권 교육보다 기회의 평등을 선호하지만, 사회 전체의 교육적 정의가 크게 향상되는 것이 아니라면 내 아이의 최상위권 교육을 포기할 수 없습니다. 저만 종합중등학교에 아이를 보낸다고 해서 교육이 크게 개선되지는 않을 겁니다. 그래서 저는 아이를 윈체스터에 보냅니다.

여기서 윈체스터가 사립학교와 선별학교의 폐지 이후 개선될 집 근처 종합중등학교와 비슷한 수준의 학교라고 볼 수는 없다. 사립학교와 선별학교는 현행법상 허용되므로 교육적 정의는 선택지에 없고, 그런 상황에서 이 부모는 가능한 한 최고의 학교를 노린다. 이 부모는 정말 사립학교가 불공평하기 때문에 존재해서는 안 된다고 믿는가? 그렇다. 그렇다면 아이를 윈체스터에 보낼 때, 그 믿음과 일관되게 행동하는 것인가? 그렇다. 이 부모는 모든 아이가 기회의 평등을 누리는 사회를 이루기 위해서라면 기꺼이 자기 아이를 '희생'할 것이다. 그러나 그런 일이 일어날 수 없기 때문에, 이 부모는 아이에게 최상위권 교육을 시켜주고 싶어 하고, 그 때문에 자신의 아이가 불공평한 우위를 갖게 되더라도 기꺼이 그렇게 할 것이다.

여기서 얻을 수 있는 한 가지 교훈이라면, 일관성을 지키는 것이 매우 쉽다는 점이다. 그러나 또 다른 교훈은, 일관성에 대한 강조가 일종의 논점 일탈의 오류를 범할 수 있다는 점이다. 중요한 것은 자신의 신념에 일관성이 있는지가 아니라, 그 **신념이 정당화될 수 있는지**, 그 신념을 지지하는 것이 옳은 일인지다. 위 사례에 등장하는 부모는 일관적이라고 할 수 있다. 하지만 말도 안 되는 관점들도 여전히 일관적일 수 있다. 굳이 일관성이 아니더라도 관점들은 매우 다양한 이유에서 말이 안 되거나 아니면 단순히 틀린 관점일 수 있다. 내가 아는 한 엄마는 자기 아이가 바이올린을 들고 집 근처 종합중등학교에 다닌다면 무자비한 괴롭힘을 당할 거라고 생각한다. 그녀는 잘못된 경험적 신념을 갖고 있다. 다른 한 부모는 자녀에게 가능한 한 최선의 교육을 시켜줄 권리가 부모에게 있다고 생각한다. 그렇게 했을 때 다른 많은 아이가 불공평하게, 그리고 심각하게 불리해지더라도 말이다. 이 부모는 잘못된 도덕적 신념을 갖고 있다. 경험적 신념과 도덕적 신념 모두 행동의 정당성에 영향을 미친다. 우리가 관심을 두어야 하는 것은 부모가 위선을 피하면서 **옳은** 신념을 가질 수 있는지다. 이는 신념이 무엇인지 확인하는 문제만은 아니다. 그 신념을 평가하기도 해야 하는 것이다. 그 후에야 비로소 자신이 폐지해야 한다고 생각하는 학교에 자녀를 보내는 것이 정당화될 수 있는지를 알 수 있을 것이다.

## 진정성

이 문제와 관련해서 모순이나 위선이 개입될 필요는 없다는 점을 내가 충분히 설득했기를 바란다. 계속해서 나는 특정 상황에서는 자녀를 종합중등학교에서 빼내는 일이 정당화될 수 있다는 점을 주장하려고 한다. 그렇다고 모든 사람이 언제나 위선적이지 않거나 일관적이라는 말도 아니고, 그들의 행위가 언제나 정당화된다는 말도 아니다. 지금까지의 모든 예시에서 부모들은 학교 문제와 관련해서 위선적이거나 일관적이지 않을 소지가 충분히 있다. 또 그렇지 않다 하더라도, 잘못된 신념을 따르고 있을 소지도 있다. 이것은 그들만큼이나 나에게도 도덕적 문제를 일으킨다.

내 주장은 한편으로 그런 부모들을 면책해주는 것처럼 보인다. 내 주장의 설명에 따르면 부모 자신이 (당연히) 없어져야 한다고 생각하는 학교에 자녀를 보내는 것은 반드시 위선적이지도 않으며, 심지어 정당화될 수도 있다. 부모들에게 죄책감을 느낄 필요가 없다고 안심시켜줄 뿐 아니라, 양심을 깨끗하게 하기 위해 무엇을 믿어야 할지도 일러주는 것이다. 따라서 이 책이 위선을 **독려할** 위험은 분명히 있다. 이 책에 담긴 정당화에는 바로 동의하면서도 그 정당화를 이루는 주장들은 믿지 않는 사람들이 생길 수도 있다. 당연한 말이지만 다시 분명하게 말하겠다. "**신념을 진정성 있게 갖고 있지 않으면서도 그렇다고 생각하는 부모는 위선자에 해당한다.**"

이 말이 진정성이 흔들리는 이들에게 도덕적 건강을 위한 경고가 되면 좋겠다. 그러나 진짜 문제는 이보다 심각하다. 사람들이 진정으로 무언가를 믿게 되는 과정에는 일관성을 지키려는 바람과 정당화된 행위를 하고 싶은 바람 등을 포함해 다양한 요소가 작동하고, 바로 여기에 더 은밀한 위험이 자리한다. 사람들은 자신이 선호하는 결론을 합리화시켜서, 자신에게 편리한 생각을 진짜 자기 생각으로 만드는 데 능숙하다. 이러한 자기기만은 놀라운 결과를 만들어낸다. 우리는 참이었으면 하는 신념을 지지하는 증거는 찾아내고 그 반대 증거는 무시하는 데 전문가다. 그렇기에 자기 아이를 편애하면서도 정치적으로 올바른 신념을 유지하기 위해 어떤 신념을 가지면 되는지를 내가 이렇게 알려주는 것이, 부모들로 하여금 자기 필요에 따라 갖게 된 신념을 자신의 진정한 신념으로 믿게 할까 심히 우려된다. 완전히 진정성 있는 신념이라도 완전히 잘못된 것일 수 있다. 자기 딸이 집 근처 종합중등학교에 바이올린을 들고 간다면 괴롭힘을 당할 거라고 믿던 부모는 진짜로 그렇게 믿고 있었다. 그 부모는 틀렸지만, 그렇다고 거짓말을 하고 있던 것은 아니다.

자기기만이라는 비난을 온전히 피하려면, 해당 신념을 진정으로 가질 뿐 아니라, **옳은 이유로** 가져야 한다. 바이올린으로 인한 괴롭힘의 예시 같은 경험적인 믿음이라면, 적절한 근거가 있어야 한다. 그 엄마가 교문 밖에서 30분만 기다렸더라면, 종합중등학교에도 많은 아이가 악기를 들고 오기 때문에 누구 한 명을 조롱의 대상으로 삼을 수 없다는 사실을 깨달았을 것이다. 또 학교 순위표를 주의 깊게 들여다보면, 종합중등학교에서도 자기 아이가 잘 해낼 수 있으리라는 사실을 많은 부모가 깨달을 수 있을 것이다. 어떤 부모는 별로 대표성도 없는 일화들을 철썩같이 믿으면서 공립학교가 좋지 않다고 성급하게 믿어버린다. 그렇게 믿는 이유가 자신에게 편리해서가 아니었는지, 혹은 어떤 경우라도 어차피 똑같은 선택을 내렸을 자신의 양심을 달래기 위해서는 아니었는지 강한 의심이 든다. 이 책을 읽고 내 주장이 위선이나 과도한 편파성에 대한 변명이 될 수 있다고 느끼는 부모라면, 자신이 어떤 이유에서 해당 신념들을 가지고 있는 것인지 심각하게 고민해볼 필요가 있다. 과연 자신의 신념이 그냥 편리해서가 아니라 정말 탄탄한 근거 위에 세워진 것인지를 말이다. (이 논점을 다음과 같이 일반화해 볼 수도 있다. 어떤 주장이 나의 이해관계를 정당화하는 경향이 있다면, 그 주장은 언제나 특히 더 의심해봐야 한다.)

진정성이 없어도 괜찮다는 독려가 되거나 사람들이 진정으로 신념을 가지게 되는 과정을 왜곡할지도 모른다는 위험 때문에 나는 이 책을 쓰지 말까도 생각했다. 그런데도 이 책을 **쓰게 된** 한 가지 이유가 있다면, 바로 사람들이 자신이 정말로 믿고 있는 바가 무엇인지 알아낼 수 있도록 돕기 위해서였다. 그것이 내 바람이다. 어떤 독자들은 자기 아이가 다른 아이들보다 더 좋은 교육을 받을 수 있도록 부모가 돈을 쓰는 것이 잘못이라고 믿는다고 **생각하면서도, 실제로는** 다른 것을 믿고 있다는 사실을 발견할지도 모른다. 어쩌면 실제로 믿고 있는 것은 모든 아이가 적절하고 공평한 교육을 받도록 사회를 조직해야 하며, 부분적으로는 이 목적을 달성하기 위해 부모가 그 이상의 교육에 돈을 지불해서는 안 된다는 생각일 수도 있다. 잘못을 저질렀을 때 사람은 죄책감을 느껴야 한다. 죄책감은 선을 향한 강한 동력이 될 수 있다. 하지만 잘못한 게 없는데도 죄책감, 위선, 의지박약을 느끼는 것은 그 사람들에게 전혀 도움이 되지 않는다.

내가 이 책을 쓰게 된 이유가 하나 더 있다. 부모들에게 도덕적 면책을 허용하는 일에는 양면이 있다. 사립학교 폐지를 지지하는 부모가 일관성을 잃지 않고 아이를 사립학교에 보낼 수 있다는 말은 참이다. 하지만 이를 뒤집으면, 아이를 사립학교에 보내고 있는 부모라도 일관성을 잃지 않고 사립학교를 폐지해야 한다고 생각할 수 있다는 말이다. [지적] 혼란은 정치적 행동에 장애물이 될 수도 있다. 자녀를 사립학교에 보내는 것이 정당하다고 생각하는 부모는 때로 자신이 사립학교 폐지를 지지할 수 없다고 생각하고, 그렇기 때문에 사립학교가 금지되어야 한다는 신념을 포기해버린다. 자신이 아이에게 불공평한 우위를 부여하는 선택을 내렸고 그 선택이 정당하다고 생각한다면, 더 이상 자신은 기회의 평등과 같은 가치에 헌신할 수 없다고 생각하는 것이다. 그러나 꼭 그런 결론에 이르러야 하는 것은 아니다. 자기 아이를 사립학교에 보내는 것이 사립학교 폐지 운동에 참여하지 못하는 이유가 되지는 않는다.

오히려 아이를 사립학교에 보내는 부모라면 **특히** 더 기회의 평등에 기여해야 할지도 모른다. 비록 자기 아이가 남들보다 좋은 교육을 받도록 돈을 쓰는 일이 정당화된다 할지라도, 그런 부모는 여전히 다른 아이들의 교육을 불공평하게 악화시키는 행위에 동참하는 것이다. 더구나 다른 아이들의 교육적 경험이 절대적인 기준에서도 악화되고 있을지도 모른다. 자기 선택이 정당화되었다 하더라도, 이들은 사회를 부정의하게 만드는 데 공모 관계에 있고, 따라서 더 공평한 학교법 제도라는 정치적 목표를 위해 특별히 더 힘써야 한다. 학교 선택만큼은 아니라도, 그보다 낮은 수준에서 다른 방법을 통해 불공평함을 완화해야 할 특별한 이유가 있는 것이다. 공평한 교육제도는 오직 정치적 의사결정으로 성취될 수 있지만, 그렇다고 우리가 개인으로서 공평성에 어떤 기여도 할 수 없다는 뜻은 아니다. 아이를 공교육에서 빼내는 행동이 정당하다고 생각하는 부모라도, 그 결정이 다른 아이들에게 미칠 악영향을 완화시키고자 행동할 수 있다. 예를 들어, 자기 아이가 집 근처 종합중등학교에 다니지 않더라도 시간과 돈과 힘을 들여 그 학교를 도울 수 있는 것이다.

## ▎조금 더 공평한 사회 만들기 ─ 교육 vs 돈

이 문제에서 사람들을 위선이라는 비난으로부터 벗어나게 해주는 것이 무엇인지 명확히 해보자. 모든 아이에게 공평하고 적절한 교육을 제공하는 학교법과 같은, 정치적 수단을 통해서만 달성될 수 있는 좋은 것들이 있다. 개인이 자기 아이를 두고 내리는 결정이나 본인의 행동만으로 이런 목표를 달성하는 것은 역부족이다. 더 심각하게도, 현행 학교법 아래에서는 개인으로서의 부모가 자신이 반대하는 부정의를 지속시키거나 오히려 더욱 강화시키는 데 기여하는 행동이 정당화된다. 여기서 위선을 회피하기 쉬운 까닭은 우리가 추구하는 목표가 명백히 정치적인 목표이고, 따라서 조직된 정치적 행동을 통해서만 현실적으로 달성될 수 있기 때문이다. (굳이 '현실적으로 달성할 수 있다'고 한 까닭인즉, 사립학교가 학교법상 허용되는 경우에도 모든 사람이 자발적으로 이를 이용하기 않기로 한다면 어떤 부정의도 초래되지 않는 경우가 **가능**은 하기 때문이다. 따라서 학교법 개정을 통해서만 조직된 행동을 이끌어내야 하는 것은 아니다. 하지만 이런 주장은 현실에선 아무런 의미도 없다.)

모든 아이가 공평하고 적절한 교육을 받을 수 있는 사회를 구축하자는 정치적 목표는 개인의 단독 행위로 달성될 수 없다. 이 점은 앞의 논증에서 중요한 역할을 한다. 하지만 동시에, 개인으로서는 이 목표에 **아무런** 기여도 할 수 없다는 사실 역시 중요할 수 있다. 부실해 보이는 집 근처 종합중등학교에 자녀를 보내는 것은 아이에게 끔찍한 일일 뿐만 아니라, 다른 아이들이 받는 교육을 개선하거나 교육의 분배가 공평해지는 데 아무런 도움이 안 될 수도 있다. 똑똑하고 동기부여가 잘 된 아이들을 모두 진정한 의미의 종합적인 중등학교로 보낸다면 다른 아이들은 동료효과를 통해 유익을 얻게 될 것이다. 하지만 집 근처의 소위 종합중등학교라는 곳에서 다른 똑똑한 아이들을 모두 걸러낸 뒤 한 명의 똑똑한 아이만 그곳에 보낸다면, 다른 아이들에게 아무런 도움도 안 될 것이며 오히려 그 아이는 좋은 먹잇감이 될 것이다.

이 문제가 얼마나 유의미한지 보기 위해 위선이라는 비판이 제기되는 또 다른 쟁점과 비교해보자. 돈의 분배라는 문제에서 어떤 사람은 지금보다 더 평등한 돈의 분배를 지지하고, 따라서 증세 법안에 기꺼이 투표할 거라고 말한다. 법안이 통과된다면 그 사람은 자기보다 불운한 사람들을 위해 재산의 일부를 내놓아야 함에도 말이다. 그런데 법안이 통과되지 못했다고 해보자. 그 사람은 자기 재산의 일부를 남들에게, 즉 그가 생각하기에 마땅히 그 돈을 가져야 한다고 생각하는 사람들에게 자발적으로 넘겨줄 수도 있지 않을까? 혹은 코헨[1]의 말을 인용해볼 수도 있다. "당신이 평등주의자라면, 어째서 그렇게 부자인 거요?"

증세에 찬성하는 사람들이 모든 사회구성원에게 사회 정의가 보장되는 사회를 추구한다는 것은 사실이다. 그러나 동시에, 그들이 자신의 몫이 아니라고 생각하는 재산의 일부를 남들에게 나눠준다고 해서 그런 사회가 쉽사리 이루어지지 않는 것도 사실이다. 그렇다면 돈의 분배에서 정의의 문제는 교육에서의 정의 문제와 마찬가지로 정치적인 목표인 것이 분명하다. 하지만, 그들이 자기 재산 중 부당한 초과분을 남들에게 나눠준다면 사회는 분명히 지금보다 정의로워진다. 마땅히 가져야 할 것보다 적게 가진 사람이 누구인지 올바르게 파악하고, 자신이 마땅히 가져야 할 것보다 더 많은 재산이 있다고 올바르게 판단한다면, 이때 불운한 사람에게 자기 재산을 나눠주는 행위는 실로 그 사회에서 더욱 정의로운 자원 분배를 초래한다. 이 경우 위선이라는 비판은 더욱 타당해진다. 당신이 사회 정의를 추구하는 사람이고, 개인적 행동이 사회를 보다 정의롭게 만들 수

---

[1] 제럴드 코헨(G. A. Cohen), 1941~2009. 캐나다의 마르크스주의 정치철학자.

있다고 생각한다면, 어째서 그렇게 하지 않는가? 어째서 말한 대로 실천하지 않는가?

이 물음에 다음과 같이 답할 수도 있다.

저는 사회 정의를 추구합니다. 그리고 전적으로 공평한 사회를 만들기 위해 기꺼이 저의 재산 중 부당한 초과분을 포기할 겁니다. 그런 거시적인 목표를 위해 희생하는 것은 괜찮습니다. 하지만 그보다 작은 목표를 위해서는 곤란합니다. 당신의 말처럼 그저 개인적인 희생을 통해서도 사회가 조금은 더 공평해질 수도 있습니다. 하지만 그건 제가 가진 것을 내놓을 만큼 가치 있는 일은 아니네요.

이는 교육제도의 변화를 위해 자기 아이의 교육을 희생할 수도 있지만, 그 정도의 큰 변화가 아니라면 자기 아이를 윈체스터에 보내는 것이 정당하다고 생각하는 부모의 입장과 같다. 두 사례에서 모두 비일관성이나 위선을 찾아보기는 힘들다. 특히나 그들의 목표가 정치적인 목표라는 것이 이를 보장한다. 이 이야기는 일관성 문제가 논점 일탈의 오류에 해당한다는 점을 다시 한 번 보여준다. 하지만 이 경우, 아까의 사례와 비교하여 이상한 점이 있다.

부유한 평등주의자가 마주하는 분명한 질문은 이것이다. 사회 정의를 믿으면서도 **왜** 정작 사회를 더 정의롭게 만들기 위해 할 수 있는 일을 하지 않는가? 그런 사람이 논리적으로 일관적인 것은 맞지만, 자신이 두 관점을 동시에 지지하는 이유를 해명하기란 쉽지 않을 것이다. 부유한 평등주의자는 자신과 같은 사람들에게서 돈을 강제로 빼앗아 다른 사람들에게 주게 하는 세법을 만들어야 한다고 생각할지도 모른다. 이것은 정책이 어떠해야 한다는 신념에 해당한다. 그런데 가져야 할 만큼보다 많이 가진 사람들이 덜 가진 사람들에게 돈을 나눠줘야 한다고는 생각하지 않는 이유가 무엇일까? 이것은 개인의 행동에 대한 신념 문제가 아닌가? 코헨이 유쾌하게 논의한 것처럼 여러 가지 좋은 답변이 있을 수 있겠지만, 사실 꽤 복잡한 문제다. 교육의 사례는 돈을 분배하는 사례와는 다른데, 부모 개개인이 자녀를 집 근처 종합중등학교로 보낸다 해도 사립학교 폐지를 통해 이루게 될 가치를 달성하는 데 전혀 도움이 되지 않을 수 있기 때문이다. 교육의 경우에는 돈을 재분배하는 경우보다 미시적인 사안과 거시적인 사안의 간극이 더 크다.

몇 가지 주의사항이 있다. 첫째, 나는 개인으로서의 부모가 하는 독자적인 선택이 다른 아이들의 교육을 개선하는 데 절대로 기여할 수 없다고 하는 것은 아니다. 한 아이가 종합중등학교에서 빠져나갈 때 이것이 기회의 평등에 전혀 영향을 미치지 않는다는 말도 아니다. 나는 9장에서 이런 주장들을 참이나 거짓으로 만드는 조건을 다룰 것이다. 지금의 요점은 그러한 주장들이 참이 될 수도 있다는 점이다.

둘째, 그런 주장들이 거짓이라 하더라도 위선을 피할 수 있는 길이 있다. 자녀를 윈체스터에 보낸 부모라도 일관적이라는 앞선 사례를 떠올려 보자. 그 부모는 자기 아이를 집 근처 종합중등학교에 보낸다면 그 학교에 다니는 다른 아이들에게 **무엇인가는** 도움이 될 거라고 생각한다. 또한 자기 아이를 윈체스터에 보낸다면 다른 남겨진 다른 아이들의 기회의 평등을 훼손하게 될 것이라고도 생각한다. 하지만 이 부모에게 두 가지 주장 모두 고민거리가 되지 않는 이유가 있다. 그것은 바로, 자기 아이에게 최고의 교육을 제공하는 것이 모든 아이를 위한 교육적 정의보다 덜 중요할지 몰라도, 몇몇 아이들만을 위한 교육적 정의보다는 더 중요하다고 생각하기 때문이다. 이 경우는 관점이 일관적이기는 해도 여전히 개연성이 낮을 수 있다는 점을 다시 보여줄 뿐이다.

셋째, 어쩌면 가장 중요한 것은, 자녀를 종합중등학교에 진학시키는 것이 교육적 정의를 개선하는 데 정말 **도움이 된다**는 것을 인정하는 부모라도, 자녀를 집 근처 종합중등학교에서 빼내는 것이 일관성을 지킬뿐더러 옳은 일일 수도 있다는 사실이다. 자녀를 사립학교에 보내는 일은, 다른 아이들의 상황을 조금 악화시키지만, 여전히 정당화될 수 있다(사립학교 폐지에 찬성하는 일과 일관적일 수도 있다). 1부에서 살펴본 부모의 정당한 편파성 덕분에 부모는 자기 아이의 이익에 특별한 비중을 둘 수 있다. 물론 부모의 정당한 편파성이 적용되는 범위에도 제한이 있고, 그 제한은 일반적인 생각보다 더 엄격할지도 모른다. 그럼에도 특정 상황에서 부모는 자신이 폐지해야 한다고 믿는 학교에 자녀를 보낼 수 있고, 그것이 옳을 때도 있고 아닐 때도 있다. 그 선택이 다른 아이들의 상황을 불공평하게 악화시킨다는 사실을 알면서도 말이다.

## ▎결론

조지 월든[2]은 다음과 같이 말한 바 있다.

> 위선은 우리를 조금씩 좀먹어 갑니다. 자신의 말과 행동의 괴리를 더 이상 인식하지 못하거나, 양심에 따라 행동할 필요를 전혀 느끼지 못할 때, 합리적인 사람도 위선에 빠집니다. 진보적인 중산층은 말로는 종합중등학교를

---

[2] 조지 월든(George Walden). 1939~. 영국의 기자, 전 보수당 의원이기도 했다. 1985~1987년 영국 고등교육부 장관을 역임했다.

지지하면서도, 정작 자기들은 그 학교에 없습니다. 마치 부패한 종교의 사제처럼, 그들은 공적인 장소에서 온갖 경건한 척을 다 하지만 사적인 영역에서는 하고 싶은 대로 행동합니다. 요점은 교육 영역에서 위선은 점점 규범이 되고 있다는 사실입니다.

나는 진보적인 중산층 가운데 양심과 행동이 어긋나는 위선적인 사람이 얼마나 많은지 알지 못한다. 어쩌면 월든의 말대로 위선이 규범이 되었는지도 모른다. 이상적인 종합중등학교를 지지하지만 그런 학교에 자기 아이를 보내지는 않는 사람들 가운데 상당수는 틀림없이 의지가 약하거나 자기 아이가 '특수한 경우'에 해당한다고 성급하게 확신하는 사람들이다. 어쩌면 누군가는 그저 거짓말을 하고 있는지도 모른다. 또 어쩌면 누군가는 잘못된 경험적 신념만을 붙든 채 비일관성을 피하고 있는지도 모른다. 아니면 잘못된 도덕적 신념을 붙든 채 그러고 있는지도 모른다. (자녀가 바이올린을 가지고 집 근처 종합중등학교를 다니게 되면 괴롭힘을 당할 거라는 생각은 설령 진실이라 하더라도 자녀를 종합중등학교에서 빼내기 위한 썩 좋은 이유는 아닌 것 같다.) 무엇이 옳은지는 쉽게 말할 수 없는 문제다.

확실한 것은, 자기 아이를 종합중등학교에 보내지 않으면서 모든 아이가 종합중등학교에 다니기를 원하는 것도 일관적일 수 있다는 사실이다. 월든은 '말로는 종합중등학교를 지지하면서, 정작 자기들은 그 학교에 없는' 사람들이라고 하면서 속임수를 쓰고 있다. 내가 생각할 때 '종합중등학교를 지지한다'는 말은 '종합중등학교의 전면화(all-state comprehensive system)에 찬성'한다는 뜻이다. 우리는 지금의 종합중등학교가 모든 아이에게 적절하지는 않다고 생각하더라도 **이런 주장에 찬성**할 수 있다. 월든의 비유에서 사제들은 실제로 자신이 설교한 대로 실천하지 않는 사람들이다. 그들은 자기가 남에게 시킨 그 일을 정작 자신이 실천하지 않는다. 하지만 월든이 비판했던 중산층 부모가 반드시 여기에 해당하는 것은 아니다. 해리엇 하먼은 어떤 부모라도 자기 입장이 된다면 그런 선택을 할 것이며 그것이 정당화될 수 있다고 했는데, 이것은 맞는 말이다. 하먼은 다른 사람들에게 어떻게 하라고 부추기면서 정작 자신은 다른 결정을 내렸던 것이 아니었다. '말로는 종합중등학교를 지지한다'는 표현이 '모든 부모가 자기 아이를 집 근처 종합중등학교에 보내야 한다고 믿는다'를 의미한다면 하먼과 같은 부모는 위선자가 될 것이다. 하지만 진보적인 중산층의 신념은 그런 것이 아니며 그래서도 안 된다.

# 7장

# 정당한 편파성과 학교 선택

1부의 논증이 옳다면 학교법은 개정되어야 한다. 이때 권리, 의무, 정당한 편파성에 대한 우리의 논의는 주어진 법 아래서 행위하는 부모들에게 무엇을 의미할까? 학교법은 부모에게 주어진 의무는 물론 권리마저 넘어서서 더 많은 것을 자기 아이에게 해줄 수 있도록 허용한다. 하지만 부모에게 현재 주어진 선택지를 고려한다면, 여전히 부모에게는 자녀를 집 근처 종합중등학교에서 빼낼 수 있는 권리나 심지어는 의무가 있는지도 모른다. 물론, 자녀를 그런 학교에서 빼내는 일이 정당한지 아닌지는 당신이 선택을 고민하는 학교가 어떤 곳인지, 당신의 아이는 어떤 아이인지와 같은 구체적인 세부 사항에 따라 달라질 것이다. 똑같은 학교에 대해서도 당신이 그곳에 자녀를 보내는 것은 잘못이지만, 다른 사람들이 그 학교를 피하는 것은 잘못일 수도 있다. 이런 일은 심지어 학교법이 어떠해야 하는지, 그리고 지금 여기서 자녀를 종합중등학교에서 정당하게 빼낼 수 있는 이유가 무엇인지에 당신이 모두 동의한다 하더라도 여전히 발생할 수 있다. 예를 들어, 당신은 교내에서의 괴롭힘으로부터 자녀를 보호하기 위해 사립학교에 보내는 것은 정당화될 수 있다는 데 동의할지도 모른다. 그렇지만 괴롭힘을 당할 확률은 아이들마다 매우 다를 수 있는 것이다. 모든 부모는 주어진 원칙이 자신의 선택을 정당화하는지 아닌지를 판단해야 한다. 나는 그런 원칙 자체가 정당화될 수 있는지 여부를 논의해볼 것이다.

따라서, 책의 나머지 부분에서는 부모가 자녀를 사립학교로 빼낼 때 흔히 내세우는 (어쩌면 변명일지도 모를) 익숙한 원칙들을 탐구해볼 것이다. 나는 그중에서도 스무 가지 원칙들을 확정했다. (이 원칙들은 다양한 방식으로 중첩되어 있고 대개는 동시에 거론되기 때문에, 스물이라는 수로 딱 떨어지게 나누는 것이 잘못일지도 모른다.) 각각의 정당화는 두 가지 질문을 불러일으킨다. 하나는 구체적으로 위선에 관한 것이다. 각 정당화에서 자녀를 종합중등학교에서 빼내는 것과, 학교법이 그것을 허용하지 말아야 한다는 믿음이 일관적인가? 다른 질문은 더 근본적인 문제를 다룬다. 자녀를 종합중등학교에서 빼내는 것에 대한 각 정당화는 과연 타당한가?

- **정당화 1**: 자녀를 사립학교로 빼내는 것은 기본적인 인권이다.
- **정당화 2**: 나에게는 자녀를 사립학교로 빼낼 수 있는 법적 권리가 있다.
- **정당화 3**: 자녀를 사립학교로 빼낼 수 있는 나의 권리는 다른 시민들이 민주적으로 결정한 것이다.

이 세 가지 정당화에는 중요한 차이점이 있기도 하지만, 함께 놓고 논의해도 될 만큼 비슷한 면이 있으며 가장 먼저 다루어야 할 만큼 익숙한 것들이다. 거칠게 말하자면, 사람들이 자녀를 종합중등학교에서 빼낼 수 있게 허용하는 법 자체가 그 자체로 정당하기 때문에, 그 법을 따르는 모든 결정 역시 정당화된다는 것이다. 이런 주장에는 다음 생각이 깔려있다. '법이 그렇게 만들어진 데는 도덕적인 이유가 있기 때문에, 그런 법을 따르는 행위 역시 틀림없이 도덕적이다. 법은 자녀를 종합중등학교에서 빼낼 수 있도록 허용하며, 따라서 그런 행위는 틀림없이 도덕적으로 정당하다.'

자녀를 사립학교에 보내는 것이 기본적인 인권이라고 생각하는 사람은 사립학교를 폐지하는 법에 투표하지 않을 것이며, (잘못된 일이지만) 오래 전에 이 책을 덮었을 것이다. 하지만 아직도 책을 읽고 있다면, 자녀를 사립학교에 보내는 일이 기본적인 인권에 **해당할지라도** 그 자체로 사립학교를 선택하는 것이 정당화되지는 않는다는 점을 명확히 할 필요가 있다. 예컨대 언론의 자유와 비교해보자. 나는 언론의 자유를 지지하며, 따라서 내게는 사람들이 자기가 원하는 말을 할 수 없게 막는 것은 (아주 특별한 상황이 아니라면) 잘못된 일이다. 하지만 그렇다고 해서 하고 싶은 말을 다 하는 것이 정당하다는 뜻은 아니다. 당신에게 어떠한 행동을 할 권리가 있을지라도, 당신이 그 행동을 하는 것이 반드시 옳은 것은 아니다. 자녀를 사립학교에 보낼 권리를 옹호하는 사람들이 이 책을 덮는 것이 잘못인 이유가 바로 여기에 있다. 부모에게 그런 권리가 있다 할지라도, 그 권리를 실제로 사용하는 것이 정당한지 아닌지는 또 다른 문제다. 법적으로는 부모에게 그런 권리를 허용하더라도, 개인으로서의 부모가 자녀를 사립학교에 보내는 것이 정당한지 아닌지에 대한 미시적인 차원의 질문은 여전히 유효하다. 자녀를 사립학교에 보낼 권리를 옹호하는 사람이라도, 실제로 자기 아이를 사립학교에 보냈다면, 본인이 그러한 권리를 행사한 것이 어떻게 정당화될 수 있는지 설명해야 한다.

1부에서 했던 논증이 타당하다고 해보자. 부모에게는 자녀를 사립학교에 보낼 수 있는 아무런 기본적인 인권도 없다. 이 경우 우리는 자녀를 사립학교에 보낼 수 없도록 하는 법에 투표해야 정당할 것이다. 하지만 여전히 사람들에게는 자녀를 사립학교에 보낼 수 있는 법적인 권리가 있다. (그래서는 안 되지만 현실은 그렇다.) 이는 사실의 진술이자 법의 내용에 대한 진술일 뿐이다. 이제 정당화 2에 대해 이야기해보자. 이 정당화가 자녀를 사립학교로 빼내는 것을 정당화하는가? 난 어떻게 그럴 수 있는지 모르겠다. 한때 사람들에게는 노예를 소유할 수 있는 법적 권리가 있었다. 그 사실이 노예 소유를 옳은 일로 만들지는 않는다. 다른 사람들이 노예를 소유하고 있었고, 그런 일이 일반적으로 용인되었으며, 그런 방식으로 아이들이 사회화되었다는 사실을 생각한다면, 사람들이 노예제도가 잘못임을 알아채길 바라는 것은 오랫동안 합리적으로 기대할 수 없는 일이었다. 이런 모든 사실로 인해 사람들이 노예를 소유했던 잘못은 완화된다. 하지만 그렇다고 해서 노예를 소유했던 사람들의 행동이 옳은 것이 되지는 않는다.

민주주의에 호소하는 정당화 3에서도 비슷하게 적용해볼 수 있다. 일반적으로 사람들은 자녀를 사립학교에 보낼 권리가 유럽인권협약에 포함되어 있다고 생각하며, 바로 이런 사실 때문에 사태는 복잡해진다. 앞서 이야기한 것처럼, 대부분의 사람이 사립학교를 폐지하는 법에 투표하더라도 사립학교를 정말 폐지할 수는 없을 것이다. 하지만 이런 부수적인 문제는 잠시 제쳐두고, 우리에게 적용되는 학교법이 직접적으로 민주적 통제하에 있다고 해보자. 우리에게 투표권이 있고, 당신은 자녀를 공립학교에서 사립학교로 빼내는 일을 허용하는 법에 반대하는 투표를 한다. 하지만, 대다수 사람은 그것에 찬성하는 투표를 한다. 당신이 그 법에 반대표를 던졌다는 것은 그 법이 잘못되었다고 생각한다는 사실을 의미한다. 하지만 당신은 민주적 절차를 존중하고, 그 결과의 정당성을 수용한다. (이는 마치 경기에서 심판이 명백히 잘못된 판정을 하더라도 그 결정의 정당함을 인정하는 것과 비슷하다.) 자녀를 사립학교로 빼내는 것을 허용해야 한다는 것이 민주적 의지다. **이 사실이** 당신의 자녀를 사립학교로 빼내는 행동을 정당화하는가?

아니다. 이런 제안은 민주적인 의사결정이 그것과 관련된 모든 도덕적 공간을 충족시킬 수 있다는 생각에 기초한다. 일단 정치적 공동체가 법을 결정한 뒤에는, 그 법에 따르는 모든 결정이 동등하게 정당화된다는 것이다. 따라서 당신이 법적으로 허용된 선택지 중 어느 하나를 선택할 때는 또 다른 정당화를 필요로 하지 않는다. 하지만 이 제안이 옳을 수는 없다. 민주적 통제에 속하지 않는 법적 권리의 경우와 같이, 다른 시민들이 어떤 행위를 자유롭게 할 수 있다고 허용했다 하더라도, 내가 그 행위를 하는 것이 과연 옳은 일인지 따져보는 것은 틀림없이 이치에 맞는다. 그러나 정당화 3의 생각에 따르면, 자신과 같이 부유한 사람들에게 더 높은 세금을 부과하는 법에 찬성한 부유한 평등주의자는 현행법이 허용하는 바에 따라 자신의 모든 재산을 그대로 갖고 있는 것이 과연 정당한지 더 이상 생각해볼 필요가 없다. 다른 시민들이 그래도 괜찮다고 법으로 정했으니 정당할 수밖에 없다는 것이다. 그러나 이것은 이치에 맞지 않는다. 이와 비슷하게, 내 아이를 집 근처 종합중등학교에 보내는 것이 옳은 일이라면, 아이를 사립학교로 빼내는 것은 잘못이다. 그리고 다른 시민들이 내가 그래도 괜찮다고 결정했더라도 그것은 여전히 잘못이다.

사람들이 어떤 법에 투표했다는 사실이 그 법을 **합법적으로** 만들어주는 것은 맞다. 그런 의미에서 그 법이 우리 사회에 옳은 법이라고 인정할 수는 있다. 하지만 나와 내 아이의 불공평한 이익을 위해 그 법을 이용하는 것은 여전히 내게는 옳지 않은 일이다. 물론, 민주적으로 결정된 법이 허용한 일이라면 무엇이든 해도 정당하다고 믿는 사람이 모두 위선자인 것은 아니다. 그렇게 믿으면서도 진심으로 사립학교를 폐지하는 법에 투표할 수 있고, 그 투표에서 지게 됐을 때 자기 아이를 사립학교에 보내는 것 또한 정당화될 수 있다고 진심으로 믿을 수도 있다. 하지만 이는 위선의 문제가 논점 일탈의 오류를 저지른다는 점을 확인시켜 준다. 내가 보기에 그 사람은 위선자가 되는 것을 피했을지는 모르지만 (도덕적인) 실수를 저지르는 것이다.

● **정당화 4**: 부모는 자녀에게 가능한 한 최선의 교육을 마련해줄 의무가 있다.

지금까지 꼼꼼하게 책을 읽지 않았더라도 내가 이 문제를 어떻게 생각하는지 쉽게 알 수 있을 것이다. 부모에게 사립학교나 선별학교를 선택할 수 있도록 허용할 필요가 없다는 나의 주장은 부모가 자녀에게 가능한 한 최선의 교육을 마련해줄 의무가 **없다**는 주장에 기초했다. 다른 사람들에게 부과되는 비용을 생각한다면, 부모에게는 그럴 **권리**조차 없다. 따라서 위의 정당화는 사립학교나 선별학교를 선택하는 이유를 뒷받침하지 않는다.

일관성 문제라면 그나마 조금 낫다. 가난한 부모는 사립학교나 선별학교의 폐지가 자기 아이의 교육을 좋게 만드는 길이라고 생각하기 때문에, 분명히 그런 학교를 폐지하는 데 찬성할 수 있다. 이들 입장에서는 지금의 주어진 법 아래서 가능한 최선의 교육을 추구한다고 해서 일관성이 전혀 훼손되지 않는다. 그러나 내가 염두에 둔 부모는 다르다. 이들은 자신이 선호했던 법 아래서 누구에게나 가능한 정도의 교육보다는, 조금 더 관대한 법 아래서 자기 아이에게 더 나은 교육을 마련해줄 수 있게 되기를 기대하는 부모다. 이런 부모가 사립학교를 폐지하는 법에 투표한다면,

이들은 자녀에게서 (그렇게 하지 않았을 때 자녀가 받을 수 있는) 가능한 최선의 교육을 박탈하는 셈이다. 따라서 그들이 자신에게 자녀를 위해 그런 교육을 마련해줄 의무가 있다고 생각하는 것은 비일관적이다.

너무 성급한 결론일까? 그런 부모들을 위해 거론되는 원칙이 '맥락이 어떻든, 부모는 자녀가 가능한 한 최선의 교육을 받을 수 있게 해야 할 의무가 있다'는 원칙일 수 없다는 점에서 내가 옳을 것이다. 이것은 나쁜 원칙일 뿐만 아니라, 사립학교를 폐지해야 한다는 신념과도 일관되지 않는다. 하지만 그 입장을 조금 더 엄밀하게 보완해볼 수는 있다. 자기 아이에게 가능한 한 최선의 교육을 마련해줄 수 있게 허용하는 법에 투표하는 것은 잘못일 것이다. 이런 맥락에서는 1부에서 언급한 이유로 인해, 기회의 평등이나 그 비슷한 것이 가장 중요한 고려사항이 된다. 하지만 허용된 선택지 중에서 아이를 어느 학교로 보낼지 결정하는 때라면, 최선의 선택지를 고르는 것이 부모의 권리(심지어는 부모의 의무)인지도 모른다.

6장에서 살펴본 것처럼, 여기에는 논리적으로 아무런 모순도 없다. 자녀를 윈체스터에 보낸 엄마를 기억해보자. 자기 아이에게 다른 아이들과 똑같은 교육을 받게 하는 것이 모두를 위한 교육적 정의를 이루는 것이라면, 그 엄마는 기꺼이 그렇게 하려고 했다. 하지만 그 엄마의 학교 선택이 사회 전체의 변화를 가져오지는 못하기 때문에, 그 엄마는 자기 아이를 윈체스터에 보내는 것이 분명 기뻤을 것이다. 여기에는 아무런 모순도 없다. 그러나 이런 관점의 조합은 분명히 그럴듯하지도, 매력적이지도 않다.

여기에 대한 한 가지 반론은 다음과 같다.

당신은 기회의 불평등에 반대한다고 말합니다. 그게 바로 당신이 엘리트 학교를 폐지하는 법에 투표하는 이유겠지요. 하지만 당신의 아이를 윈체스터에 보내는 것은 당신이 반대한다고 했던 바로 그 기회의 불평등에 기여하는 행위입니다. 물론, 당신의 아이를 집 근처 종합중등학교에 보내는 것이 우리 모두에게 적용될 학교법에 결정적인 한 표를 행사하는 것만큼이나 교육적 부정의(educational injustice)에 큰 영향을 미치는 것은 아닙니다. 하지만 그것 역시 어느 정도는 영향을 미칠 겁니다. 왜 기회의 평등을 위한 당신의 헌신이 모 아니면 도여야만 합니까? 왜 세상을 조금 더 공평하게 만들 수 있는 작은 일은 하지 않으려는 거죠?

자녀를 집 근처 종합학교에 보내는 것이 세상을 조금이라도 공평하게 만드는 데 기여한다면, 이 주장은 강력한 반론이 될 것이다. 종합중등학교에 아무런 문제도 없으며 그녀의 아들에게 그 학교가 부적절하다고 판단할 아무런 근거도 없다고 해보자. (그 학교가 정말로 부적절하다면, 아이를 사립학교로 빼낼 이유가 반드시 최선의 교육을 위해서일 필요도 없다. 여기에는 '충분히 좋은' 학교를 원하는 것만으로 충분하다. 이런 종류의 정당화는 8장에서 다루겠지만, 그런 정당화 역시 자녀를 윈체스터에 보내는 것을 정당화하기는 어려울 것이다.) 그렇다면 이 엄마가 교육적 정의를 실현할 수 있는 작은 일은 왜 하려고 하지 않는지 이해하기가 실로 어렵다. 제도적으로 기회의 평등을 실현하는 것과, 마땅히 누려야 할 교육보다 낮은 수준의 교육을 받고 있는 사람들의 교육을 대폭 개선하는 것, 이것들은 학교법을 모 아니면 도의 방식으로 바꾸는 일에 달려있을지도 모른다. 하지만 한 엄마의 개인적인 선택은 올바른 방향으로 나아가는 한 걸음일지도 모른다.

대개는 물론 그럴 것이다. 하지만 때로는 그렇지 않을 수도 있다. 특정 상황에서는, 이 엄마가 자기 아이를 종합중등학교에 보낸다고 해서 그것이 교육적 평등과는 아무 상관이 없거나, 다른 아이들의 교육에 어떤 개선도 초래할 수 없다고 판단할 수 있다. 어쩌면 그녀는 자기 아이를 윈체스터에 보내는 것이야말로 그런 가치를 증진하는 최선의 방법이라고 결정할지도 모른다. 그 이유를 알려면 당신은 9장을 읽어야 한다. (이 모든 주장이 서로 연결되어 있지만, 아쉽게도 내가 한 번에 한 가지 주제만 다룰 수 있다는 앞의 경고를 기억하길 바란다.) 지금의 요점은 간단히 말해 다음과 같다. 자녀를 최상위권의 학교에 보내면서도 법적으로 그런 결정을 허용해서는 안 된다는 나의 주장에 동의하는 부모는 다음과 같은 말로 자신의 선택을 정당화하려 할 것이다. 자신에게 허용된 다른 선택지들과 비교했을 때, 그런 선택이 결코 다른 아이들의 교육을 악화시키지 않는다고 (그리고 조금은 좋게 만들 수도 있다고) 말이다.

다시 정리하자면, 자녀를 종합중등학교에서 빼내는 부모들은 흔히 교육적인 의미에서 자신에게는 아이를 위해 최선을 다해야 할 권리나 의무가 있다고 말한다. 그러나 나는 부모에게 그럴 권리나 의무가 없다고 생각하며, 사립학교나 선별학교 폐지에 정말 찬성하는 부모라면 그들 역시 부모에게 그런 권리나 의무가 있다고 생각하지 않을 것이다. 하지만 당신이 폐지되어야 한다고 생각하는 최상위권 학교에 자녀를 보낸다고 해서 그것이 위선적이거나 비일관적인 것은 아니다. 그런 행위는 교육적 부정의를 더 악화시키는 나쁜 일이며, 그래서 교육적 정의를 위해 그런 학교가 폐지되어야 한다고 믿는 사람이 그걸 알면서도 왜 그런 선택을 하려고 하는지 이해하는 것은 통상적으로 쉽지 않다. 그러나 실제로 최상위권 학교에 자녀를 보내는 것이 정당화될 수 있는지 아닌지는 매우 다양한 요소에 달려있다. 그중 몇 가지는 뒤에서 논의할 것이다.

한 가지만 더 생각해보자. 사립학교나 선별학교에 반대하는 많은 부모가 자녀를 그런 학교에 보내지 않는 이유는 그런 학교가 '최고'라는 생각을 거부하기 때문이다. '최상위권' 학교는 놀라운 교과교육, 훌륭한 시설, 보다 적은 학생 수의 학급, 그 밖의 많은 것을 아이들에게 제공할 것이다. 하지만 교육에서 그것이 전부는 아니다. 사회적 배경이 서로 다른 아이들과 어울리는 것이나, 거만하거나 귀하게만 자라지 않는 것도 중요하다. 인위적이고 배타적인 환경에서 애지중지 자라는 것보다는 사회의 다양성을 경험해보고, 자신이 살아갈 사회가 실제로 어떤 곳인지 이해하며 자라는 것이 낫다. 게다가 '최상위권' 학교는 고통스러울 정도로 경쟁적일 수도 있으며, 그런 학교에서는 교사와 학생 모두가 건강하게 감정적이고 정신적인 발달을 이루어 내는 것이 거의 불가능한 방식으로 '성공'을 측정할 것이다. 내게는 이것들이 그런 학교를 선택하지 않아야 할 아주 좋은 이유로 보이며, 나의 논의는 어떤 의미에서든지 그런 학교가 '최선'의 학교라는 관점을 지지하지 않는다. 그러나 현실 세계에서 학교 선택에 동기를 부여하는 것은, 아이에게 최선이 무엇인지를 두고 모든 것을 고려하는 관점이지, 교육적 정의의 증진은 아니다. 물론, 사람들의 선택은 다양한 이유와 동기가 복합적으로 얽힌 결과물이다. 자녀를 사회적 배경이 다양한 아이들과 어울리게 하고 싶어 하는 부모라면, 자녀를 사립학교에 보내는 것이 불공평하다고 생각할지도 모른다. 하지만 철학적으로 말하자면, 실제로 작동하는 여러 가지 고려사항을 서로 분리해 보는 것은 유용하다. 그리고 이것은 본질적으로 정의나 공평과 아무런 연관이 없는 이유인 것이다.

그러나 자녀의 복리가 정의와 공존할 수 있게 하는 한 가지 방법을 생각해 볼 수는 있다. 어떤 철학자들은 다른 모든 조건이 동일할 때 정의롭게 사는 것이 더 나은 삶이라고 주장한다. 이런 관점에서는, 한 아이가 불공평한 특혜가 있는 학교에 다닌다면 그 학교가 불공평한 특혜를 입었다는 사실만으로도 그 아이의 삶이 더 나빠지는 것이다. 결코 그 학교가 아이를 비뚤어지게 만들거나, 거만하게 만들거나, 아이의 전반적인 인성 교육을 희생한 채 온실 속에서 학업적 능력만을 키워내서가 아니다. 그 결과로 아이가 얼마나 행복하고 잘 적응하며 세상 물정에 밝아졌는지와는 상관없이, 아이가 불공평하게 유리한 교육을 누렸다는 사실 자체가 아이의 삶의 질을 떨어뜨리는 것이다. (나아가 이런 관점에서는, 아이가 불공평하게 유리한 교육으로 인해 '고통받는' 것이다.) 이것은 한 아이에게 주어지는 불공평한 특혜가 다른 아이들에게 해를 끼친다는 그런 뻔한 주장이 아니라, 그 특혜가 **아이 자신에게** 해를 끼친다는 주장이다. 인간의 복리(well-being)를 도덕화하는 이러한 견해에 따르면, (곧 우리가 누리는 복리가 부분적으로는 자신의 삶이 처한 도덕적인 상황에 달려있다면) 정의에 대한 관심과 자녀의 복리에 대한 관심이 일치할 수 있다. 이런 관점에 따르면, 자녀를 위해 부정의한 선택지를 거절하는 것은 그 선택지의 부정의함 자체가 자녀에게 나쁜 것이기 때문이다. 비록 그 선택지가 행복이나 정서적 충족과 같은 다른 기준에서 아이에게 좋을지라도 말이다. 그러나 철학자들 사이에서도 사회 정의와 개인의 이해타산을 이렇게 편리하게 일치시키는 입장은 상당히 드물기에, 이 주장에 대해서는 더 이상 다루지 않겠다.

- **정당화 5**: 부모의 가치를 자녀에게 강요하는 것은 잘못이다.

일관성 측면에서 볼 때, 사립학교와 선별학교 폐지에 투표해야 한다고 믿으면서 정당화 5를 지지하는 것은 꽤 이상하다. 당신이 그런 학교의 폐지에 투표하기로 했다면, 당신은 자신의 가치를 자녀나 다른 사람들, 그리고 그 사람들의 자녀에게 강요할 각오를 한 것이다. 무언가를 폐지한다는 것, 즉 사람들이 하고 싶어 하는 것을 못하도록 강제적인 공권력을 사용한다는 것은 당연히 자신의 가치를 다른 사람들에게 강요하려는 의지의 표현이다. 따라서 일관성 측면에서 심각한 문제가 발생한다.

사람들이 수행하는 두 역할, 곧 시민의 역할과 부모의 역할을 구분한다면 이 문제를 회피할 수 있을까? 곧 이런 구상이다. 우리는 시민으로서 투표 행위와 같은 집단적 자치활동에 관여하고 있기 때문에, 어느 정도 자신의 가치를 다른 사람에게 강요하는 것이 정당화될 수 있다. 그러나 부모로서는, 학교 선택과 같은 행동에서 자신의 가치를 자녀에게 강요하는 것은 정당화될 수 없다는 것이다.

나는 정치적이고 제도적인 차원에서의 선택과 개인적인 차원에서의 선택의 차이에 상당히 관심이 많다. 일반적으로 일관성을 더 쉽게 획득할 수 있도록 하는 차이 말이다. 하지만 내가 6장에서 주장한 것처럼, 사람들이 시민의 모자와 부모의 모자라는 두 개의 모자를 쓰고 있으며, 어떤 모자를 쓰는지에 따라 서로 다른 고려사항을 중요하게 여기게 된다고 생각하는 것은 옳지 않다. 여기서 핵심적인 것은 우리가 교육제도에 관한 투표를 할 때 내리는 결정과, 자녀의 학교를 선택할 때 내리는 결정이 서로 다르다는 사실이다. 두 결정은 서로 다른 효과를 초래하며, 이는 (우리가 추구하는 다양한 가치에 부여하는 비중을 고려하면서) 우리가 어떻게 행동해야 하는지에 대한 전반적인 판단에 서로 다른 영향을 미칠 것이다. 달라지는 것은 결정해야 하는 문제의 내용이다. 정치적인 행위자로서 우리 자신의 가치를 실현하기 위해 할 수 있는 행동은, 한 아이의 부모로서 내가 할 수 있는 행동과 다르다. 그것이 전부다. 그렇다면 시민 대 부모라는 구분은 비일관성 문제를 해결하는 데 아무런 도움이 되지 않는다. 학교법에 관한 투표를 할 때 나의 가치를 자녀와 다른 시민들에게 강요하는 것이 정당하다면, 학교 진학에 관한 사적인 결정을 내릴 때는 그 똑같은 행동이 왜 정당화될 수 없는지 이해하기 어렵다.

나의 가치를 다른 사람들에게 강요하는 것이 정당화되는가? 우리는 상대주의적인 시대에 살고 있기 때문에, 많은 이들은 누구라도 자신의 가치를 타인에게 강요하는 것이 의심의 여지 없이 정당화될 수 없다고 생각할 것이다. 그러나 잠깐만 생각해보면 그렇지 않다. 물론 모든 가치에 대해 그렇다는 것은 아니기에, 우리에게는 어떤 가치에 대해 그럴 수 있는지를 결정할 몇 가지 방법이 필요하다. 내가 이 책에서 사회 정의가 요구하는 바로서 사립학교와 선별학교에 반대해야 한다는 주장을 펼 때, 바로 그런 방법 중 하나를 제시하려 했던 것이다. 자기 딸과 경쟁하는 치어리더를 죽이려던 엄마의 행동을 막는 것에 우리는 어떤 망설임도 느끼지 않을 것이다. 그렇게 하는 것이 우리의 가치를 그 엄마에게 강요하는 일이라도 말이다. 우리가 망설이지 말아야 하는 이유는, 죽임을 당하지 않도록 요구할 수 있는 정당한 권리가 그 아이에게 명백히 있기 때문이다. 오히려 그 엄마에게 우리의 가치를 강요하지 않는 것이 잘못이다. 마찬가지로, 아이들에게 공평한 경쟁 혹은 최소한 (머리맡 동화를 읽어줄 부모의 권리와 같은) 다른 권리를 침해하지 않는 수준에서의 공평한 경쟁을 요구할 권리가 있다면, 사람들이 그런 공평함을 훼손하는 행동을 하지 못하도록 적절하게 조치해도 괜찮은 것이다.

부모와 자녀의 관계에 대한 오해는 피하고 싶다. 나는 부모가 자신의 가치를 아이에게 강요하는 것을 지지하지 않는다. 예를 들어, 나는 부모가 자녀를 종교학교에 보낼 수 있도록 허용하는 것을 경계한다. 왜냐하면, 그런 학교에서는 아이들을 참된 신앙으로 이끄는 데 지나치게 많은 시간을 사용하며, 아이 스스로 생각할 수 있는 힘을 길러주는 데는 충분한 시간을 들이지 않기 때문이다. 그러나 정의의 문제, 즉 사회 구성원들이 공평한 대우를 받을 수 있도록 우리 아이들이 무엇을 해야 하는지의 문제에서 나는, 나의 가치를 관철시키는 데 주저하지 않을 것이다. 한번 가정해보자. 내 아이들이 용돈을 벌기 위해 부정직한 사기극을 꾸미다가 나에게 발각되고 말았다. 나는 내 아이가 친구들을 속이고 불공평하게 대했다고 판단했다. 부모의 신념을 아이에게 강요해선 안 된다는 이유로 내 아이들을 그대로 내버려 두어야 하는가? 물론 지나친 간섭에는 반작용이 있을 수 있다. 아이들의 잘못을 중단시킬 때보다 아이들이 자발적으로 자신의 잘못을 뉘우칠 때, 배우게 되는 도덕적인 교훈이 더 오래 남을 수도 있다. 그러나 부모가 자녀에게 자신의 가치를 강요하는 것은 무조건 잘못이라는 생각에 따라 이런 문제에 손을 놓는 것은 분명 옳지 않다.

물론 '강요'에 부정적인 함의가 있는 것은 사실이다(누군가 반대하는 정책에 민주적으로 투표할 때 불가피하게 일어나는 일이지만 말이다). 내 주장은 어쩌면 독재자 같은 부모의 모습, 그러니까 자신의 모든 변덕에 따르도록 아이들을 강요하는 모습을 떠오르게 하는지도 모른다. 하지만 나는 부모가 자녀와 이야기를 나누지 말아야 한다고 한 적은 없다. 부모는 자기 의견에 대한 자녀의 생각을 물어보고, 최종적으로 부모가 내린 결정에 대해 설명해주어야 한다. 부모가 아이의 견해를 얼마나 비중 있게 받아들일지는 여러 구체적인 요소들, 특히 많은 경우 아이가 얼마나 성숙했는지에 따라 달라질 것이다. 어떤 경우에는 설령 아이가 틀렸다 하더라도 아이 자신이 옳다고 믿는 대로 행동하도록 내버려 두는 것이 옳을지도 모른다. 자녀가 다닐 학교를 선택하는 문제에서 아이의 의견을 얼마나 반영해야 하는지는 너무나 복잡한 문제여서 나는 그것을 정당화 19로 분리해서 다룰 것이다. 여기서 중요한 점은 자녀의 학교를 선택할 때 부모가 따라야 할 가치를 올바르게 파악했다면, 그 가치를 자녀에게 강요할 수 없다는 이유로 단념해서는 안 된다는 것이다.

이번 정당화에는 또 다른 문제가 있다. 어디서부터가 '강요'인지의 문제를 잠시 미뤄두기 위해, 자녀가 너무 어릴 때는 그 아이의 학교를 부모가 선택해주어야 한다고 하자. 정당화 5는 아이를 집 근처 공립학교로 보내는 것이 곧 부모의 가치를 강요하는 것이며, 따라서 이는 정당하지 않다고 주장한다. 그러나 이런 주장은 다음과 같은 명백한 반론, 즉 이런 측면에서 문제에 접근한다면 자녀를 다른 어떤 학교에 보내도 상황은 마찬가지라는 반론에 대응할 수 없다. 자녀를 특정한 학교에 보내는 것이 정당한지 아닌지와는 별개로, 어쨌든 부모라면 자녀에게 주어진 다양한 선택지의 좋은 점과 나쁜 점을 비교해보고 판단을 내려야 한다. 부모는 결국 스스로 가치판단을 내리고, 그런 가치를 자녀에게 '강요'하는 일을 피할 수 없다. 이는 부모가 **무엇**을 결정하든 일어날 일이다.

이번 정당화에 호소하는 부모는 내가 요점을 놓쳤다고 생각할 것이다. 이들 역시 종합중등학교에서 자녀를 빼내는 데 자신의 가치판단이 개입된다는 점을 인정한다. 하지만 그들의 자녀는 그것 때문에 고통받는 것이 아니다. 오히려 반대로, 그런 가치판단은 부모에게 정치적 신념보다 자녀 교육이 더 중요하다는 것을 보여준다. 그렇다면 부모가 자신의 가치를 자녀에게 강요하는 것 자체가 문제는 아니다. 문제는 부모가 자녀에게 해를 끼치는 방식으로 자신의 가치를 강요하는 것이다. 이런 상황은 때로 부모가 자신의 신념을 위해 자녀를 희생시키는 것처럼 묘사되기도 한다. 이 문제는 따로 제목을 붙여야 할 만큼 중요하다.

- **정당화 6**: 부모의 정치적 신념을 위해 자녀를 희생시키는 것은 잘못이다.

이번 정당화는 조금 더 그럴듯하다. 부모가 어떤 것에도 자녀를 '희생시켜서는' 안 된다는 생각은 많은 지지를 받는 것 같다. 그 어떤 것이 부모의 정치적 신념처럼 모호한 것이라면 더욱 그렇다. 나도 이 생각에 반대하지는 않는다. 하지만 문제가 그렇게 간단하지는 않다. 위선 문제에 대한 우리 입장을 정하기 위해, 혹은 이번 정당화가 자녀를 종합중등학교에서 빼내는 일을 정말 정당화하는지를 정하기 위해, 먼저 정당화 6의 의미가 정확히 무엇인지 살펴볼 필요가 있다. 어떤 행동까지를 '희생'이라고 볼 수 있을까? 어디까지를 '정치적 신념'이라고 볼 수 있을까?

부모의 정치적 견해가 결코 자녀에게 해를 입혀서는 안 된다는 주장이 있다고 해보자. 자기 신념을 지키기 위해 부과되는 비용을 자신이 감당하는 것은 괜찮을지도 모른다. 하지만 신념의 비용이 자녀에게 부과되는 것은 정당화될 수 없다. 여기서 '희생'이란 '손해를 끼치는 것'을 의미한다. 그렇다면 자기 신념을 위해 아이를 희생시켜서는 안 된다는 생각은 정당화 4의 생각, 즉 자기 신념 때문에 자녀가 최선의 교육을 받지 못해서는 안 된다는 생각과 같다. 따라서 동일한 결론을 적용할 수 있다.

일관성 측면에서 보자면, 사립학교와 선별학교를 폐지하려는 의지에는 자녀에게 최선의 교육보다는 공평한 교육을 주려는 의지가 포함되어 있다. 따라서 자신의 정치적 신념으로 자녀가 손해를 입어서는 안 된다는 생각 때문에 자녀를 사립학교에 보낸다면, 그 사람은 정말로 사립학교와 선별학교의 폐지를 지지하는 것이 맞는지 다시 생각해봐야 한다. 또한, 자녀에게 가능한 것보다 더 나쁜 교육을 받지 않도록 할 권리(심지어는 의무)가 부모에게 있다는 생각에 기초하여 자녀를 이튼[3]에 보낸 사람이 있다면, 이는 단순히 잘못된 판단이다. 부모가 자녀에게 어떤 해로운 일도 해서는 안 된다는 잘못된 신념이 교육적 정의를 추구하는 데 방해가 되어서는 안 된다.

이런 해석이 너무 야박해 보일지도 모르겠다. 이번 정당화를 언급하는 부모라면 틀림없이 다음과 같이 반응할 것이다.

> 물론, 만약 정의의 측면에서 얻을 수 있는 것이 많다면 자기 아이에게 조금은 피해를 끼치는 것이 옳은 일일 수도 있지요. 하지만 내가 '희생'이라고 할 때는 '조금만 피해를 끼치는 것'을 뜻하는 게 아닙니다. 진짜 희생을 말하는 거예요. 그래요, 내 아이의 행복을 최대로 만들기 위해 불공평한 혜택을 누리는 학교에 그 아이를 보낸다면, 그건 옳지 못한 (그리고 위선적인) 일이겠죠. 하지만 그 말이 내 아이를 부실한 학교나 문제가 있는 학교, 좋지 않은 학교에 보내야 한다는 뜻은 아니죠. 그저 이념적인 순수성을 지키겠다고 내 아이를 그런 학교에 보낸다면 그건 말도 안 되는 일이죠.

이 주장은 옳은 말일 뿐만 아니라 위선적이지도 않다. 1부에서 논의했던 정당한 편파성을 기억해보자. 부모는 자기 아이에게 특별한 비중을 부여할 자격이 있다. 또한 다른 조건이 동일하다면 자녀를 해로움으로부터 보호하는 것이 최선의 것을 추구하는 것보다 더 강력한 고려사항이라는 것도 기억해보자. 학교법 투표에서 부모는 자녀가 다닐 학교에 기대되는 적절성[내지는 부실함]을 합당하게 고려할 수 있다. 그러나 내가 앞에서 주

---

3 이튼 칼리지(Eton College). 1440년에 세워졌으며 영국에서 가장 치열한 경쟁률을 자랑하는 사립학교다.

장한바, 사립학교와 선별학교를 폐지할 때의 긍정적인 영향과 그렇지 않았을 때의 부정적인 영향을 고려한다면, 그러한 고려는 사립학교와 선별학교를 허용하는 법에 투표하는 것을 전혀 정당화하지 못한다. 그러나 자기 아이가 다닐 학교를 선택하는 미시적인 영역에서는 학교의 적절성을 고려해도 괜찮아 보인다. 만일 집 근처 종합중등학교가 정말 부실하다면, 부모가 자녀를 그 학교에서 빼내는 것이 충분히 정당화될 수 있다. 그러면서도 부모 자신을 포함한 모든 사람이 자녀를 종합중등학교에서 빼내지 못하게 하는 법에 투표하는 것은 일관성에 어긋나지 않는다.

심지어 부실한 학교에 자기 아이를 보내는 것이 어느 정도 교육적 정의에 기여하는 경우에도 여전히 위선을 피할 방법은 있다. 자녀를 그런 학교에 보낸다 해도 **전혀** 나아지는 게 없다면 문제는 간단하다. 이 경우 자녀를 '희생'시키는 것이 정치적으로 올바른 일일지는 모르겠지만 부모로서는 태만함을 드러낼 뿐이다. 자신의 정치적 신념을 위한 제단을 쌓고 자녀를 희생 제물로 바쳤지만 어떤 효과도 얻지 못하는 꼴이다. 하지만 더 그럴듯한 가정으로, 자녀를 부실한 학교에 보냈을 때 불공평성이 완화되고 다른 아이들의 교육적 경험이 조금이나마 좋아진다고 해보자. 그럴지라도, 부모에게는 자녀를 희생시켜야 할 의무가 없다. 이 경우 일관성은 자녀의 희생을 요구하지 않는다. 어쨌거나 사립학교와 선별학교를 폐지해야 하는 주된 이유는 그렇게 해야 모든 종합중등학교를 충분히 좋은 수준으로 끌어올릴 수 있기 때문이다. 나아가, 자녀의 희생은 그른 일이기도 하다. 다른 아이들의 상황을 조금 더 공평하게 만들겠다고 자기 아이를 부실한 학교에 보내는 것이 정당화될 수는 없다.

오해하지 않았으면 한다. 내가 부실한 학교(혹은 '희생')를 기피하는 부모가 정당화될 수 있다고 기꺼이 인정하는 이유는 '적절한' 학교를 판단하는 기준을 매우 엄격하게 정할 것이기 때문이다. 어떤 부모는 학교가 특정 기준을 만족해야만 적절한 수준이 되었다고 생각하겠지만, 그것이 옳은 것은 아니다. 그 부모는 적절한 수준을 결정하는 문제에서 말도 안 되는 이기적인 관점을 가졌을지 모른다. 그런 부모가 자기 집 근처 종합중등학교를 특정 기준에 미달하는 학교로 생각한다고 해서, 그것이 사실인 것도 아니다. 그 부모는 학교의 실상을 잘못 알고 있는지도 모른다. 적절한 수준에 대한 상이한 개념을 우리는 8장에서 다뤄볼 것이다. 하지만 지금의 요점은, 이번 정당화가 적어도 이론적으로는 철저한 검증을 통과할 수 있다는 점이다. 사립학교 폐지를 지지한다 해서 자기 아이를 부실한 학교에 보내는 희생을 치러야 할 필요도 없고, 자녀를 그런 부실한 학교에 보내지 않는다고 위선자가 되는 것도 아니다. 오히려 나는 자녀를 그런 부실한 학교에 보내는 것이 잘못이라고 생각한다.

이 노선을 따르려는 부모에게 더 위안이 될 말이 있다. 자녀를 종합중등학교에서 빼내는 것이 정당화될지라도, 자신은 정치적 신념에 따라 살지 못했다고 느낄 수 있다. 이런 생각은 앞에서 정식화한 정당화, 즉 부모의 정치적 신념과 자녀의 이해관계에 갈등이 있다고 설정한 정당화에서 나온 것이다. 그에 따르면, 자신의 정치적 신념에 따를 때 집 근처의 종합학교를 선택하는 것이 옳지만, 자녀에 대한 부모의 특별한 의무는 그런 정치적 신념을 능가한다. [반면] 나의 주장에 따르면 이런 식으로 사태를 바라보는 것은 잘못이다. 두 가지 서로 다른 신념, 즉 시민으로서의 정치적 결정에 관여하는 신념과 부모로서의 개인적 결정에 관여하는 신념은 사실 갈등 관계에 있지 않다.

우리는 5장에서 논의했던 '정치적 신념'의 모호함으로 다시 돌아간다. 어떤 의미에서 당신의 정치적 신념이란 곧 법이 어떠해야 하는지에 대한 당신의 생각이다. 그리고 그것을 결정하기 위해서는 다양한 법의 체계가 현실에서 어떻게 작용하는지, 그리고 그중 어떤 것이 당신의 가장 소중한 가치를 실현시킬 수 있는지와 같은 어려운 판단이 동반된다. 이런 것들을 충분히 고민했다면, 그 결론은 주어진 법 아래서 당신이 내리게 될 개인적 선택에 관여하는 신념과 완전히 일치할 것이다. 이런 신념 역시 '정치적 신념'이라고 불리지만, 이는 정치적·사회적 제도와 관련해 개인으로서 당면한 선택 문제에서 어떻게 행동해야 하는지에 대한 신념이다. 따라서 정당화 6을 주장하는 부모가 반드시 자신의 정치적 신념을 배반하는 것도 아니고, 자녀가 적절한 학교에 다닐 수 있도록 내린 판단이 자신의 정치적 신념을 이겨버린 것도 아니다. 어떤 부모가 모두에게 가능한 공교육보다 나은 교육을 자녀에게 제공해서는 결코 안 된다고 믿으면서 자기 아이는 종합중등학교에서 빼내기로 한다면, 이 경우는 자신의 정치적 신념을 배반한 것에 해당한다. 하지만 이 신념은 거짓이며, 사립학교 폐지를 지지하는 사람들이 따라야 하는 신념도 아니다. 거시적인 관점에서 입법과 관련된 의미로 말하는 부모의 정치적 신념은 부모의 사적인 선택을 적절히 안내하는 미시적인 신념과 충돌하지 않는다.

  학교 선택 문제에서 생겨나는 도덕의 복잡성은 확실히 신념의 충돌처럼 보인다. 부모의 정치적 신념이 부모로서 내려야 하는 선택에 함축하는 바가 무엇인지 쉽게 파악할 수 있었다면 이 책을 쓸 필요도 없었을 것이다. 많은 부모가 자신의 정치적 신념에 일관되게 행동하지 못한다. 그들은 우리가 책에서 다뤄온 논의에 동의했더라도 자신이 보기에 옳지 않은, 지나치게 편파적인 그런 일들을 행하면서 자신의 약한 의지에 괴로워한다. 그러나 이 책을 쓴 목적의 하나는 사립학교와 선별학교를 반대하는 정치적인 주장에 비일관적이거나 위선적이라고 생각되는 선택들이 실은 그렇지 않다는 점을 보여주기 위해서다.

마지막으로 중요한 점이 하나 더 있다. 내 주장대로 부모가 자녀를 위해 부실한 학교를 기피하는 것이 비록 교육적으로는 불공평함을 심화시키지만, 그럼에도 정당화될 수 있다고 해보자. 이 논증에 따르면, 부모의 그런 행동은 자녀를 적당히 좋은 학교로 빼낼 때만 정당화된다. 오직 그때뿐이다. 부모가 필요 이상으로 좋은 학교에 자녀를 보내는 것은 정당화될 수 없다. "집 근처 종합중등학교가 너무 부실해서, 여기에 아이를 보내 희생시키고 싶지 않았어요. 그래서 저는 아이를 이튼에 보낼 수밖에 없었다고요"와 같은 주장은 곤란하다. 필요 이상으로 좋은 수준의 학교에 자녀를 보내는 부모를 정당화하는 다른 논증이 있을지도 모르겠다. 하지만 정당화 6은 여기 해당하지 않는다.

- **정당화 7**: 부모가 자신의 경력을 위해 자녀를 희생시키는 것은 잘못이다.

이 주제를 따로 다룰 만한 까닭은, 어떤 부모들은 자신의 직업이나 경력을 이유로 자녀를 집 근처 종합중등학교에 보내기 때문이다. 해리엇 하먼의 경우가 이번 정당화의 전형적인 사례다. 자기 아들을 사우스워크 [종합중등학교]에서 빼내 선별학교에 보내기로 한 하먼의 결정은 분명히 자신의 경력에 큰 타격이었다. 그의 결정은 "이게 바로 중산층의 이기심이다"와 같은 동료들의 비판을 불러일으키면서 노동당 내부의 반발을 샀다. 하먼 역시 이런 결과를 예상하지 못했을 리 없다. 따라서 자기 아들을 성 올레이브 문법학교로 보내면서 하먼은, 본인 말마따나, 자신의 경력보다 아들의 이해관계를 먼저 생각한 것이다.

하먼의 옹호자들은 이것이 칭찬받을 일이라고 말한다. 매리-앤 세이하트[4]는 타임즈 지에 아래와 같이 적었다.

> 하먼 씨는 틀림없이 자신의 선택에 대한 대가를 치를 것이다. 노동당 집행부에서 차지했던 위치는 위태로워질 것이다. 야당 내각에서 퇴출될지도 모른다. 하지만 하먼 씨가 자신의 경력을 위해 아들이 좋은 교육을 받을 한 번의 기회를 포기했다면, 하먼 씨는 스스로를 용서할 수 없었을 것이다. 하먼 씨는 가장 희생적인 어머니의 행동을 보여주었다.

이런 식의 반응을 비웃기란 참 쉬운 일이다. 특정 학교에 반대한다고 잘 알려진 정치인이 그 학교에 자기 아들을 보냈는데, 이런 사람을 부모의 미덕에 귀감이 되었다고 생각하라니! 과연 하먼이 자기 아들을 세인트 올레이브 문법학교에 보낸 일이 정당화될 수 있는지 나는 잘 모르겠다. 그것은 종합중등학교에서 빠져나가는 것의 타당한 정당화가 얼마나 그 아들의 상황에 적용될 수 있는지에 달려있다. 예를 들어, 하먼이 집 근처 종합중등학교가 자기 아들에게 부실한 학교라고 너무 성급하게 판단했을 수도 있다. (추측건대, 무엇이 '좋은' 즉 '충분히 좋은') 교육인지에 관해서는 세이하트와 내 의견이 다를 것이다.) 물론 하먼이 실제로 사우스워크 종합중등학교가 '충분히 좋지 못한' 학교라고 생각했더라도, 그런 표현을 말로 꺼냈다면 문제의 소지가 다분했을 것이다. 그러나 다른 대안들이 학교가 부실하다는 것밖에 정말 없었다면, 나는 하먼이 성 올레이브 문법학교를 선택한 것은 옳은 일이라고 생각한다. 사실 자기 경력에 타격을 준다는 이유로 다른 결정을 내렸다면 그것이야말로 잘못된 일이다.

---

4 매리-앤 세이하트(Mary-Ann Seighart), 1961~. 영국 언론인.

다소 극단적인 경우지만 하먼의 입장이 독특한 것은 아니다. 자녀를 집 근처 종합중등학교에 보내는 것이 자신의 이해관계에 가장 잘 부합하는 부모들이 많다. 그런 고민을 하기 위해 야당 내각의 교육부 장관이 되어야 할 필요는 없는 것이다. 지방정부에 소속되어 있거나 노동당 지역본부에서 활동하는 이들이라면, 당론을 따르는 것이 자신에게 도움이 되리라고 충분히 생각할 수 있다. 그런 위치에 있지 않은 사람이라도 친구들과의 사이가 틀어지는 것을 두려워할지도 모른다. (자기 친구가 진보적 대의를 배반했다는 이유로 저녁식사 자리에서 뛰쳐나가는 사람들의 이야기를 들은 적이 있다. 이런 문제로 친구 사이가 엉망이 되기도 한다.) 사적인 편의를 위해서나 친구 사이를 지키기 위해 자녀를 종합중등학교에 보내는 것은 명백히 이기적이다. 자녀를 종합중등학교에 보내야 할 여러 좋은 이유들이 있지만, 이런 이유에서는 아니다.

이것이 바로 이 책이 독자에게 도움이 되는 점 중 하나다. **왜** 하먼의 결정이 자신의 경력에 타격이 되었는지 생각해보자. 그 이유는 많은 사람이 하먼을 자신이 지지하던 정치적 신념에 부합한 삶을 살지 못한 사람, 오히려 그런 신념에 모순되는 행동을 한 사람, 위선적으로 행동한 사람이라고 생각했기 때문이다. 나의 논증이 옳다면, 이런 비난은 오도된 것일 수 있다. 사람들이 정치적 신념이란 무엇인지, 그리고 정치적 원칙이 개인의 행동에 뜻하는 것 그리고 뜻하지 않는 것이 무엇인지 알고 있었다면, 하먼의 결정이 일관적이었다고 생각했을지도 모른다. 하먼의 결정이 옳았다고 판단할지도 모른다. 만약 그랬다면, 자녀 교육에 대해 올바른 결정을 내린 일로 하먼의 경력은 타격을 입지 않았을 것이다.

여기까지는 간단하다. 중요한 것이 무엇인지 명확하게 알고 있다면, 부모가 자신의 경력을 위해 자녀의 교육을 희생하는 일을 옳다고 생각하기는 어려울 것이다. 그러나 여기에는 훨씬 어려운 문제가 숨어있다. 정치인의 경력은 자신이 믿고 실현하려는 가치와 긴밀하게 묶여 있다. 하먼이 대가를 치른 이유 중 하나는 사람들이 생각할 때 그가 자신의 당과 그 당의 원칙을 배반했기 때문이다. 그렇기에 자신의 경력을 위해 성 올레이브 문법학교를 포기하는 것이 잘못이라고 동의한다 할지라도, 여전히 자녀를 그곳에 보내지 말아야 할 또 다른 이유가 있다고 혹자는 주장할지 모르겠다. 그에 따르면, 하먼은 자신이 속한 정당과 그 정당이 지지하는 대의를 위해 자녀를 사우스워크 종합중등학교에 보냈어야 했다. 이 주제도 따로 다루어 볼 만하다.

- **정당화 8**: 부모가 정치적인 이유로 자녀를 희생시키는 것은 잘못이다.

정말 가정일 뿐이지만, 하먼이 한 선택이 위선적이지도 않고(즉, 자신의 정치적 신념에 일관적이고) 정당화된다고(즉, 옳은 선택이었다고) 해보자. 또한, 그럼에도 많은 사람이 이것을 위선적이라고 **생각해서** 노동당의 지도력에 대한 신뢰를 잃게 되었다고 해보자. 이것은 노동당의 성공을 위한 전망에 큰 타격일 뿐만 아니라, 그런 가치를 실현할 수 있는 가망을 훼손하는 것이기도 하다. 최소한 보수당은 이 상황 덕분에 노동당을 비판할 절호의 기회를 얻게 될 것이다. (《위선》이라는 보드게임을 기억해보라.) 하먼이 이 모든 것을 알고 있다면, 그녀는 더 어려운 선택에 직면하게 된다. 아들을 성 올레이브 문법학교에 보내는 것은 자신의 경력에만 타격을 주는 것에 그치지 않는다. 그것은 그녀가 믿고 있던 대의, 넓게는 노동당 전체의 대의이자 좁게는 교육적 정의라는 대의에도 타격을 미칠 것이다. 하먼이 아들을 종합중등학교에 보낸다고 해서 교육적 정의에 아무런 직접적 기여가 없고 종합중등학교의 다른 아이들이 받는 교육의 질에도 아무런 도움이 되지 않는다 하더라도, 하먼이 아들을 종합중등학교에 보내지 않기로 한 결정은 그 자체로 유권자들에게 모종의 메시지가 되어 교육적 정의라는 대의에 간접적으로 타격을 줄 수 있다. [내가 보기에] 그런 일이 일어나서는 안 된다. 모든 사람이 이 책을 읽고 명확하게 생각하게 된다면 그런 일은 일어나지 않을 것이다. 하지만 모든 사람이 그럴 일은 없기에, 이런 일은 충분히 가능하다.

이 상황은 훨씬 심각한 도덕적 딜레마에 해당하며, 하먼 역시 이를 인식하고 있었다. 하먼은 상징적이고 정치적인 결과를 자신의 결정에 하나의 요인으로 고려해야 한다는 견해를 명시적으로 거부했다. "한 아이를 상징으로 도용해서는 안 됩니다. … 정치적 목적을 위해 자녀를 이용하는 것은 분명히 옳지 않은 일입니다." 내가 보기엔 하먼이 상황을 다소 과장하는 것 같다. 어떤 상황에서는 정치인의 개인적 선택에서 비롯된 신호가 정치적 대의에 치명적인 타격일 수도 있으며, 따라서 모든 것을 고려했을 때 그런 신호의 부정적인 효과를 결정적인 것으로 여겨야 할 수도 있다. 단지 사람들이 그 신호를 잘못 해석했기 때문에 정치적 대의가 훼손되는 것일지라도 그러할 수 있다. 때로는 사람들의 무지에 영합하는 선택을 **내려야 할** 때도 있는 법이다. 정치인처럼 자신의 선택이 남들 앞에 훤히 드러나는 사람들이라면 이런 식의 결과를 염두에 두어야 마땅하다. 어떤 결정이 그 자체로는 정당하다 하더라도, 그 결정이 무엇을 의미하는지 (혹은 의미하지 않는지) 올바르게 이해하지 못하는 사람들에게 미칠 영향을 고려한다면, 그 결정은 정당하지 않은 것이 될 수도 있다. 사람들이 더 명확히 이해해야 할 이유가 늘어난 셈이다.

분명히 해둘 것이 있다. 나는 하먼이 노동당과 그들의 대의에 해를 끼치지 않기 위해 아들을 종합중등학교에 보냈어야 한다고 하는 것이 아니다. 내가 하먼의 입장이라도 아들을 부실한 종합중등학교에 보낼 필요를 느끼기까지는 몇 가지 조건이 더 필요하다. 먼저 내가 아들을 종합중등학교에서 빼냄으로 나쁜 결과가 발생하리라고 확신할 수 있어야 하고, 그 결과가 심각하게 나빠야 할 것이다. 그런 조건이 실제로 충족될 수도 있다. 당시의 몇몇 논객들은 하먼의 결정이 노동당 정치인도 사람이라는 점을 보여줬다는 점에서 유권자들의 반응이 그리 나쁘지는 않았다고 말했다. 가디언지의 한 간부도 이렇게 말했다. "하먼은 집 근처의 불량학교에 아들을 보내길 거부하면서 자기 아들의 이해관계를 자신의 정치적 이해관계보다 우선시했다. 대중은 이것을 더 지지하지 않을까?"

여기에 아이러니가 있다. 내 생각에 하먼을 좋게 평가하는 사람 중 일부는 하먼이 **실제로** 위선적으로 행동했다고, 즉 정치적 신념을 저버리면서까지 아들을 위했다고 생각하기 때문에 그러는 것이다. 그들이 보기에 하먼은 무정한 정치인이 되기보다는 좋은 부모가 되길 선택한 것이다. 내 주장이 옳다면 하먼은 결코 위선적으로 행동한 것이 아니다. 옳게 이해했다면 애초에 하먼의 정치적 신념은 자기 아들을 집 근처 종합중등학교에 보내라고 하지 않았다. 하먼이 아들을 종합중등학교에서 빼내는 것이 정당화될 수 있는지는 또 다른 문제다.

## 결론

이번 장에서 살펴본 정당화는 다소 포괄적이었다. 이런 정당화들은 흔히 발견되지만, 부모가 자녀를 위해 어디까지 해줄 수 있고 어디까지 해줄 수 없는지를 주장하기 위해 대단히 일반적인 차원에서 호소하고 있다. 그러나 막상 들여다보니 이 정당화들은 주는 답만큼이나 많은 질문을 만들어냈다. 이들 가운데 무엇이 타당한 정당화인지 살펴보기 위해 우리는 더 많은 것을 알 필요가 있다. 각 정당화를 훨씬 구체적으로 풀어보아야 하는 것이다. 부모에게 최선의 것을 추구할 권리나 의무가 있다는 주장, 혹은 부모가 자녀에게 자신의 가치를 강요하는 것은 정당화될 수 없다는 주장은 타당하지 않은 것으로 드러났다. 그렇다면 중요한 문제는 도대체 종합중등학교가 실제로 얼마나 나쁜지에 달린 것 같다. 과연 어디까지가 자녀를 '희생'하는 것인가? 학교가 얼마나 나빠야 '충분히 좋지 못한' 학교인가? 바로 이것이 다음 장의 주제다.

## 8장

# 얼마나 좋아야 충분히 좋은 것일까?

어떤 부모는 사립학교와 선별학교를 폐지하도록 법을 바꿔야 한다고 믿으면서도, 현행법 아래 다른 선택지의 학교가 충분히 좋지 않기 때문에 자기 아이를 사립학교나 선별학교에 보내는 것을 정당화한다. 그렇다고 이들이 반드시 위선적인 것은 아니다. 학교법을 바꿔야 하는 이유 중 하나는 그것을 통해 선택지 내의 다른 학교들이 충분히 좋아질 수 있기 때문이다. 더 중요한 이유는, 내가 7장에서 논의한 것처럼, 그것이 옳은 일이기 때문이다. [반면] 대부분의 현실에서는 당신의 자녀를 부실한 학교에 보냈을 때 다른 아이들이 받는 혜택이 그 아이의 희생을 정당화할 만큼 크지 않다.

부모가 부실하다고 생각하는 학교라면, 그곳을 피하기 위해 사립학교나 선별학교를 선택해도 (혹은 이사를 가도) 정당한 것일까? 그렇지 않다. 부모가 생각하기에 부실한지 아닌지는 중요하지 않다. 그 학교가 **진짜로** 부실한지가 중요한 것이다. 내가 지지하는 정당화는 보기보다 관대하지 않다. 결국 관건은 '충분히 좋은' 것이 무엇인지다. 학교가 어느 정도로 나빠야 감내할 수 없을 정도로 나쁜 것이라고 옳게 판단할 수 있을까? 그 학교에 다니는 아이가 어떤 피해를 입어야 그런 판단이 가능할까? 어떤 독자들이 느끼기엔 내 답변이 지나치게 엄격할 수도 있다. 그러나 우선 세 종류의 부실함에서부터 시작해 보겠다. 아래에 해당하는 학교에서 자녀를 빼내는 것은 충분히 정당하다.

- **정당화 9**: 자녀를 종합중등학교에서 빼내는 것이 자녀의 특수한 필요에 적절한 관심을 기울이는 유일한 방법이다.
- **정당화 10**: 자녀를 종합중등학교에서 빼내는 것이 자녀를 학교 내 괴롭힘에서 보호하는 유일한 방법이다.
- **정당화 11**: 자녀를 종합중등학교에서 빼내는 것이 자녀를 정서적·심리적 피해로부터 보호하는 유일한 방법이다.

당신이 특수한 필요를 가진 자녀의 부모라면, 그리고 공교육이 그런 아이들을 위해 마땅한 관심을 기울이고 있지 않다면, 자녀를 종합중등학교에서 빼냄으로써 그런 특수한 필요를 충족시키는 것은 정당하다. 우리는 지금 자녀에게 가능한 한 최선의 교육을 제공하고 싶다거나, 자녀의 능력을 최대한 발휘할 수 있는 교육을 제공하고 싶어 하는 욕심 많은 부모에 대해 말하는 것이 아니다. 사회로 나아가기 위해 필요한 기본적인 능력들을 익히려면 정말로 특수한 관심을 받아야 하는 아이들에 대해 말하고 있다. 철학자들은 다음과 같은 가상의 시나리오를 만들어 볼지도 모른다. 부모가 자녀에게 특별한 비중을 두는 정당한 편파성을 인정하지만, 모종의 대의를 위해 그러한 편파성을 마땅히 포기할 수 있어야 하는 상황 말이다. 하지만 현실에서는 한 부모가 자녀의 필요에 적절하지 않은 학교를 선택한다고 해도 그로 인해 다른 아이들이 얻는 이익이 미미할지도 모른다. 괴롭힘이나 정서적·심리적 피해의 사례에도 (서로 동반하여 일어나기도 한다) 본질적으로 같은 논리를 적용할 수 있다.

물론 부모들이 올바른 판단을 내리는 것이 매우 중요하다. 어떤 부모들은 너무 성급하게 집 근처의 종합중등학교가 해롭다고 결론을 내린다. 때로는 자녀를 그 학교에 보내보지도 않은 채, 자녀가 해를 입게 **될 거라고** 결론짓기도 한다. 나는 앞에서 자기 딸이 바이올린을 갖고 다니는 것 때문에 놀림을 받을까 봐 사립학교를 선택한 부모를 언급했다. 또, 내가 아는 한 부모는 자기 아들이 키가 작은 편이기 때문에 종합중등학교에 간다면 괴롭힘을 받을 거라며 자신의 결정을 해명하기도 했다. 이 두 부모는 모두 자신의 결정, 혹은 최소한 그 결정의 이유를 추측과 편견에 기대고 있다.

부모들은 의심스러운 경험적 추측을 내릴 뿐 아니라, 어디까지가 해로운지에 대해서도 지나치게 결벽증적일 수도 있다. 아이들이 어느 정도 서로 괴롭히거나 놀림당하는 것은 건강하고 정상적인 학교생활의 일부다. 내 기억에 나도 학창시절 가벼운 괴롭힘을 당했고, 가볍게 다른 아이들을 괴롭히기도 했다. 나는 부모들이 우리를 그 학교에서 빼내 전혀 갈등이 없는 환경으로 집어넣었어야 했다고 생각하지 않는다. 낮은 수준의 괴롭힘은 관련된 모든 이들에게 득이 될 수도 있다고 주장하려는 것은 아니다. (물론 그런 논증을 펼 수는 있겠다.) 다만 다른 사람들의 공격성에 대처하는 법과 스스로의 공격성을 인지하는 법을 배우는 것은 성장의 중요한 일부분일지도 모른다.

내 말의 옳고 그름과 상관없이, 일정 수준의 갈등이라면 반드시 심각하게 해롭지는 않을 가능성이 높다. 오해하지 않았으면 좋겠다. 내가 당한 만큼, 그리고 내가 괴롭혔던 아이들만큼, 미래의 아이들도 당했으면 좋겠다는, 그런 가학적이거나 복수심에 가득 찬 바람이라고 생각해서는 곤란하다. 하지만 부모들이 종합중등학교는 자녀에게 해롭고(혹은 해로울 것이고), 사립학교와 선별학교는 그렇지 않으리라고 얼마나 성급하게 결론을 내리는지 생각해본다면, 이렇게 다른 관점을 제시하는 것이 의미가 있어 보인다. 종합중등학교의 실태에 대한 왜곡된 믿음, 끊임없는 변명거리, 그리고 비현실적이고 (자녀에게) 해로운 결벽증이 섞이다 보면, 부모들은 그것을 핑계 삼아 자녀를 종합중등학교에서 빼내기 쉬워지는 것이다. 이런 논리는 충분히 좋지 않은 (다시 말해 부실한) 학교를 판단하는 데도 적용된다.

마찬가지로 집 근처 종합중등학교에서 제공하지 못하는 보충교육(remedial education)의 필요성을 판단하는 것 역시 쉽지 않다. 여기에는 자기기만, 희망사항, 그리고 그 외 다른 요소들이 끼어들 여지가 매우 많기 때문이다. 희망사항(wishful thinking)의 경우 다소 역설적인 면이 있다. 한편으로 부모들은 자기 아이가 특수한 경우라는 사실, 즉 아이의 능력이 정상 범위를 벗어나 일반 교실에서는 적절하게 가르칠 수 없다는 사실을 받아들이는 데 주저할 수 있다. 하지만 다른 한편으로, 아이가 특수한 경우에 속한다는 사실이야말로 정확히 부모가 믿고 싶은 것이기도 하다. 그런 특수한 필요야말로 자녀를 집 근처 종합중등학교에서 유감스럽게도 빼낸 뒤 특별한 관심을 받을 수 있는 곳으로 보내는 결정을 정당화해주기 때문이다. 냉소적인 사람들은 부모가 난독증으로 진단하는 대부분의 아이들은 부모의 성에 찰 만큼 똑똑하지 않은 것뿐이라고 비판한다. 그런 부모들은 자녀가 학교 공부를 잘할 능력이 평균 이하라고 인정하기보다는 자녀에게 난독증이 있다고 변명하는 것이 모종의 이유로 덜 부끄럽다고 생각한다는 것이다.

특수한 교육적 필요가 있는 아이나 괴롭힘을 당하는 아이 모두 정서적·심리적 피해를 겪을 수 있는데, 종종 부모들은 이런 피해를 우선적으로 피해야 한다고 생각한다. 난독증이 있는 아이의 부모라면 자기 아이가 같은 반 친구들을 따라가기 힘들다는 이유로 낮은 자존감에 시달리는 것을 발견할 것이다. 괴롭힘을 당하는 아이라면 불면증에 시달리거나 학교 가기를 두려워할 것이다. 심지어 난독증으로 인한 학습부진이나, 괴롭힘으로 자녀가 물리적으로 입는 피해에 크게 개의치 않는 부모라 할지라도, 그것들로 인한 정서적·심리적 문제들로부터 자기 아이를 보호하는 것은 정당하다고 생각할 수도 있다. 한편 어떤 학교들은 전혀 다른 이유에서 학생들을 불행하게 만들 수도 있다. 예를 들어 아이들이 스스로 이방인이라고 느끼거나, 같은 반 친구들로부터 소외되어 있다고 느끼거나, 어쩌면 학교를 너무도 지루해할 수도 있다. 여기서 불행하다는 말은 일반적인 의미가 아니다. 아이들이 학교에 가기 싫다고 할 때 보통 적절한 대답은 "인생은 원래 그렇게 어려운 거야. 익숙해지렴."이다. 그러나 깊은 수준에서 아이의 성격 형성에 영향을 미치는 불행함은 드물게 나타나지만 더 심각하게 받아들여야 한다. 불행과 지루함은 공격성으로 표현될 수 있고, 그렇게 아이가 '탈선'할 수도 있는 것이다. 그런 학교에 자녀를 보낸다는 것은 물에 빠져 가라앉는 자녀를 지켜보는 것과 비슷하다. 당신의 자녀가 그 학교에 다닌다는 사실로 다른 또래 아이들이 혜택을 입을지라도, 당신이 그런 일을 하도록 요구받아서는 안 된다.

앞에서와 마찬가지로 잊지 말아야 할 점은, 이런 종류의 사례에서 정당화될 수 있는 것은 부실한 학교를 피한다는 것뿐이다. 자녀에게 정서적 피해를 주는 학교에서 빼내 윈체스터 고등학교로 보내는 것은 대체로 정당화될 수 있는 수준을 넘어선다. 물론 윈체스터 같은 학교가 '충분히 좋은' 학교로서 자녀를 위한 유일한 선택지일 수도 있다. 하지만 별로 그럴 것 같지는 않다. 너무 똑똑해서(아니면 너무 귀한 몸이어서) 윈체스터 정도의 학교에 가야만 탈선하지 않을 아이가 몇이나 될까? 또 윈체스터와 집 근처 종합중등학교라는 양극단 사이에서 학교 선택에 아무런 대안이 없는 부모는 몇이나 될까?

그럼에도, 이런 종류의 정당화에 따라 행동하다 보면 불공평한 기득권(또는 불리한 조건)이 부모에게서 자녀에게로 대물림되는 결과를 초래하기 쉽다. 부모 자신은 그런 대물림이 불공평하다고 생각할지 모른다. 그리고 부분적으로는 사립학교와 선별학교가 불공평한 대물림을 인가한다는 이유에서 그런 학교의 폐지에 찬성할지도 모른다. 하지만 그런 부모의 경우에도 아이를 부실한 학교에서 빼내는 것에 우선순위를 두는 것은 옳은 일이고, 따라서 그런 우선순위에 따라 행동하는 것은 정당하고 위선적이지도 않다. 그 부모가 자녀를 사립학교에 보내는 것은 기득권을 대물림하기 위해서가 아니라, 그저 아이가 피해를 입지 않게 하기 위해서이기 때문이다. 그 부모 역시 부실한 학교를 피하는 과정에서 의도치 않은, 그리고 원치 않은 부산물로 자녀에게 기득권이 대물림된다는 사실을 안타까워할지도 모른다. 바로 이것이 그 부모가 정당한 행동을 했음에도 여전히 죄책감을 느끼는 이유다.

하지만 이런 합법적 정당화에 따라 행한 부모의 그런 행동이 정당하고 위선적이지도 않다면, 어째서 그런 행동의 결과가 기득권의 대물림으로 이어지는 것일까? 여기에는 세 가지 이유가 있다.

첫 번째 이유는 현실의 부모들에게 주어진 선택지 내의 '충분히 좋은' 학교들은 그곳에 다니는 학생들을 유리하게 만들어주며, 그 유리함은 충분히 좋은 수준 이상의 것이다. 학교 수업이 너무 쉬워서 학교를 따분하다고 생각하는 어떤 재능 있는 아이를 상상해보자. 이 아이는 학교가 너무 따분한 나머지 우울해하거나 행동장애를 보인다. 이 아이의 어머니가 이 책을 읽고서 아이를 윈체스터에 보내는 것이 정당화될 수 없음을 깨달았다고 해보자. 이 어머니는 아이의 탈선을 막을 수 있는 학교 중에서 가장 혜택이 적은 학교를 선택할 것이다. 그럼에도 여전히 그 학교는 아이에게 온갖 종류의 유리한 혜택을 부여하는 곳일 것이다. 그 아이의 재능과 주어진 선택지를 고려할 때, 그의 탈선을 막을 수 있는 학교가 곧 '일반적인' 공립학교보다 나은 교육을 제공하는 학교일 가능성이 크기 때문이다. 그 어머니에게는 아무런 잘못이 없겠지만, 그저 부실학교를 피하려다 보니 아이를 비범하게 좋은 (그리고 불공평하게 좋은) 학교에 보내게 되는 것이다.

두 번째 이유로, 과연 이 불공평함이 정말 부모의 잘못이 아니라고 할 수 있는지 물어보아야 한다. 집 근처 종합중등학교에 다니게 된다면 참을 수 없는 정서적·심리적 피해를 입게 되는 한 아이를 생각해보자. 그런 피해의 원인이 집에서의 삶과 학교에서의 삶이 불일치하기 때문이라면, 집에서의 삶에도 그 피해에 대한 책임이 있지 않을까? 여기서 염두에 두고 있는 아이는 똑똑하고 동기부여가 잘 되어 있으며, 그 부모가 아이의 성장에 관심이 많아 아이에게 책을 읽어주기도 하고, 반대로 아이가 부모에게 책을 읽어주기도 하며, 식탁에서 많은 이야기를 나누기도 하는 아이다. 그런데 학교는 그렇지 않다는 것을 이 아이가 깨달았다. 친구들은 어수선하고, 수업은 너무 쉽고, 선생님은 자기에게 깊은 관심을 기울이기엔 너무 바쁘다. 하지만 이 아이는 유복한 환경에서 태어난 운이 좋은 아이인지라, 다른 친구들과 비교했을 때 교사의 추가적 관심을 받을 자격이 가장 없는 것으로 보인다. 따라서 이 아이는 따분해하거나 깊은 불행감을 느끼고, 나아가 정서적·심리적 피해를 겪을 수 있다. 이 사례에서 아이의 가정환경은 명백히 문제의 한 부분을 차지한다.

　가정환경이 문제의 한 부분이라고 해서 그 가정의 구성원들에게 잘못이 있다는 뜻은 아니다. 내가 아는 어떤 부모는 자녀가 학교를 지루해하지 않도록 집에서 너무 많은 것을 가르치지 않으려고 노력한다. 하지만 그렇다고 해서 학교와 가정의 불일치를 알고 있는 부모가 아이와 이야기를 나누거나 아이에게 책을 읽어주는 것을 비난하는 것은 이상하다. 나의 관심은 학교법이 부모와 자녀 사이에 불공평하게 기득권을 대물림하는 일을 돕지 못하게 하는 것이지, 가정에서 부모가 자녀에게 말도 걸지 않아야 하고, 자녀를 격려하지도 말아야 한다는 것은 아니다! 요점은 가정에서 평균 이상의 관심을 받는 아이들은 부유한 가정의 아이들일 가능성이 높고, 그런 아이들은 집 근처 종합중등학교에 갔을 때 다른 아이들보다 더 힘들어할 가능성이 높다는 것이다. 따라서 단지 부실한 학교를 피하기 위해 자녀를 종합중등학교에서 빼내는 것을 정당화하는 부모는 상대적으로 기득권을 가진 부모일 가능성이 크다. 따라서 자녀를 종합중등학교에서 빼내려는 동기가 피해 방지를 위한 것이라도, 그 과정에서 부모들은 자녀에게 기득권을 물려줄 가능성이 크다. 이 경우 학교제도는 세대 간 기득권 대물림에 기여하고, 그것을 원치 않는 가정이라 하더라도 마찬가지다.

　그러나 세 번째 이유가 가장 중요하다. 지금까지의 근거는 완전히 헛소리이고, 가난한 집 아이 역시 부유한 집 아이만큼 집 근처 종합중등학교에서 피해를 입을 가능성이 높다고 해보자. 여전히 두 집단 사이에는 한 가지 큰 차이점이 있다. 가난한 집 아이는 피해를 당하고만 있어야 한다. 부실한 학교로부터 아이를 구하고 싶은 욕망의 크기가 부모의 기득권과 아무런 상관이 없을지라도, 그 욕망을 **행동으로 옮길 수 있는** 능력은 분명히 기득권과 상관이 있다. 이 사실은 사립학교의 사례에서 가장 명백하게 드러나는데, 사립학교에 들어가려면 공교육 제도 바깥의 교육에 비용을 지불할 수 있는 능력이 중요하기 때문이다. 그러나 공교육 제도 안에서도 사정은 비슷하다. 기득권을 가진 어떤 부모는 충분히 좋은 공립학교가 있는 학군으로 이사갈 (혹은 그것을 고려할 만한) 능력이 된다. 이 주제는 10장에서 다룰 것이다. 나아가, 사회학 연구에 따르면 부유한 부모들은 꼭 이사가 아니어도 제도를 자신에게 유리하게 이용하고, 정보를 수집하고, 다양한 입시제도를 파악하는 일에 더 능숙하다. 자녀를 집 근처 종합중등학교에서 빼내는 것에 부모들이 동등한 정도로 정당화될 수는 있지만, 실제로 이를 행동에 옮길 수 있는 능력에서는 대단히 큰 불평등이 있다.

- **정당화 12**: 자녀를 종합중등학교에서 빼내는 것은 자녀가 가난한 삶에서 벗어날 수 있도록 보장하는 유일한 방법이다.

앞선 정당화들과 마찬가지로, 이번 정당화 역시 충분히 좋지 않은 학교를 피하려는 부모의 결정이 정당하다는 논리에 호소한다. 하지만 여기서 '충분히 좋은' 학교의 기준은 꽤 높게 설정되어 있다. 물론 '가능한 한 최선'의 학교나 '잠재력을 실현하는' 학교만큼 높지는 않다. 그러나 여전히 특수한 필요나 괴롭힘, 그리고 정서적·심리적 피해를 회피하는 것보다는 높은 수준이다. 이번 정당화에 따르면, 부모는 자녀가 가난한 삶을 벗어날 수 있도록 보장하는 학교를 정당하게 추구할 수 있다. 물론 이런 정당화에 호소하는 부모라면 우리 사회의 **어느 누구도** 가난으로 고통 받아서는 안 된다고 생각할지도 모른다. 우리는 어떤 아이나 부모도 도덕적으로 용납할 수 없을 정도의 삶의 조건에 처하지 않도록 사회를 조직해야 한다. 그러나 지금 여기서 부모의 학교 선택이 이루어지는 현실적인 맥락을 생각해 보면, 어떤 아이는 그런 운명에 처하리라고 믿는 것이 자연스럽다. 이번 정당화가 주장하는 것은 부모가 자기 아이를 그런 운명에 처하도록 내버려두어선 안 된다는 것이다.

이 주장은 쉽게 들어보지 못했을 것이다. 왜냐하면 사립학교나 선별학교를 선택할 만한 부모는 대개 자녀가 종합중등학교에 가게 된다고 해서 가난해질 상황이 아니기 때문이다. 자녀를 사립학교에 보낼 의지도 능력도 있는 부모를 두었다면, 그 자녀가 사립학교에 가지 **않는다고** 해서 가난에 빠질 가능성은 거의 없어 보인다. 사립학교에 가지 않더라도 그 부모의 돈과 동기는 자녀가 충분히 잘 살도록 보장하기에 부족함이 없을 것이다. 선별학교의 경우에도, 아이가 문법학교에 합격할 만큼 똑똑하다면 종합중등학교에 다니더라도 빈곤선 이상의 급여를 받는 직업을 갖기 위한 능력을 갖추는 데 아무 문제가 없어야 할 것이다.

오히려 교육적으로나 경제적으로 불리한 처지에 있는 아이들이야말로 가난에 빠질 위험이 크다. 이런 상황의 부모에게는 자녀를 종합중등학교에서 빼낼 수 있는 자유가 현실적인 선택지가 아닌 그저 형식적인 가능성일 뿐이다. (그리고 그들에겐 가난을 피하려고 자녀를 종합중등학교에서 빼낸다는 이야기가 역겨운 농담처럼 들릴 것이다.) 따라서, 이번 정당화가 비교적 드물게 사용된다는 점이 놀라울 것은 없다.

그러나 이런 주장이 불가능하지는 않다. 사립학교 지지자들이 자주 상기시켜주듯이 부자여야만 사립학교에 가는 것은 아니다. 자녀를 사립학교에 보내기 위해 뼛속까지 절약하고, 사치를 마다하고, 부업을 찾는 사람들도 있다. 그런 사람 중 다수가 자녀가 가난하게 자라는 것을 막기 위해 꼭 필요한 일을 하는 거라고 생각할 것 같지는 않다. 그보다는 더 넓은 의미에서 자녀에게 가능한 한 최선의 출발선을 마련해주려는 것이 아닐지 추정해본다. 하지만 누군가에게는 자녀를 종합중등학교에서 빼내는 데서 오는 유리함 없이는 그들이 가난한 삶을 살게 될지도 모른다는 두려움이 충분히 현실적일 수 있다. **일부** 아이들은 결국 가난한 어른이 될 거라고 우리가 가정한다는 사실을 기억해보라. 혹여 자기 아이가 그러진 않을까 걱정하면서 이를 막기 위한 행동에 나서는 부모가 있는 것은 당연하다. 그것은 부모 자신이 교육을 제대로 받지 못해서(따라서, 집에서 아이를 도와주기도 힘들고, 복잡한 학교제도를 활용하기도 힘들어서)인지도 모른다. 혹은 그들의 자녀가 특출나게 똑똑하지 않아서일 수도 있다. 그들의 자녀가 무슨 이유에서든지 동기부여가 잘 안 되어 있기 때문일 수도 있다. 그런 아이들은 집 근처 종합중등학교에선 좋은 결과를 거두기 힘들지만, 사립학교에서는 전혀 달라질 수도 있다. 어쩌면 그들의 자녀가 소수민족이기 때문에 스스로 직업시장에서 차별당하리라고 생각하는지도 모른다. 차별 있는 사회에서 가난을 피하려면 차별 없는 사회에서 받아야 하는 교육보다 훨씬 나은 교육이 필요하다.

이런 경우 자녀를 종합중등학교에서 빼내는 것은 아이들이 가난한 삶을 맞닥뜨리게 하는 (혹은 회피하게 하는) 불공평한 사회구조에 맞서 균형을 맞추는 행위로 이해될 수 있다. 내가 4장(의 '개혁은 쓸모없는가'라는 절)에서 지적한 바와 같이, 특정한 시각에서는 사람들에게 자녀를 사립학교에 보낼 기회를 박탈하는 것이 그것을 허용하는 것보다 더 불공평해 보일 수도 있다. 우리는 어쩌면 부모의 돈이 자녀의 미래에 영향을 미치는 것을 금지함으로써, 부모의 문화자본이나 아이 자신의 능력, 노동 시장에서 소수민족 차별 같은 다른 요인들이 더 큰 영향을 발휘하도록 허용하는 것이다.

분명하게 말해보자. 부모가 자녀에게 해줄 수 있는 것을 어디까지 허용해야 하는지, 혹은 금지해야 하는지는 도덕적으로 근본적인 문제가 아니다. 물론, 아이가 자라면서 다른 아이보다 잘 살거나 못 살게 만드는 사회구조는 중요한 문제다. 그것이 중요하지 않다면 내가 이 책을 쓰지도 않았을 것이다. 더 깊은 문제는, 누군가는 가난하고 또 누군가는 그렇지 않은 이유가 무엇이든, 우리는 왜 누군가를 가난하게 살도록 내버려두고 있는가 하는 것이다. 만약 누군가는 반드시 가난하게 살아야 한다면, 그 사람은 사회구성원 중에서 가장 재능이 떨어지는 사람이어야 하는 것인지 모르겠다. 우리 사회의 많은 사람은 불우한 환경에서 태어난 아이나 소수민족의 아이가 가난해지는 것보다는 재능 없는 사람이 가난해지는 것을 더 공평하다고 생각한다. (물론 나는 그렇게 생각하지 않는다. 당신의 관점에서 자연적 행운이 사회적 행운보다 더 큰 영향을 끼쳐도 되는 이유가 무엇인지 납득하기 어렵기 때문이다). 하지만 너무나 재능이 떨어지는 나머지, 능력에 따른 보상을 지향하는 모든 사회제도에서 가장 밑바닥에 머무를 한 아이의 어머니가 바로 당신이라고 해보자. 그런데 사람들은 당신이 돈을 써서 아들을 중위권에 올라가도록 돕는 것이 금지되어 있다고 말한다. 이제 당신은 사회의 밑바닥을 빈곤선 이상으로 끌어올려야 한다는 입장을 쉽사리 이해할 수 있을 것이다. 어쩌면 밑바닥을 가능한 한 최대로 끌어올려야 하는지도 모른다.

이 주제를 제대로 논의하려면 새로운 책을 써야 할 것이다. 그 책에서 나는 당신에게 가난을 없애기 위해 더 높고 가파른 세율의 누진세제에 투표하라거나, 그런 목표를 위해 자기 재산의 부당한 초과분을 자발적으로 기부하라고 할 것이다. 그렇지만 어느 정도의 빈곤이 존재함을 받아들이면서 부모와 학교 문제에 초점을 맞춘다면 우리는 어떻게 해야 할까? 매우 흔치 않은 경우지만, 자녀를 종합중등학교에서 빼내는 것이 그 아이가 가난을 피할 수 있게 하는 가장 확실한 방법인 사례도 있을 수 있다. 그렇다면 그렇게 하는 것이 정당한가? 그렇지 않아 보인다. 자녀가 가난을 피할 수 있도록 **보장한다는** 것은 지나친 일이다. 내가 생각할 때 정당화될 수 있는 지점은 자녀가 가난을 피할 수 있도록 보장하는 것과, 자녀에게 가난을 벗어날 수 있는 공평한 기회를 마련해주는 것, 이 둘 사이 어디쯤에 있다. 이것은 복잡한 문제이므로 찬찬히 살펴보자.

　우리는 어쩔 수 없이 확률을 가지고 판단하게 된다. 자기 아이를 어떤 학교에 보내야만 확실하게 가난을 피할 수 있게 되는지 알고 있는 부모는 없다. 내가 채택해온 접근에 따르면, 자녀에게 가능한 한 최선의 것을 해주려는 부모의 정당성은 명백하게 부정된다. 오히려 부모가 '충분히 좋은' 학교를 선택하는 것은 정당하다는 주장이 더 그럴싸하다. 물론, 여기서도 다른 아이들에게 끼칠 부정적인 결과를 고려해야겠지만 말이다. 하지만, 확률로 인해 문제는 복잡해진다. 그러니까 당신이 자녀 교육이나 직업 전망 자체를 최적화해주는 학교를 선택하는 것은 지나친 일이다. 하지만, 당신의 자녀가 '충분히 좋은 것'으로 판명된 것을 달성할 확률을 **극대화해주는** 학교를 선택하는 것은 정당화되는가? 그것이 바로 가난을 피할 수 있게 보장하는 학교에 자녀를 보내도록 허용해야 한다는 주장을 이해하는 자연스러운 방식이다. 그리고 이것이 문제다. 자녀의 가난을 피할 기회를 극대화하기 위한 방법은 무조건 높은 곳을 목표로 하는 것이다. 수많은 실패의 가능성도 있기 때문에, 자녀를 최상위권 학교에 보내는 것이 가장 안전한 방법이다. 물론, 여전히 확실한 보장이란 불가능하기 때문에 실제로는 자녀에게 어떤 것도 '보장해주지' 못하지만, 그래도 여전히 최상위권 학교는 당신의 목표를 달성하기 위한 최선의 방법이다.

부모가 자녀를 위해 가난을 피할 기회를 극대화하는 학교를 선택하는 것이 정당화될 수 있다면, 그때 목표를 위해 정당화되는 선택들은 우리의 예상보다 훨씬 덜 제한되고 덜 구체적일 것이다. 높은 곳을 목표로 하는 사람 중 일부는 그 목표를 달성할 것이다. 그런 아이들은 결과적으로 그저 가난을 피하는 정도가 아니라 직업 경쟁에서 성공하기 위한 전반적인 준비를 불공평할 정도로 잘 마칠 것이다. 그들이 가난을 피하기 위한 더 나은 기회를 가진다는 점만으로도 이미 충분히 불공평하다. 어쩌면 이 정도의 불공평은 우리가 기꺼이 감내할 수 있을지도 모른다. 이것은 정당한 편파성에 입각한 행위로 벌어진 결과이기 때문이다. 하지만, 이런 종류의 불공평함이 직업시장 전반에까지 흘러넘치도록 방치하는 것은 지나친 일로, 불우한 이들의 상처에 모욕을 추가하는 것이다.

내가 보기에, 부모가 이런 식으로 높은 곳을 목표로 하는 것은 정당화될 수 없다. 자녀를 위해 가난을 피할 기회를 극대화하는 것도 정당화되지 않는다. 정당화될 수 있는 것은 자녀에게 가난을 피할 수 있는 **충분히 좋은** 기회를 마련해주는 것뿐이다. 여기서 적절성(adequacy)은 두 번 작용한다. 아이에게 성공의 기회를 주는 것이 적절한 이유는 그것이 가난을 피할 수 있는 방법이기 때문이다. 그리고 아이가 그 적절성을 성취할 수 있는 확률 자체도 적절해야지, 극대화되어서는 안 된다. 따라서 이제 문제는 가난을 피할 충분히 좋은 기회란 어디까지인가 하는 문제에 닿는다.

**공평한 기회**가 충분히 좋은 기회라는 생각은 상당히 매력적이다. 나는 가난을 피하려는 이유가 자녀를 종합중등학교에서 빼내기 위한 적절한 정당화가 되게 하고자 자기 아이에겐 승산이 없다고 사리분별력을 갖고 생각할 수 있는 부모의 존재를 강조했다. 소수민족 출신 부모가 자녀를 사립학교에 보내는 이유는 사회구조 안의 다양한 불공평에 대해 균형을 맞추기 위해서라는 점을 생각해보자. 교육이 직업으로 전환되는 시점에서 다른 아이들은 소수민족 가정의 자녀들을 앞질러 새치기할 것이기 때문에, 소수민족 부모의 입장에서는 자기 아이를 사립학교에 보내 다른 아이들을 앞지를 수 있도록 도와야 한다고 생각할 수도 있다. 혹은 그들은 애초부터 자기 아이의 학업에 지장을 주는 여러 가지 편견이 학교제도 안에 포함되어 있다고 생각할 수도 있다. 여기서 그 부모가 자녀를 사립학교에 보내는 것은 가난을 피할 공평한 기회를 마련하기 위한 것뿐이다. (다시 말하지만, 나는 이런 이유 때문에 사립학교를 선택하는 사람들이 많다고 주장하는 것은 아니다. 다만, 그런 사람도 충분히 있을 수 있다는 것이다.)

하지만 이 경우, 그런 부모의 동기는 전혀 편파성에서 비롯된 것이 아니다. 모든 아이의 이해관계를 동등한 비중으로 고려하는 누군가가 이와 똑같은 결정을 내리더라도 그것은 정당화될 것이다. 정당한 편파성을 진지하게 받아들인다는 것은, 개인의 선택이라는 미시적인 맥락에서 자녀가 가난을 피하게 하기 위해 부모가 공평한 기회보다 더 좋은 기회를 주더라도 그것이 정당화된다는 것을 의미한다. 부모가 자녀에게 공평한 기회까지만 줄 수 있다고 제한하는 것은, 물에 빠진 아이들 중 자기 아이를 구할지 다른 아이를 구할지를 동전을 던져서 정하라는 것과 같다.

이 정당화가 정확히 어떤 종류의 결정을 정당화하는 것인지 나로서는 파악하기가 어렵다. 지금까지의 논의에 따르면, 정당화 12가 정식화하는 주장은 지나치게 강하다. 부모가 자녀를 위해 가난을 피할 수 있도록 **보장해주는** 학교를 선택하는 것은 옳을 수 없다. 확률적 추론에 따르면 가난을 피할 수 있도록 보장해주는 것과, 가능한 한 최선의 교육을 제공해주는 것의 간극은 터무니없이 좁아진다. 하지만 부모는 자녀를 끝내 가난하게 만드는 여러 가지 불공평한 과정에 대해 단순히 균형을 맞추는 것보다는 더 많은 것을 정당하게 해줄 수 있다.

'충분히 좋은' 것이 어디까지인지에 대한 복잡한 논의는 차치하더라도, 또 다른 문제는 자기 아이에게 가난을 피할 수 있는 기회를 마련해주기 위해 필요한 것을 부모가 판단하는 방식에 있다. 보충교육, 괴롭힘, 정서적·심리적 피해와 관련된 논의에서 제기되었던 의혹과 비슷하게, 부모는 자녀가 필요로 하는 것을 판단할 때 속임수를 쓰거나 자신도 모르게 한쪽으로 치우친 판단을 하기 쉽다. 사람들에게 놀라운 자기기만의 능력이 있다는 점을 생각한다면 부모가 자녀의 필요를 과소평가할 가능성은 낮아 보인다. 언제나 그렇듯, 이 원칙이 자녀를 종합중등학교에서 빼내는 것을 정당화해준다고 믿는 것만으로는 정말로 충분하지 않다. 그 원칙이 당신이 처한 구체적 상황에서 자녀를 종합중등학교에서 빼낸 당신의 선택을 정당화해준다고 믿는 것도 충분하지 않다. 자신에게 편한 것만 골라서 믿는 것이 아니라, 당신의 신념이 좋은 증거에 기초해 탄탄하게 뒷받침되고 있다는 것을 진정성 있게 믿어야 할 필요가 있다.

다른 측면에서 보더라도, 가난을 피하는 것은 이전의 사례들과 비슷한 점이 있다. 이전과 마찬가지로 이번 정당화는 가난을 피하기 위해 충분히 좋은 학교를 선택하는 것까지만 정당화하며, 그 이상은 정당화하지 않는다. 그러나 다시 전과 마찬가지로, 실제 상황에서 당신은 선택 가능한 학교의 범위로 인해 좋든 싫든 충분히 좋은 학교보다 더 좋은 학교를 선택하게 될지도 모른다. 다만, 이전과 달리 이번 사례에는 경쟁이라는 요소가 포함되어 있다. 우리는 현실적으로 아이들 중 누군가는 자라서 가난하게 살게 될 거라고 상정해야 한다. 내 아이를 종합중등학교에서 빼내는 의도는 가난하게 살 아이들 중 하나가 내 아이일 확률을 낮추기 위해서다. 하지만 그 결과 내 아이가 아닌 당신의 아이가 가난에 빠질 확률이 높아진다. 우리는 내 아이를 종합중등학교에서 빼낼 때 내 아이만 도움을 받을 뿐, 남들에게 피해가 가진 않는다고 생각할 수 없다. 결코 그럴 수 없는 까닭인즉, 교육은 내재적 가치뿐 아니라 지위적 가치도 지니기 때문이다. 내 아이가 앞질러 간다는 것은 그렇지 못한 누군가가 반드시 뒤처진다는 뜻이다. 이것이 부모가 자기 아이를 남보다 앞질러 가도록 밀어주는 일을 [무분별하게] 허용해서는 안 된다는 기본적인 주장의 핵심 전제다. 부모가 자녀에게 해주려던 것이 무엇이든 간에, 그것이 내 아이가 남을 앞질러 가도록 밀어주는 일이라면 그것은 곧 다른 아이들의 상황을 더 악화시키는 것이다. 이번 사례를 이전과 다르게 만들어주는 것은, 여기서 부모는 자기 아이를 남들보다 앞질러 가도록 밀어주고 있다는 점을 알고 있다는 사실이다. 오히려 바로 그 이유 때문에 그렇게 행동하는 것이다. 자기 아이에게 가난을 피할 충분히 좋은 기회를 마련해주기 위해 남들을 앞질러 가도록 밀어주는 것이다.

그러나 여기서 균형 잡힌 시각을 가질 필요가 있다. 현실적으로 자녀를 사립학교에 보내는 대다수의 부모는 자기 아이가 사립학교에 가지 못한다면 가난에 빠질 거라고 걱정하지 않는다. 오늘날 사립학교에 다니는 학생 대부분은 너무도 큰 우위를 누리는 나머지, 그 아이들이 남들보다 **뒤처지게 하는** 나쁜 교육을 받더라도 결국에는 별문제 없이 살아갈 가능성이 크다. 선별학교에 들어갈 만큼 똑똑한 아이도 종합중등학교에 간다고 해서 가난해질 것 같지는 않다. 물론 어떤 경우에는 사립학교에 다니는 것이 아이에게 가난을 피할 공평한 기회를 부여하는 수단이 되는 것도 사실이다. 동시에 나는 이러한 공평성의 회복을 이유로 댈 필요도 없다고 주장해왔다. 정당한 편파성에 따르면, 가난을 피할 수 있는 불공평하게 좋은 기회를 아이에게 마련해주는 것도 정당화된다. 아이에게 마지막 남은 구명조

끼를 받을 수 있는 불공평하게 좋은 기회를 주는 것이 정당화되는 것처럼 말이다. 그러나 그렇다고 해도, 지금 자녀를 종합중등학교에서 빼내는 부모들 가운데 이번 정당화가 변호해줄 수 있는 사람들은 극소수일 뿐이다.

- **정당화 13**: 자녀를 종합중등학교에서 빼내는 것은 친밀한 가족관계를 유지하기 위한 유일한 방법이다.
- **정당화 14**: 자녀를 종합중등학교에서 빼내는 것은 자녀에게 내재적 가치를 지닌 교육을 제공하는 유일한 방법이다.

정당한 편파성 검증을 기억해 본다면, 머리맡 동화 읽어주기는 가족적 가치와의 관계를 고려했을 때 [정당한 편파성의] 선을 넘지 않는다. 하지만 자녀가 셰익스피어를 감상하는 법을 알면 좋겠다는 나의 바람을 생각해 보자. 내가 그렇게 바라는 데는 두 가지 이유가 있다. 첫째, 셰익스피어 감상은 내재적 가치를 지닌다. 둘째, 셰익스피어 감상은 우리 가족이 친밀한 관계를 유지하는 데 중요한 역할을 하고, 따라서 우리 가족에게 셰익스피어 감상은 머리맡 동화 읽기와 닮아있다. 사립학교와 선별학교를 허용하는 법이 친밀한 부모-자녀 관계 유지에 일반적으로 필요하다면, 우리는 머리맡 동화 읽기와 마찬가지로 그런 학교를 허용하는 법에 투표해야 할 것이다. 그런 학교가 불평등한 결과를 낳더라도 말이다.

내가 보기에 친밀한 가족관계는 부모가 마땅히 추구해야 할 중요한 가치다. 물론 모든 부모가 그 가치를 성취하리라는 보장은 없다. 자녀가 부모를 못 견뎌할 수도 있고, 부모의 신념이나 부모가 대변하는 모든 것을 거부하려 들지도 모른다. 그리고 아이들은 반드시 그렇게 할 자유를 가질 수 있도록 교육받아야 한다. 이 모든 조건을 따르더라도 부모-자녀 간의 친밀함은 충분히 합당한 목표인 것 같다. 우리는 여기서 미시적인 차원만 고려하고 있기에 수많은 타인이 치러야 하는 비용은 생각하지 않겠다. 이 경우 자녀를 종합중등학교에서 빼내는 것만이 친밀한 가족관계를 달성할 유일한 방법이라면, 바로 그 이유 때문에 부모가 자녀를 종합중등학교에서 빼내는 것은 정당화될 수 있다. 하지만 이것은 대단히 큰 가정이다. 이런 정당화를 제시하는 부모가 있다면 내가 캐묻고 싶은 것이 몇 가지 있다.

첫째, 지속적 친밀함의 기반을 왜 부모가 결정해야 하는가? 이 문제를 조금 더 엄밀하게 살펴보기 위해 예시를 하나 들겠다. 자기 아들이 그리스어와 라틴어를 배우는 것에 각별한 신경을 쓰는 어머니가 있다고 하자. 그 어머니 자신이 고전주의자이고, 아이가 자랐을 때 자신의 관심사를 아이와 공유하고 싶기 때문이다. 우리는 이렇게 반문할 수 있다. "아이와 가까워지기 위해 그 아이가 그리스어와 라틴어를 배워야 한다고 생각한다면, 어머님이 큰 착각을 하고 계신 겁니다. 무엇이든 친밀한 관계의 기반이 될 수 있습니다. 아이는 집 근처 종합중등학교에 보내고, 어머니는 힙합을 배워보세요. 왜 결정권이 당신에게만 있어야 합니까?" (이런 생각은 2장에서 다룬, 아버지와 함께 복싱 경기를 봐야 했던 불쌍한 샬롯 이야기에서도 마찬가지일 것이다).

둘째, 부모가 그리스어와 라틴어를 절대로 포기할 수 없을 정도로 융통성이 없다면, 얼마든지 직접 자녀를 가르칠 수도 있다. 오히려 그 편이 자녀와의 친밀한 관계에 정말로 도움이 될 것이다. 또는 그런 교육을 학교 밖에서 사적으로 받게 할 수도 있다. 물론 부모가 친밀한 관계를 위해 신경 쓰는 것들이 경쟁상의 가치도 지닌다면, 그러한 대안적인 교육은 결국 지위상의 이점과 기회의 불평등을 초래할 것이다. 하지만 모든 대안적 교육이 그런 것은 아니다. 학교 성적에 반영되지 않는다면 그리스어와 라틴어의 시장 가치는 그리 크지 않을 것이다. 그리고 그리스어나 라틴어가 지위상 이점을 초래하는 경우에도, 최소한 부모는 자녀와의 친밀한 관계 유지에 필요한 만큼만 자녀에게 제공할 것이고, 사립학교나 선별학교에 뒤따르는 다른 모든 이점을 제공하지는 않을 것이다.

머리맡 동화 읽기나 이와 유사한 비공식적 상호작용은 모든 이들이 가치롭게 여기는 종류의 관계에 정말로 본질적이다. 어떤 것도 이를 대체할 수 없다. 반면, 부모가 합당한 수준에서 융통성을 발휘할 수 있다면 친밀한 관계를 유지하기 위한 기반은 다양할 수 있다. 만일 모종의 이유로 융통성을 발휘할 수 없는 부모라면, 자신의 특정한 관심사를 자녀에게 전수해주는 일을 학교에 떠넘길 것이 아니라 스스로 떠맡을 수도 있다.

주목할 점은, 두 가지 반론 모두 결과적으로는 종합중등학교에서 그리스어와 라틴어를 가르칠 일이 없으리라는 점을 인정한다는 것이다(설사 학생의 부모가 고전주의자라 하더라도 말이다). 그러니까 이런 식이다. "당신이 자녀와 친밀한 관계를 유지하기 위해 필요하다고 생각하는 것들을 집 근처의 종합중등학교는 가르치지 않을 겁니다. 그러니 당신의 요구 사항을 바꾸거나, 아니면 당신이 직접 가르치시죠." 누군가는 이런 결론에 불만을 가질 수 있겠고, 그만큼 현행 종합중등학교가 얼마나 끔찍한지를 성토하는 뜬소문들을 덥썩 받아들이지 않도록 경계할 필요도 있겠다. 그러나 몇몇 종합중등학교에 다니는 아이들이 특정 과목을 배우길 기대하는 것이 비현실적이라는 점은 부정하기 어려워 보인다. 그리고 부모의 걱정은 특정 과목에 대한 것이라기보다, 더 막연하고 광범위한 인생의 전망에 대한 것인 경우가 많다. 그런 부모들은 자녀와의 관계가 소원해질까 걱정한다. (모든 부모가 겪어야 할 일반적인 정도의 소원함을 넘어서서 말이다.) 곧 아이는 학교를 기반으로 하는 문화에 따라 사회화되는데, 해당 문화가 부모에게는 낯설고 적대적으로 느껴질 것이라는 걱정이다. 여기서 부모가 불안한 까닭은, 자신이 최선의 노력을 했음에도 결국 아이가 낯선 사람으로 변해갈지도 모르기 때문이다. 내 생각에 이 걱정은 충분히 현실적이다. 부모의 융통성 있는 태도가 중요하다는 점을 고려하더라도, 이런 걱정으로 인해 충분히 자녀를 종합중등학교에서 빼내는 것이 정당화되는 사례가 있을 수 있다.

여기서 거시적 차원과 미시적 차원의 차이가 드러난다. 사립학교와 선별학교가 존재한다는 바로 그 사실 때문에 많은 사람이 (친밀한 가족관계 측면에서) 집 근처의 종합중등학교가 부실하다고 판단한다. 그렇기에, 자녀를 사립학교나 선별학교에 보내는 이유가 그곳에서밖에 그리스어나 라틴어를 가르치지 않기 때문이거나, 자녀가 낯선 사람으로 변할까 봐 두려워서인 경우에도, 부모는 일관성 있게 그런 학교를 폐지하는 법에 투표할 수 있다. 예컨대 그런 학교를 폐지함으로써 모든 부모가 종합중등학교에서 무엇을 가르치고 있는지에 관심을 갖게 된다면 그로 인해 종합중등학교에서 그리스어나 라틴어를 가르칠 가능성이 높아진다고 믿을 수도 있다. 혹은 서로 다른 아이들을 서로 다른 학교로 나누기보다는, 모든 학생을 종합중등학교에 다니게 하는 것이 '학교문화'나 학교의 에토스를 개선하는 데 효과가 있다고 생각할 수도 있다.

물론 위선자가 되지 않기 위해 그렇게 생각해야 한다는 뜻은 아니다. 사립학교 폐지에 찬성하지만 자기 아이는 이튼에 보내는 여성의 이야기를 언제나 유사한 사례로 가져올 수 있다. 부모 중에는 사회 전체의 교육적 정의를 위해 자기 아이와의 친밀한 관계를 희생할 용의가 있는 사람도 충분히 있을 것이다. 그런 사람이라면 사립학교 폐지가 우리가 말한 측면에서 종합중등학교의 부실함을 개선하는 데 도움이 되지 못한다고 생각할지라도, 무조건 사립학교 폐지법에 투표할 것이다. 하지만 사회 전체의 교육적 정의가 그의 선택지에 없다면, 그 부모는 망설임 없이 친밀한 가족관계에 필요한 교육을 제공하는 학교에 자녀를 보낼 것이다.

지금까지 정당화 13을 다루었지만, 논의의 많은 지점이 정당화 14에도 적용될 수 있다. 정당화 14에서는 자녀가 종합중등학교에서 빠져나옴으로써 얻게 될 교육의 내재적 가치에 호소한다. 친밀한 가족관계를 위해 꼭 필요한 것은 **아닐지라도**, 자녀가 셰익스피어의 작품이나 그리스어 혹은 라틴어를 배울 수 있는 학교에 다니길 바라는 것은 충분히 합당한 바람이다. 나는 그런 멋진 것들을 통해 내 아이의 삶이 풍요로워지길 바랄 뿐이지만, 집 근처의 종합중등학교에서는 그런 것을 얻을 수 없을 것이다. 앞의 경우와 마찬가지로, 이것을 위선적이라고 볼 수는 없다. 어쩌면 나는 사립학교와 선별학교를 폐지해야만 종합중등학교가 그런 내재적인 가치를 지닌 교육을 제공할 수 있으리라고 생각하는지도 모른다. 사회 전체의 교육적 정의를 위해 내 아이의 교육을 정말 포기할 수 있을지 모르지만, 내 아이만 종합중등학교에 보냈을 때 얻게 될 (조그마한) 교육적 정의를 위해서는 아이의 교육을 포기할 수 없다. 따라서 전자의 경우, 내 아이가 사립학교나 선별학교에 다니지 못하게 될지라도 그런 학교를 폐지하는 법에 투표하겠지만, 후자의 경우 여전히 내 아이를 그런 학교에 보내기는 할 것이다.

물론, 정당화 14 역시 동일한 반론이 적용된다. 정말 당신이 내재적으로 가치 있다고 판단하는 것을 배울 수 있게 하기 위해 자녀를 종합중등학교에서 빼내야 하는가? 집 근처의 종합중등학교가 그런 교육을 하지 않는다면, 당신이 직접 가르치거나 따로 돈을 써서 가르칠 수도 있지 않을까? 그렇게 한다면 사립학교나 선별학교로 인한 불평등 효과를 방지할 수도 있지 않을까? 그럼에도 이전의 논의와 마찬가지로 자녀를 종합중등학교에서 빼내는 것만이 당신이 추구하는 목표를 이룰 수 있는 유일하게 실현 가능한 선택지일 수도 있다. 이 경우에는 자녀를 종합중등학교에서 빼내는 것이 위선적이지도 않을 뿐 아니라, 때에 따라서는 정당화될 수도 있다. 여기에는 두 가지 기준이 필요하다. 먼저, 당신은 어디까지를 적절한 수준으로 보는가? 다시 말해 '집 근처 종합중등학교에서는 얻을 수 없기 때문에 자녀를 그곳에서 빼내는 것이 정당화되는 내재적 가치를 지닌 교육'이라는 당신의 관념은 얼마나 잘 방어될 수 있는가? 다음으로 자녀를 종합중등학교에서 빼내려는 당신의 미시적인 결정이 다른 사람들에게 끼치는 비용의 크기는 얼마인가? 다시 말해 당신의 미시적인 결정이 다른 사람들에게 얼마나 많은 피해를 끼치는가?

유념해야 할 것은 이런 정당화들이 여러 사람에 걸쳐 누적된다면 결국 불평등을 초래할 가능성이 크다는 점이다. 부모와 자녀의 관계를 친밀하게 유지한다는 정당화는 가난한 부모들보다 부유한 부모들의 정당화가 될 가능성이 커 보인다. 왜일까? 부유한 사람들이 아는 것과 이해하는 것은 (곧 이들이 자녀와 친밀한 관계를 유지하기 위해 자녀들 역시 알고 이해하기를 바라는 것은) 그들이 부유하다는 바로 그 사실과 밀접하게 연관되어 있을 가능성이 높다. 어쩌면 애당초 그런 앎이나 이해가 있었기 때문에 그들이 부자가 될 수 있었는지도 모른다. 혹은 일단 부유해지고 나니, 부유한 사람들에게만 더 접하기 쉬운 것들에 관심이 생겼는지도 모른다. 거칠고 모호하게 말하자면, 대개 문화적 차원의 앎이나 이해가 자원의 사회적 분배와 밀접하게 얽혀 있다. 자녀가 어느 정도 자신을 닮길 바라는 것 자체는 정당한 관심일 수 있다. 하지만 그런 관심을 동기로 삼는 행위에는 사회학자들이 '문화적 재생산'이라고 부르는 것뿐만 아니라 사회적 불평등의 재생산까지 함축되어 있을 수 있다. 기득권을 가진 부모일수록 자녀를 종합중등학교에서 빼낼 여력이 많을 뿐 아니라 (실제로 그렇다) 그 빼냄에 대한 정당화 역시 기득권 부모들에게 더욱 적용될 가능성이 높다.

앞의 사례에서와 마찬가지로, 이런 정당화를 이유로 자녀를 종합중등학교에서 빼낸 부모는 자신이 의도한 것보다 자녀를 더 많은 방법으로 돕게 된다. '적절성'을 만족하는 교육을 시키려는 과정 자체가 이를 통과한 아이들에게 경쟁상 우위를 제공하는데, 특히 영국처럼 학교제도가 분화되어 있고 분열을 조장하는 곳이라면 더욱 그렇다. 그리고 부유한 부모는 바로 그런 측면의 교육에 높은 가치를 부여할 가능성이 특별히 높다. 이 논점들을 차례대로 다루어보자.

내재적으로 가치 있는 교육이 이를 받는 아이들에게 경쟁상 우위를 부여하는 방법에는 여러 가지가 있다. 그 자체로 가치 있는 기술이나 감수성 역시 지위상 우위의 원천이 될 수도 있다. 자기 아들을 과학자로 만들기 위한 교육에 관심이 있는 엄마는 과학자가 노동시장에서 좋은 대접을 받는다는 사실에 전혀 무심할 수도 있다. 아이가 과학자가 되는 것이 유일한 목적이기 때문에, 그 과정에서 여러 가지 도구적 가치가 있는 자질을 갖출 수도 있다는 사실에는 눈길조차 주지 않을 수도 있다. 오히려 과학자가 되는 데 필요한 종류의 학교가, 소중한 인맥이나 화려한 이력서('명문학교' 출신이니까) 등 나중에 과학이 적성에 맞지 않을 경우 도움이 될 만한 것들을 함께 제공한다는 사실에 치를 떨지도 모른다. 이 모든 방법을 통해 내재적 가치를 지니는 것들은 결국 경쟁상 우위를 초래할 수 있다.

한편, 이런 종류의 정당화가 가정 간의 불평등을 영속화할 가능성이 크다는 주장은 어떠한가? 어쨌거나 자기 아이를 과학자로 만들고 싶어 하는 부모의 마음은 왕자와 거지를 가리지 않을 수 있다. 이전과 마찬가지로 한 가지 이유는 분명하다. 비록 이 정당화가 기득권 부모뿐 아니라 비기득권층 부모에게 동일하게 적용된다 하더라도, 그것을 행동에 옮길 수 있는 부모는 기득권층일 가능성이 크다. 그들은 재산도 더 많고 주어진 제도를 활용하는 능력이나 필요한 정보에 접근하는 능력 등에서도 더 뛰어나다. 그런데 이 정당화를 구성하는 신념은 부자들 사이에서만큼 빈자들 사이에서 지지받지 못할 가능성이 높다. 돈이라는 것은 가진 자보다 못 가진 자에게 더 소중한 법이다. 이 점을 가정한다면, 비교적 가난한 사람들은 교육의 독립적 가치를 추구하기보다는 그것을 경제적 보상을 위한 수단으로 여길 공산이 높다. 또한 부모가 교육의 도구적 가치가 아닌 내재적 가치를 높게 산다 하더라도, 자녀가 반드시 배웠으면 하는 것들은 대부분 이미 부모 자신이 알고 이해하는 것일 가능성이 크다. (부모가 자녀와 친밀한 관계를 유지하고 싶어 한다는 논점을 별개로 두더라도 그러하다.) 상대적으로 기득권층에 있는 부모들의 지식과 이해는 그들이 기득권을 얻는 데 일정한 역할을 했을 것이며, 나아가 그 자녀 역시 그러한 지식과 이해를 갖추면서 유사한 혜택을 누릴 가능성이 높다.

아이가 자신처럼 되기를 바라거나 미래의 행복을 위해 중요하다고 생각되는 교육을 받길 바라는 부모의 마음은 그 자체로 사회의 상대적 기득권(그리고 비기득권)을 세대 간 대물림하는 데 충분할 수 있다. 아무도 그럴 동기나 의도가 없었다 하더라도 부모의 기득권은 자녀에게로 옮겨갈 것이다. 이런 일을 가능하게 하는 것이 바로 교육제도 내지는 학교 선택권이다. 교육제도는 사람들의 의도가 불공평이나 불평등과는 아무런 상관이 없을지라도 그런 선택의 불공평하고 불평등한 효과를 증폭시킨다. 이것이 바로 우리가 제도를 개혁해야 하는 한 가지 이유다. 하지만 그러면서도 여전히 당신이 자녀를 종합중등학교에서 빼내는 것은 정당화될 수 있다.

- **정당화 15**: 자녀를 종합중등학교에서 빼내는 것은 자녀의 삶에 공평한 기회를 마련해주는 유일한 방법이다.

내 아이에게 의사가 될 수 있는 공평한 기회를 마련해주고 싶다고 해보자. 나는 공평한 기회 이상을 바라지 않기 때문에, 1부에서 논의한 것처럼 기꺼이 학교법을 바꾸는 데 투표할 것이다. 하지만 지금의 학교법은 누군가에게는 불공평할 정도로 좋은 기회를 마련해주는 학교에 자녀를 보낼 수 있도록 허용하고 있다. 그렇다면 그런 학교에 가지 못하는 아이들은 공평한 정도보다 불리한 기회를 갖게 된다. 나는 내 아이가 불공평할 정도로 좋은 기회를 갖길 바라지도 않지만, 공평한 것보다 더 불리한 기회를 갖길 바라지도 않는다. 내게 주어진 선택지를 감안한다면, 아이에게 공평한 기회를 마련해줄 수 있는 유일한 방법은 공평한 것 이상의 기회를 마련해주는 것인지도 모른다.

이런 식의 생각은 당신이 추구하는 목표가 무엇이든 상관없이 어디에나 적용될 수 있다. 당신에게 의사란 직업이 그리 매력적이지 않다면 다른 어떤 직업을 넣어도 상관없다. 어쩌면 당신이 정말로 관심을 두고 있는 것은 자녀가 특정 직업을 얻는 것이 아니라 좋은 대학교의 학위를 얻는 것인지도 모른다. 나의 지인 중 한 사람은 자기 아이에게 옥스브리지[5]에 들어갈 공평한 기회를 마련해주고 싶어서 아이를 사립학교에 보낸다고 했다. 그는 옥스브리지가 사립학교 출신 학생들을 편애하기 때문에 사립학교에 가지 않는 한 옥스브리지에 들어갈 수 없다고 생각했다. (이건 1980년대 초반에 있던 일이다.) 목표가 무엇이든 상관없이 그 목표를 원하는 사람

---

5   옥스브리지(Oxbridge). 옥스퍼드 대학교와 케임브리지 대학교를 함께 이르는 속어. 대개 두 학교를 영국 최고의 명문대로 꼽는다.

수가 실제로 이룰 수 있는 사람 수보다 많다면, 그리고 그 목표를 이루는 과정에서 학교제도가 누군가에게 불공평할 정도로 유리한 기회를 부여하도록 조직되어 있다면, 그렇지 못한 나머지 사람들은 불공평할 정도로 불리한 기회를 갖게 된다. 2장에서 논의한 것처럼, 아이들이 내재적 가치가 있는 특정한 목표를 성취할 기회는 그들이 받는 교육의 절대적인 양과 질에 달린 것이 아니라, 오히려 다른 아이들과 비교했을 때의 상대적인 양과 질에 의해 결정될 것이다.

여기서 교육의 적절성과 내재적 가치, 그리고 지위적 가치는 함께 연결되는 방식으로 다루어진다. 내가 바라는 것이 자녀에게 적절한 학교일 뿐, 최선의 학교는 아니라는 이러한 관점은 여전히 적절성에 관련된 관점이다. 아이가 바라는 목표를 이루기 위해 공평한 기회를 마련해주지 못하는 학교는 부실한 학교다. 한편, 궁극적으로 가치 있는 것이란 내재적 가치, 곧 그 자체로 가치 있는 것을 말한다. 내가 아이를 의사로 만들고 싶은 까닭은 의사가 되는 것 자체가 훌륭한 삶이기 때문이고, 아이를 옥스브리지에 보내고 싶은 까닭은 그곳에서 받게 될 교육이 아이의 삶을 풍요롭게 할 것이기 때문이다. 내재적 가치를 지닌 목표를 생각할 때 지나치게 높은 목표를 추구해서는 안 된다는 것을 인정한다는 점에서, 여기서 적절성은 두 번 고려된다. 즉 첫째, 비록 아이에게 국무총리나 백만장자가 될 수 있을 만한 공평한 기회를 마련해줘야 한다는 것은 지나치다고 생각하는 사람이라도, 의사가 되거나 옥스브리지에 입학할 수 있는 공평한 기회를 마련해주는 것은 타당하다고 여길 것이다. 그렇지만 둘째, 내 생각에 그리 높지 않은 목표를 생각할 때라도, 아이가 서열에서 **어떤 위치**에 있는지 그리고 아이가 학교에서 받는 교육의 질이 다른 아이들의 그것과 비교해서 **상대적으로** 어떠한지에 대해 염려하는 것을 통해서만 우리는 적절성을 성취할 수 있다. 사실 나는 내 아이가 다른 아이들을 앞질러 가도록 돕고 있는 것이다. 하지만 이것은 지금의 자리를 지키기 위한, 혹은 다른 아이들에게 뒤처지지 않기 위한 것일 뿐이다. 불공평하게 유리해지고 싶은 것이 아니라, 불공평하게 불리해지는 것을 피하려는 것이다.

이런 정당화는 분명 학교법을 바꿔야 한다는 바람과 일관성을 지닌다. 이 정당화를 추동하는 공평함에 대한 갈망은 학교법을 바꿔야 하는 바로 그 이유이기도 하다. 자녀를 종합중등학교에서 빼내야만 되찾을 수 있는 공평한 기회라는 것은 아무도 자신의 자녀를 종합중등학교에서 빼내지 않을 때 모두에게 주어질 수 있는 기회와 같다. 이것은 축구 경기장에서 앞 사람이 자리에서 일어난다면 나도 덩달아 일어나야 하는 것과 마찬가지다. 아무도 자리에서 일어나지 않는다면 모두가 앉아서 경기를 볼 수 있을 것이다. 하지만 앞자리의 사람들이 일어나기 시작한다면, 모두가 자리에서 일어나야 한다. 화가 치미는 일이다. 물론, 교육의 경우 모든 사람이 다 자리에서 일어날 수는 없다. 바로 그것이 문제다. 내가 자녀를 종합중등학교에서 빼낸다면 두 가지 영향을 동시에 초래하게 된다. 일단 내 아이는 종합중등학교에서 빠져나온 다른 아이들과 마찬가지로 공평한 기회를 갖게 될 것이다. 하지만 그러지 못하는 나머지 아이들과 비교했을 때 내 아이는 불공평하게 유리한 기회를 갖게 될 것이다. 그럼에도 이런 상황이 된다면, 자녀를 종합중등학교에서 빼낼 수 없게 하는 학교법에 투표하려는 부모라도 자기 아이를 종합중등학교에서 빼내는 것이 위선적이지 않을 수 있다.

이 정당화는 타당하기도 하다. 대학교의 학위나 인기 있는 직업과 같이 아이들의 삶을 더 낫게 만들어 줄 최소한의 내재적 가치를 지닌 목표를 이루는 데 있어서, 부모에게 능력이 있는데도 강제로 자기 아이를 불공평하게 불리한 기회를 갖도록 내버려두라고 강요할 수는 없다. 이는 의식적이고 의도적으로 남들을 앞질러 갈 수 있도록 돕는 학교에 자기 아이를 보내는 이유가 가난을 회피하려는 것(정당화 12) 말고도 또 있을 수 있다는 뜻이다. 가난을 피하는 것은 물에 빠진 아이를 구할 때와 비슷한 면이 있다. 의사가 되거나 옥스브리지에 들어가는 데 불공평하게 불리한 기회를 갖게 되는 것은 물에 빠진 아이를 구하는 것과 **같을 수 없다**. 심지어 그렇다 할지라도, 이번처럼 부모가 목표를 이루기 위해 공평한 기회를 마련해줄 수 있는 학교에 자기 아이를 보내는 것은 정당화될 수 있다. 하지만 중요한 차이점을 짚고 넘어가자. 가난은 그것을 피하기 위해 자기 아이에게 불공평한 기회를 마련해주는 것, 즉 자기 아이가 남들을 앞질러 갈 수 있게 하는 것도 정당화시킬 수 있을 만큼 충분히 심각한 문제이기 때문에 물에 빠진 아이를 구하는 것과 비슷한 면이 있다. 그렇지만 가난을 피하는 것보다 더 높은 목표를 이루기 위한 경우라면, 자기 아이를 남들보다 앞질러 갈 수 있게 하는 것은 공평한 수준의 기회를 마련해주는 정도에서만 정당화될 수 있다.

 그렇다면 어디까지가 공평한 기회일까? 내 아이의 타고난 능력은 모든 면에서 평균 이하지만, 나는 그 아이가 과학자가 되기를 간절하게 원한다고 해보자. 내 아이를 위해 엄청나게 많은 돈을 써서 다른 경쟁자들보다 훨씬 좋은 교육을 시키고, 내 아이의 부족한 재능이 그런 교육을 통해 보완되어서 영재인 당신의 아이만큼이나 동일한 기회를 얻게 된다면, 그것은 정당화될 수 있는가? 어떤 의미에서는 이것을 공평한 기회라고 부를 수도 있겠다. 영재인 당신의 아이보다 덜 똑똑하게 태어난 것이 내 아이의 잘못은 아니니까. 그리고 그것 때문에 내 아이가 원하는 직업을 얻는 데 불리한 기회를 갖게 되는 것은 불공평한 일이니까 말이다. 하지만 이것은 너무 멀리 갔다. 나는 사람들의 타고난 능력(혹은 스스로 통제할 수 없는 어떤 요소)에 따라 소득이 결정되어서는 안 된다는 데 동의할 수 있지만, 특정한 직업을 얻을 기회가 그들의 능력과 무관할 수는 없다고 생각한다. 그렇게 생각하는 부분적인 이유로는 비효율성을 들 수 있다. 2장에서 다룬 사례 중 부모의 통장 잔고에 따라 팀을 구성했던 유소년 축구팀을 기억해보자. 이 책에서 다루는 기회의 평등이란 능력과 동기가 비슷한 사람들 사이의 평등을 뜻한다. 따라서 내 아이에게 공평한 기회를 마련해준다는 것은 돈을 써서 아이의 부족한 능력을 메우는 방식으로 다른 아이들을 앞질러가게 한다는 뜻이 아니라, 아이의 능력과 동기에 알맞은 목표를 위한 공평한 기회를 마련해주는 것을 의미한다.

그렇다면 큰 질문 하나가 남는다. 그런 공평한 기회를 아이에게 마련해주려면 아이를 종합중등학교에서 **빼내야만** 하는 것일까? 여기에 대해서는 일반론적으로 답하기가 어렵다. 답은 구체적 상황에 따라 달라질 것이다. 하지만 세 가지를 기억하자. 첫째, 오직 7%의 아이들만 사립학교에 다닌다는 것은 93%는 그렇지 않다는 뜻이다. 둘째, 자녀를 사립학교에 보낸다는 것은 곧 자녀를 소수의 특권층에 집어넣는다는 뜻이고 셋째, 그 말은 자녀가 공평한 수준보다 유리한 기회를 얻게 될 것이라는 뜻이다. 그러나 이런 사실만으로는 자녀를 사립학교에 보내지 말아야 한다고 주장하기 어렵다. 자녀에게 공평한 기회를 마련해줄 수 있는 유일한 방법이 공평한 기회보다 더 유리한 기회를 마련해주는 것뿐이라면, 그때는 어쩔 수 없다. 하지만 여기서 주의해야 할 것은 내 아이를 누구와 비교하는가이다. 어떤 아이들이 사립학교에 진학하면서 다른 아이들을 앞질러가게 된다면, 내 아이를 종합중등학교에 보내는 것은 그 아이들과 비교할 때 불공평하게 불리한 기회를 갖게 하는 것이다. 하지만, 전체 아이들과 비교했을 때 내 아이를 종합중등학교에 보내는 것은 여전히 완벽하게 공평한 기회, 어쩌면 그보다 더 유리한 기회를 갖게 하는 것일 수도 있다. 부모가 자기 아이의 기회를 생각할 때는 불공평하게 유리한 지위를 누리는 소수의 경우와 비교할 것이 아니라, (능력과 동기가 비슷한) **평균적인** 아이들과 비교해야 한다. 내 아이가 정말로 불공평하게 불리한 성공의 기회를 가진 것인지 판단하려면 7%의 아이들뿐만 아니라 93%의 아이들을 포함한 전체 아이들을 고려해야 하는 것이다.

나는 어떤 학교는 부실하기 때문에 그 학교에 다니는 아이들이 불리함을 무릅쓰고 고군분투해야 하는 경우가 있다는 사실을 부정하려는 것이 아니다. 하지만 그렇다고 해서 그 학교에 다니는 아이들 모두가 그런 불공평한 분투에 내몰리게 된다는 뜻도 아니다. 나는 자녀를 종합중등학교에서 빼낼 수 있는 선택지가 있는 부모에 대해 말하고 있다. 그런 부모 중 대다수는 집 근처 학교의 부족함을 보완하고도 남을 정도의 기득권이 있으며, 그 기득권을 아이들에게 물려줄 것이다. 내가 미국에 있을 때 한 동료는 자기 집 근처 공립학교가 평판이 나쁜데도 자기 아이를 그 학교에 보냈다. 그 사람 생각에 자신이 학자이기 때문에 자기 아이는 이미 많은 것을 물려받았고, 그 학교에 다니더라도 공평한 성공의 기회를 계속 보장받을 수 있을 것이기 때문이다. 사립학교나 선별학교를 선택할 수 있는 사람은 누구나 그렇게 자녀에게 물려 줄 기득권이 필요하지 않다는 말이 아니다. 그리고 자녀에게 물려줄 다른 기득권은 없지만 여전히 사립학교나 선별학교를 선택지로 고려할 수 있는 부모도 많다. 그리고 앞서 논의한 것처럼 제도권의 학교에서는 차별받기 쉬운 아이들도 있다는 것을 기억해야 한다. 그런 아이들의 부모에게는 사립학교나 선별학교를 선택하는 것이 자녀에게 공평한 기회를 마련해줄 수 있는 유일한 방법이다. 하지만 나는 이번 정당화, 즉 정당화 15를 고려하는 부모라면 반드시 자기 아이에게 공평한 기회를 마련해줄 수 있는 유일한 방법이 정말로 아이를 종합중등학교에서 빼내는 것뿐인지를 진지하게 고민해보아야 한다고 생각한다.

다시 말하지만, 이번 정당화가 적용 가능한 상황이라도 그것이 공평한 기회를 마련해주는 정도의 학교만을 정당화할 뿐, 그보다 유리한 기회를 마련해주는 학교를 정당화하지는 않는다. 어쩌면 누군가에게는 전자를 달성하기 위해 후자가 불가피한 상황일지도 모르겠다. 하지만 그렇지 않을 수도 있다. 많은 종합중등학교는 학생들을 충분히 잘 교육하고 있다. 자기 아이를 그런 학교에 보내는 부모라면 그 이상을 바랄 이유가 없을 것이다.

## | 결론

이번 장에서 다룬 정당화들은 집 근처의 종합중등학교가 부실하며 그 부실한 정도가 우리가 받아들일 수 있는 수준에도 못 미친다고 주장한다. 이런 종류의 정당화에 호소하는 부모들이라도 자녀에게 **가능한 최선의 교육을 제공할** (의무는 차치하더라도) 권리가 그들에게 있다고 [나는] 생각하지 않는다. 하지만 그들은 분명 자녀에게 충분히 좋은 교육을 제공할 권리가 (그리고 어쩌면 의무까지도) 있다고 생각한다. 이런 관점이 어떻게 사립학교와 선별학교의 폐지에 찬성하는 관점과 일관적일 수 있는지 알아보는 것은 그리 어렵지 않다. 자기 아이에게 '충분히 좋은' 교육을 시키는 것이 거시적인 수준의 교육적 정의보다는 덜 중요하지만, 자기 아이를 종합중등학교에 보냈을 때 얻게 되는 미시적인 수준의 편익보다 중요하다면 가능할 것이다. (미시적인 수준의 도덕적 비용과 편익 분석은 다음 장에서 논의할 것이다.) 또는 사립학교와 선별학교 때문에 나머지 다른 학교들이 부실한 것이고, 그 부실함이 현재 자녀를 종합중등학교에서 빼내는 것을 정당화하는 이유라면, 사립학교와 선별학교의 폐지를 통해 그 부실함이라는 이유를 제거할 수 있을 것이다. 두 가지 경우 중 어느 쪽도 위선적이지 않다.

부실함에 대해 논의하자면, 어떤 학교를 '충분히 좋은' 학교가 아니라고 할 때 그것은 절대적인 의미와 상대적인 의미 모두에서 이해될 수 있다. 때로는 사립학교와 선별학교가 존재한다는 사실 자체로 (소위) 종합중등학교에서 받는 교육의 질이 낮아지는 것처럼 보인다. 때로는 종합중등학교의 교육이 절대적인 기준에서도 적절한 수준에 미달하는 것처럼 보이기도 한다. ('나는 종합중등학교가 다른 학교들과 비교했을 때 어떤지는 신경쓰지 않아요. 하지만 내 아이가 아무것도 못 배우고 있다는 것은 신경이 쓰이죠.') 때로 사람들은 부모가 자녀를 종합중등학교에서 빼낼 수 있도록 허용한다면 '종합'중등학교의 에토스에 부정적 영향을 미친다고 생각한다. 그리고 그런 부정적인 에토스 때문에 어떤 아이들은 실제로 피해를 입는다. 이로 인해 종합중등학교는 절대적인 기준에서도 충분히 좋지 않은 학교로 전락하게 된다. ('제이미가 괴롭힘을 당해서 학교에 가는 것을 싫어하고 무서워해요.') 상대적 관점에서 볼 때, 다른 아이들이 종합중등학교에서 빠져나와 더 좋은 학교에 다니게 된다면, 교육의 지위적 측면에서 학교에 남아있는 당신의 아이가 받는 교육은 충분히 좋지 않은 수준이 될 것이다. ('물론 종합중등학교가 우리 아이를 잘 가르치고 있고 또 아이도 행복해하는 것은 맞아요. 그렇지만 상위권 학교에 다니는 아이들은 저 멀리 앞서가고 있잖아요. 내가 바라는 것은 우리 아이가 공평한 기회를 갖는 것뿐이라고요.')

그렇다면, 위선을 피하는 것은 그리 어렵지 않은 일이다. 내 관점으로는 자녀를 종합중등학교에서 빼내는 것이 정당화되려면 당신의 그 미시적인 선택으로 인한 다른 사람의 비용이 미미해야만 하며, 보통은 그럴 것이기에 자녀가 부실한 학교를 피하도록 부모가 돕는 것은 정당화될 수 있다. 하지만 나는 부실함과 적절함의 경계를 엄격하게 따질 것이다. 물론, 부모는 의도적으로 (그리고 불공평하게) 자녀가 가난을 피할 수 있도록 다른 아이들을 앞질러 가게끔 도울 수 있다. 특히 자기 자녀에게 학교가 적절하게 대응하지 못하는 특수한 필요가 있다면, 혹은 자녀가 학교에서 괴롭힘이나 다른 심각한 피해를 당하게 될 거라면, 그때는 물론 자녀를 종합중등학교에서 빼내는 것이 정당화될 것이다. 그런 결정을 정당화하는 상황에는 안타까워할 수 있을지 모르지만, 어떤 부모도 자신이 그런 행동을 했다고 해서 죄책감을 느낄 필요는 없다. 다만 정말 부실한 학교여야 한다. 나는 부모들이 충분히 좋지 않다고 판단하는 학교 중 상당수가 실은 충분히 좋은 학교일 거라고 생각한다. 그리고 정말로 충분히 좋지 않은 학교일지라도, 이 장의 정당화를 통해 정당화되는 것은 아이를 그런 학교에서 빼내 충분히 좋은 학교에 보내는 것뿐이지 그 이상은 아니라는 것이다. 구체적이고 평범하지 않은 피해가 아니라면, 부모는 자기 아이를 '흔해 빠진' 종합중등학교에 보내는 것이 옳다. 특히 학력이 높고 부유한 부모라면 그 자녀는 이미 많은 기득권을 누리고 있을 것이기 때문에 더욱더 그래야만 한다.

# 9장

# 개인적인 선택은 소용없는가?

9장을 집필하기 하루 전에 나는 자녀를 종합중등학교에서 빼내는 부모에게 전혀 공감하지 못하는 한 여성과 이야기를 나누었다. 사립학교에 반대하는 부모라도 자기 아이를 사립학교에 보내는 것이 정당화될 수 있다고 생각한다는 나의 말에 그녀는 콧방귀를 뀌며 이렇게 말했다. "그건 문제 해결에 도움이 안 되잖아요?" 나는 자녀를 집 근처 종합중등학교로 보내는 것도 도움이 안 되긴 마찬가지라고 대답했다. 지금까지의 논의에서는 개인적인 희생이 아무런 소용이 없다는 생각이 계속 도사리고 있었다. 이제는 그것을 수면 위로 드러내어 볼 때다. 부모 개개인의 선택이 아무런 변화를 만들어 낼 수 없다는 말은 사실일까? 이 질문의 답은 위선 문제에 어떤 영향을 끼칠까? 이 주장이 사실이라면, 자녀를 종합중등학교에서 빼내는 일은 정당화되는 것일까?

- **정당화 16**: 자녀를 집 근처 종합중등학교로 보낸다고 해서 얻어지는 것은 아무것도 없다.

쉬운 것부터 시작해보자. 앞서 논의했던 (그리고 상당히 명백한) 다음 두 논점을 결합한다면, 개인적인 선택이 무의미하다는 주장이 어떻게 부모들을 위선의 부담에서 구제하는지 알 수 있다. 첫 번째 논점은 다음과 같이 말한다. 자녀를 집 근처 종합중등학교로 보내는 것은 결코 투표에서 결정적인 한 표를 던지는 것만큼 교육적 정의에 기여할 수 없다. 어떤 관점에 서든지 자녀를 종합중등학교에 보냄으로써 얻어지는 정의는 법을 개혁하면서 얻을 수 있는 정의보다 작다. 두 번째 논점은 다음과 같다. 다른 아이들은 종합중등학교에서 빠져나가는데 내 아이만 그 학교에 보내는 경우와, 어떤 아이도 종합중등학교에서 빠져나갈 수 없을 때 자녀를 그곳에 보내는 경우를 비교해보면, 아이가 겪어야 하는 불이익은 앞의 경우에서 더 클 것이다. 학교법을 개혁해야 하는 이유는 그렇게 하는 것이 절대적으로나 지위적으로나 종합중등학교에 가는 아이들에게 훨씬 좋기 때문이다. 따라서 지금 여기 상황에서 자녀를 종합중등학교에 보냈을 때, 더 나쁜 교육적 경험이나 불공평할 정도로 형편없는 경쟁력과 같은 불이익은 법을 바꾸었을 때의 불이익보다 (그런 불이익이 있다면) 클 수 있다.

법을 바꾸는 것과 주어진 법 안에서 선택하는 것은 사회 전체 차원에서나 아동 개인 차원에서 모두 상이한 영향을 끼친다. 법을 바꾼다면, 당신의 자녀가 적은 비용을 치르고도 정의의 측면에서 매우 큰 이득을 얻을 수 있다. 반면 자녀를 집 근처 종합중등학교에 보낸다면 잘해봐야 약간의 정의를 얻게 되겠지만, 당신의 자녀가 치러야 하는 비용은 훨씬 클 수 있다. 이것이 아이를 사립학교에 보내는 부모가 위선을 피하는 한 가지 방법이 된다. "그래. 더 큰 정의를 위해서라면 아이의 상황이 조금 나빠져도 괜찮아. 하지만 아주 약간의 정의 때문에 아이를 훨씬 나쁜 상황에 처하게 할 수는 없어." 아이를 집 근처 종합중등학교에 보내는 것이 정의에 기여하는 바가 있다 하더라도 이 논리는 여전히 유효하다. 나아가, 당연한 말이지만 자녀를 그런 학교에 보내는 것이 아무런 유익을 주지 않을 때는 반드시 유효하다.

그러나 이것은 비교적 쉬운 경우다. 여기 더 어려운 문제들이 있다. 개중 일부는 경험적인 차원의 문제다. 자녀의 학교에 대한 당신의 선택이 교육적 정의에 미치는 결과는 무엇인가? 어쩌면 자녀를 집 근처 종합중등학교에 보낸다 해서 아무것도 달라지지 않을지도 모른다. 상황이 더 나아질 수도 있지만, 사태를 더 악화시킬 수도 있다. (정당화 17은 후자의 주장에 호소한다.) 물론 여기에 대한 답은 상황에 따라 달라질 것이다. 그리고 경험적 차원의 문제가 하나 더 있다. 당신의 개인적인 선택이 당신의 아이에게 미치는 결과는 무엇인가? 아이를 집 근처 종합중등학교에 보내는 것은 아이에게 최선의 선택일 수도 있고, 재앙과 같은 일이 될 수도 있다. 이것도 상황에 따라 다르다. 다른 한편으로, 정당화에 관한 도덕적 차원의 문제도 있다. 당신의 선택이 당신의 아이 및 다른 아이들에게 미칠 결과가 무엇일지 당신이 가능한 한 최선의 예측을 할 수 있다고 해보자. 당신에게는 어떤 선택이 정당화될 것인가? 이 문제에서 나는 당신이 공평한 몫을 얻으려면 공평한 비용을 부담할 용의가 있어야 한다고 주장할 것이다. 하지만 경험적 차원의 복잡한 문제들부터 먼저 파헤쳐 보자.

## 개인적인 선택이 가져오는 정의의 결과

당신의 아이만 집 근처 종합중등학교에 보낸다고 해서 모든 아이를 같은 학교에 다니도록 학교법을 개혁하는 것만큼의 정의를 이룰 수는 없을 것이다. 그러나 전체 그림에 비해 상대적으로 작은 부분이라고 해서, 그것이 도덕적으로 사소하다거나 무의미하다는 뜻은 아니다. 내가 공평한 것 이상으로 더 많은 돈을 가졌고 당신은 덜 가졌다면, 내가 가진 것의 일부를 당신에게 주는 것으로 세상은 더 나아질 수 있다. 물론 모든 사람이 그렇게 하는 세상만큼 공평하지는 않겠지만, 그래도 분명 예전보다는 더 공평해질 것이다. 하지만 교육의 경우엔 중요한 차이가 있다. 교육에서는 개인적인 행위와 그로 인해 얻어지는 정의의 효과 사이에 더 깊은 괴리가 있다. 자기 아이를 집 근처 종합중등학교에 보내는 행위가 어떤 인과적 과정을 거쳐 정의에 기여할지는 훨씬 복잡한 문제다. 게다가 그 기여분은 훨씬 작을지도 모른다.

그 이유를 알아보기 위해, 사립학교와 선별학교가 두 가지 방식으로 종합중등학교에 남겨진 아이들의 상황을 불공평하게 악화시킨다는 점을 기억해보자. 두 가지 방식은 각각 교육이 지니는 두 가지 가치, 즉 내재적 가치와 도구적 가치에 상응한다. 한편으로, 내재적 혹은 절대적 측면에서 보면 총명하고 동기부여가 잘 된 아이들을 걸러내는 것, 그들의 부모가 가진 에너지를 빨아들이는 것, 좋은 교사를 데려가는 것은 결과적으로 나머지 학생들의 교육을 더 열악하게 만든다. 이때 동료집단 및 그와 관련된 동료효과는 사립학교와 선별학교가 그 밖의 다른 학교에 부정적인 효과를 낳는다는 것을 의미한다. 다른 한편으로 도구적 혹은 지위적 측면에서 보면, 어떤 아이들만 특출나게 좋은 교육을 받는다는 사실은 그 자체로 다른 아이들을 불리하게 만든다. 동료집단이 교육적 경험에 미치는 효과에 대한 모든 증거를 부정하더라도, 누군가에게 다른 아이들보다 나은 교육을 받을 수 있는 기회를 허락한다면 그렇지 못한 아이들의 경쟁력은 여전히 약화될 수밖에 없다. 절대적 측면에서 보면, 어떤 아이들이 받는 교육의 내재적 가치는 사립학교와 선별학교가 없는 경우보다 더 악화된다. 지위적 측면에서 보면, 어떤 아이들이 더 좋은 교육을 받는다는 사실로 인해 다른 아이들이 받는 교육의 도구적 가치가 감소한다.

사립학교와 선별학교가 그곳에 다니지 않는 아이들의 상황을 불공평하게 악화시키는 방식을 이러한 여러 메커니즘을 통해 설명할 수 있다고 해보자. 1부의 내용이 옳다면, 이 메커니즘은 우리가 사립학교와 선별학교를 폐지하는 법에 투표해야 하는 부분적인 이유가 된다. 문제는 개별 부모가 자녀를 집 근처 종합중등학교에 보내는 경우, 상황을 더 공평하게 만드는 식으로 이 메커니즘이 작동하는가이다.

지위적 측면부터 시작해보자. 당신은 자녀를 집 근처 종합중등학교에 보낼지 말지 고민하는 부모다. 우리가 주목하는 구체적인 문제에 집중하기 위해, 당신이 자녀를 집 근처 종합중등학교에 보내더라도 그 학교에 다니는 다른 아이들이 받는 교육은 절대적 측면에서 아무런 변화가 없다고 해보자. 당신이 알고 싶은 것은 자녀를 종합중등학교로 보냈을 때, 과연 그 학교에 다니는 다른 아이들이 겪는 지위적 불리함을 조금이라도 줄일 수 있을까 하는 점이다. 물론 그리 큰 도움이 되지는 않을 테지만, 그래도 조금이라도 도움이 되기는 하는 걸까? 어떤 면에서 그 답은 반드시 '그렇다'이다. 다른 조건이 같다면, 내 아이가 남들을 앞질러 간다는 것은 다른 모든 아이가 뒤처진다는 뜻이기도 하다. 그러나 사태는 이보다 복잡하다. 당신이 자녀를 집 근처 종합중등학교에 보낸다면, 사립학교와 선별학교는 당신의 아이 대신 또 다른 아이를 입학시키면 그만이다. 그렇다면 당신은 이렇게 생각할 것이다. 결과적으로 내 아이가 더 나쁜 교육을 받게 되면서 다른 누군가는 더 좋은 교육을 받게 될 것이고, 그렇게 전체적인 상황은 이전과 정확히 똑같은 상태가 되는 게 아닌가? 전체 서열에서 사람들의 위치는 변하지 않는다. 당신 아이가 다른 누군가와 자리를 바꾸었을 뿐이다.

자녀를 종합중등학교에서 빼내는 개인적인 선택이 종합중등학교에 남겨진 다른 아이들의 지위에 결과적으로 아무런 불리한 영향을 미치지 못한다는 주장은 충분히 의심해볼 필요가 있다. 당신의 아이 대신 다른 아이가 사립학교에 다니게 될 거라는 생각은 사립학교의 공급이 고정되어 있다고 가정할 때만 말이 된다. 그러나 실은 그렇지 않다. 1994년 이후 사립학교는 매년 증가하고 있다. 물론 각 사립학교가 매년 정해진 인원의 학생들만 받는다고 해도, 사립학교 교육 전체는 확실히 계속 확대되고 있다. 따라서 당신의 결정은 종합중등학교에서 빠져나오는 아이들의 전체 인원에 변화를 만들고, 이는 그런 결정을 할 수 없는 아이들에게 지위적 측면의 변화를 초래하는 거라고 생각해야 한다. 반면 입학할 수 있는 학생 수가 고정되어 있는 선별형 공립학교의 경우는 얘기가 다르다. 여기서는 당신의 아이와, 당신의 아이가 그 학교에 진학하지 않을 때 그 자리를 대신할 아이를 동등하게 여기는 것이 타당하다. 둘 중 누가 그 학교에 가더라도 다른 아이들에겐 아무런 차이가 없다.

다른 아이들보다 당신의 아이가 더 좋은 교육을 받도록 돈을 쓴다면 다른 아이들에게는 부정적인 영향이 있을 테지만, 지위적 측면에서 그 영향은 미미하다. 아주 긴 서열에서 한두 사람이 엎치락뒤치락한다고 해서 정의에 큰 영향을 미치는 것은 아니다. 그보다는 백만장자가 가난한 사람에게 자기 재산의 불공평한 초과분을 기부하는 것이 정의에 기여하는 바가 더 클 것이다. 사람들은 이번 정당화에 대해 생각할 때, 다른 아이들이 받는 교육의 **절대적인** 질에 한 아이가 미치는 영향(혹은 그러한 영향의 부재)을 염두에 두는 경향이 있다. 따라서 사립학교와 선별학교가 그런 학교에 갈 수 없는 아이들의 상황을 절대적인 측면에서 악화시키는 두 가지 핵심 메커니즘, 즉 동료효과와 부모의 에너지에 대해 알아볼 차례다. 먼저 당신이 자녀를 집 근처 종합중등학교로 보냈을 때, 정말 그 학교에 다니는 다른 아이들의 상황이 개선될 가능성이 있는지를 생각해 볼 필요가 있다. 구체적인 사례에 집중하기 위해 당신의 자녀가 똑똑하고 동기부여가 잘 되었다고 해보자. (당신의 자녀가 문제아라면, 그 아이를 다른 학교로 보내는 것은 명백히 기존 학교 아이들에게 도움이 될 테니까 말이다!)

엄청나게 낙관적인 견해를 펴자면, 당신의 자녀는 그 존재만으로 종합중등학교의 교육을 향상시키는 데 뭔가 도움이 될 것이다. 조금 더 개연성 있는 낙관적 견해를 펴자면, 당신이 자녀를 종합중등학교에 보내기로 한 결정은 그 자체가 다른 부모들이 비슷한 결정을 하게 할 것이며, 그렇게 더 많은 사람이 비슷한 결정을 내릴 것이고, 그렇게 계속될 것이다. 당신은 선행의 눈덩이를 시작한 것이고, 그 눈덩이는 변화를 만들어낼 수 있을 만큼 충분히 클 수 있다. 반면 다소 비관적인 시나리오를 생각해본다면, 눈덩이가 아예 만들어지지 않는 경우도 있다. 당신의 결정은 한 아이만 비참하게 만들 뿐이고 다른 사람들에게 아무런 영향도 미치지 못할 수 있다. 여기서는 분명 구체적이고 경험적인 상황이 중요할 것이다. 선행의 눈덩이가 생겨날 가능성은 다양한 요인에 달려 있다. 그 지역에 똑똑하고 동기부여가 잘 된 아이를 둔 부모가 얼마나 많으며, 그들 중 당신의 선택에 영향을 받을 사람은 얼마나 되는가? 부모들이 어떤 형태의 네트워크나 상호작용을 맺고 있는가? 부모들은 특정한 크기의 눈덩이가 얼마나 큰 영향을 미칠 수 있다고 믿는가? 다양한 결과들에 대해 각각 도덕적으로 어느 정도 바람직하다고 부모들이 생각하는가? 사립학교나 선별학교를 포기하고 종합중등학교에 들어가려는 아이들이 얼마나 많아야 변화를 만들어낼 수 있는지, 뭔가를 성취하려면 눈덩이가 얼마나 커야 하는지는 각 학교의 특성에 따라 달라질 것이다. 한 아이가 똑똑하고 동기부여가 잘

되어 있다 해도, 그 아이가 무기력한 교사와 무관심한 친구들에게 둘러싸여 있다면 그 아이만 불행해질 뿐, 아무런 유익한 결과도 만들어낼 수 없을 것이다. 하지만 다양한 친구들과 헌신적인 교사와 함께하는 경우라면 충분히 변화를 만들어낼 수 있을 것이다. 예를 들어 글을 읽어본 적이 없던 한 아이가 그 똑똑하고 동기부여가 잘 된 아이 덕분에 읽기를 배우고 싶다는 자극을 받고, 그 아이는 다른 친구들에게 읽기를 배울 수 있다는 걸 보여주고, 그렇게 계속될 것이다. 따라서 당신의 결정이 미칠 영향력의 총량은 이런 식으로 대단히 구체적인 맥락에 의존하며 경험적인 상황에 민감할 것이다.

열악한 교실에서 한 학생이 미칠 수 있는 영향력을 지나치게 기대해서는 곤란하다. 또한 누군가 다른 사람의 개인적인 결정을 어떻게든 알아보고 그것을 따라 하리라고 기대해서도 안 된다. 하지만 선행의 눈덩이가 생겨날 수 있는 전망은 많은 사람이 생각하는 것보다 밝을 수도 있다. 여기서 중요한 것은 의사소통이다. 나의 한 친구는 자녀를 집 근처 종합중등학교에 보내도 괜찮을지 걱정하고 있었다. 초등학교는 괜찮았지만 중등학교는 너무 평판이 나빴기 때문이다. 그래서 이 친구는 자녀와 같은 반 학부모들과 이 문제를 논의했다. 그들의 결론은 자녀를 집 근처 종합중등학교로 보내자는 것이었다. 그렇게 한다면 다른 부모들도 같은 선택을 내릴 것이고, 그렇게 생각이 같은 부모들과 비슷한 아이들이 충분히 모이면 어떤 임계점에 이를 수 있으리라 기대한 것이다. 그러자 갑자기 종합중등학교가 훨씬 덜 위험한 선택지처럼 보였다. 집단행동은 정부의 강압적 조치에 의해서만 가능한 것은 아니다. 조건만 맞는다면 사람들은 자발적으로 모여 함께 행동하기로 합의할 수도 있고, 이를 통해 개인적으로는 성취하기 어려운 바람직한 목표를 실현할 수도 있다. 부모는 스스로 유의미한 변화를 만들어낼 수 없다고 미리 속단해서는 안 된다. 다른 학부모들과 모임을 만들었던 그 친구는 실제로 변화를 만들어냈다.

나는 한 사람의 결정을 다른 사람들이 알아주길 기대해서는 안 된다고 했다. 일반적인 경우 이것은 참이지만, 자녀를 위한 부모의 선택이 낳는 결과는 부분적으로 그 선택의 상징적 의미에 따라 달라진다. 7장에서 논의한 것처럼 자녀를 사우스워크 종합중등학교에서 빼내기로 한 해리엇 하먼의 결정은 다른 누군가가 동일한 결정을 했을 때보다 교육적 정의에 더 많은 해를 끼쳤다. "해리엇 하먼도 자녀를 집 근처 종합중등학교에 보낼 생각이 없는데, 왜 나라고 그래야 하나?" 내가 알기로 성직자와 같은 지역 유지들은 때때로 자녀를 종합중등학교에서 빼내기를 부담스러워 한다. 왜냐하면 자신의 선택이 다른 사람들의 선택에 미칠 영향, 즉 자신의 선택이 하나의 본보기로서 갖는 성격을 고려해야 할 의무가 있다고 느끼기 때문인데, 이는 옳은 일이다. 눈덩이는 나쁜 쪽으로 커질 수도 있다.

학부모의 에너지와 영향력이 빠져나가는 것은 두 가지 차원에서 종합중등학교에 나쁘다. 공교육을 지지하는 사람들은 지난 보수당 내각의 구성원 중 다수가 자녀를 사립학교에 보냈다는 점을 문제 삼았다. 이들은 국가적 차원에서 우려를 제기했다. 그에 따르면, 권력을 잡은 사람들의 자녀가 공립학교에 다니지 않는다면, 그들은 공립학교 학생들의 이해관계를 최선으로 대변하지 않을 것이며, 따라서 마땅히 섬겨야 할 대다수 유권자의 교육에 관심을 기울일 동기가 줄어들지도 모른다. 혹은 정치인들이 공립학교의 실상에 무지하게 될지도 모른다. 만약 의사결정권자와 오피니언 리더들을 포함한 모든 시민이 공교육 제도에 참여하도록 법을 바꾼다면, 정치인들의 이해관계는 국민의 이해관계와 같아질 것이며 최소한 정치인이 공교육에 무지해지는 일은 없을 것이다.

반면 국지적 차원의 메커니즘도 있다. 학부모는 자기 아이가 다니는 학교의 교육적 질에 변화를 만들어낸다. 새로운 장비 구입에 재정적으로 기여하거나, 학교 활동에 참여하거나, 학교 이사회나 학교운영위원회에 들어가거나, 혹은 그저 교사에게 정신적인 지지를 보내는 일 등을 통해서 말이다. 특히 자녀 교육에 대한 선택권을 가질 만큼 운이 좋은 부모라면, 자녀가 다니는 학교에 도움을 줄 가능성은 더 높다. 이들은 재정, 장비, 교내 활동을 위한 여가 시간, 사람이나 자원을 조직하는 능력, 그리고 어쩌면 지역사회 내의 정치적 영향력 등을 통해 다양하게 기여할 수 있을 것이다.

과연 개인이 변화를 만들어낼 수 있을까? 경우에 따라서는 그렇다. 남들보다 에너지가 넘치고, 관심도 많고, 영향력도 있는 부모라도 아무런 변화를 만들어내지 못할 수 있다. 유익한 효과를 보기 위해서는 그런 부모들이 특정한 임계점 이상으로 모여야 한다. 따라서 우리는 다시 구체적인 상황의 세부사항을 들여다봐야 한다. 이미 이런 방식으로 기여하고 있는 부모는 얼마나 되는가? 눈덩이를 굴리는 데 개인적으로 기여할 가능성은 얼마나 되는가? 열정적인 부모들 중에는 시도 때도 없이 전화를 돌리며 다른 학부모들이 학교 후원에 동참하도록 도덕적 압력을 넣거나 그들의 팔을 잡아끄는 사람도 있다. 이런 부모는 정말 성가시기도 하지만, 오히려 학부모들의 참여를 바람직한 수준으로 유지하는 데 결정적인 역할을 하기도 한다. 분명한 것은 각 개인들이 얼마나 많은 기여를 할 용의가 있는지에 따라 많은 것이 달라진다는 점이다. 사립학교에 냈을 학비만큼 집 근처 종합중등학교를 지원하는 부모라면 아무런 눈덩이 없이도 혼자서도 상당한 변화를 만들어낼 것이다.

부모의 참여가 동료효과와 다른 점이 있다면, 부모의 참여로 인한 유익한 영향력을 당신의 아이가 다니는 학교에만 미칠 필요가 없다는 점이다.

자녀를 한 학교에 보내면서도 당신의 에너지를 다른 학교에 쏟는 것은 충분히 가능하다. 물론 쉬운 일은 아닐 것이다. 부모의 에너지, 관심 그리고 영향력을 자녀가 다니지 않는 학교에 쏟는 것은 훨씬 어려운 일이다. 그러나 수많은 학교 이사회가 공석으로 남아있고, 그런 학교는 대부분 열악한 지역에 위치한다. 개인적 차원에서는 교육적 정의를 위해 아무런 변화도 만들어낼 수 없다고 믿는 부모는 스스로를 기만하는 것이다. 지금도 학부모의 지원을 가장 많이 받는 학교들은 사실 그러한 지원이 가장 불필요한 곳들이다.

자녀를 집 근처 종합중등학교에 보낸다 해도 학교법을 개혁해야만 촉진할 수 있는 가치(교육적 정의, 기회의 평등, 취약 계층이 받는 교육의 개선 등)를 실현하는 데 아무런 기여를 하지 못하는 상황이 있을 수 있다. 아이가 공격적인 또래들로 에워싸일 수도 있다. 아이를 그곳에 보내고서도 아무런 눈덩이도 만들어지지 않거나, 그 눈덩이가 교육에 질적 변화를 만들어내기에는 너무 작을 수도 있다. 한 사람의 에너지, 관심 그리고 영향력이 혼자로서는 아무런 소용이 없을 수 있고, 그래서 눈덩이를 만들어내지 못할 수도 있다(혹은 보다 낙관적인 경우로, 자기 아이가 다니는지 여부와 무관하게 집 근처 종합중등학교를 지원하는 경우도 해당할 수 있다). 그러나 이는 이례적인 상황들이다. 보통의 경우는 개인의 선택이 어느 정도 변화를 만들어내리라고 기대할 수 있다. 또래 친구들이 구제불능이지만 않다면, 그 아이는 다른 누군가의 경험의 지평을 넓혀주거나 포기하기 직전이었던 한 교사에게 직업적으로 중요한 만족감을 선사할 수도 있다. 그리고 한 개인으로서의 부모도 집단적 행위의 도화선이 될 수 있다. 학부모들 사이에 정보가 적절히 공유된다면, 다른 집 아이들이 공립학교에 간다면 자신의 아이도 그리할 것을 아는 부모들은 다른 학부모들이 동일한 선택을 내리도록 영향을 미칠 수 있다.

여기에는 많은 불확실성이 있다. 부모는 그저 할 수 있는 한 최선을 다해 자신의 학교 선택이 정의에 미칠 영향을 판단해야 한다. 자기 아이에게 미칠 영향에 대해서도 그렇다. 나는 이미 '충분히 좋은' 학교의 조건이 무엇인지, 그리고 교육이 누군가에게 가질 수 있는 지위적·내재적 가치가 무엇인지 많이 논의했다. 누군가에게는 재앙적인 학교가 다른 누군가에게는 전혀 문제가 없거나, 심지어 또 다른 누군가에겐 이상적인 학교일 수도 있다. 자녀를 집 근처 종합중등학교에 보내는 비용은 매우 클 수도 있지만 아예 없을 수도 있다.

우리는 여기서 두 가지 서로 다른 '비용'을 염두에 두어야 한다. 하나는 **당신의 아이를 종합중등학교에서 빼내는 경우와 비교하여**, 아이를 종합중등학교에 보낼 때 발생하는 비용이다. 이 비용은 아이가 얻는 유익 전반에 걸쳐 종합중등학교와 그 외 대안적 선택지 사이의 격차로 측정한다. (정당화 4를 다시 떠올려보자. 어떤 부모들은 '보통' 학교가 아이에게 줄 수 있는 가치들을 대단히 높게 여기는 나머지, 그것이 아이를 보통 학교에서 빼냄으로써 얻을 수 있는 '협소한' 의미의 교육적 우위보다 크다고 여길 수도 있다. 그런 부모에게는 모든 것을 고려했을 때 집 근처 종합중등학교를 선택하면서 아무런 비용이 발생하지 않는 셈이다. 오히려 그 반대다.) 또 다른 비용은 **아무도 아이를 종합중등학교에서 빼낼 수 없는 상황에서 당신의 아이를 그곳에 보내는 경우와 비교하여**, 그렇지 않은 상황에서 종합중등학교에 아이를 보낼 때 발생하는 비용이다. 이는 현행 학교법에서의 종합중등학교와 더 공평한 학교법에서의 종합중등학교 사이의 격차를 아이가 얻는 유익 전반에 걸쳐 측정한다. (한 가지 짚어 보자면, 현행 학교법상 몇몇 종합중등학교는 더 공평한 학교법 아래에서보다 더 나을지도 모른다는 점이다. 사립학교와 선별학교의 폐지는 종합중등학교를 전반적으로 개선할 것이 분명하다. 하지만 아이들을 종합중등학교에 배정하는 절차와 학교 간 자원을 분배하는 절차가 더 공평해져서 거주지에 따른 분리로 인한 불평등이 완화된다면, 많은 종합중등학교가 현재보다 서로 간에 더 평등해질 것이다. 이 두 효과가 어떤 결과를 낳을지 확실하지 않지만, 모든 것을 고려할 때 몇몇 종합중등학교는 지금보다 더 나빠질 가능성이 확실히 있다.)

자녀를 집 근처 종합중등학교에 보낼 때 자기 아이와 다른 아이들에게 발생하는 비용과 편익을 계산할 때, 부모는 이 중 첫 번째 비용을 염두에 두어야 한다. 여기서는 한 학교 대신 다른 학교에 아이를 보낼 때 발생하는 비용과 편익의 간극이 문제가 된다. 이는 현행 학교법을 주어진 조건으로 받아들인다는 것을 의미한다. 그러나 두 번째 비용 역시 나름의 의미가 있다. 그 이유를 알아보기 위해, 경험적 차원의 질문에서 도덕적 차원의 질문으로 옮겨갈 필요가 있다.

## 공평한(fair) 몫의 편익을 바란다면 공평한(fair) 몫의 비용을

한 엄마가 자기 아들을 종합중등학교에 보내면서, 이것이 교육적 정의에 얼마나 기여할지에 대해 최선을 다해 판단을 내렸다고 해보자. 이 엄마는 자기 아이가 그 학교에 다니는 것과, 자신이 그 학교의 운영위원회에 참석하는 것이 조금이나마 교육적 성취에 기여할 수 있으리라고 생각한다. 그리고 자기 사례가 다른 사람들을 옳은 방향으로 이끌 수 있으리라고 조심스레 낙관한다. 어쩌면 이 엄마는 학교가 한계점에 이르렀다고 느낄지도 모른다. 지금은 해당 학군의 중산층이 학교를 충분히 지지하고 있어서 충분히 좋은 수준이 유지되지만, 그녀와 같은 몇몇 사람이 자기 아이를 그 학교에서 빼내기 시작한다면 누적적인 쇠락의 과정이 뒤따를지도 모른다. 이 엄마는 자신의 결정이 아이에게 어떤 결과를 가져올지도 고려해 보았다. 다른 몇몇 엄마들이 아이를 사립학교에 진학시키는 와중에 내 아이만 이 종합중등학교에 다니게 된다면, 모든 점을 고려할 때 내 아이의 상황은 조금 악화될지도 모른다. 사립학교 학생들의 학업성취도가 높은 것은 학생들 자체가 남달라서만은 아니다. (이 엄마는 바보가 아니다. 그녀는 학교 순위표 자체보다 '부가가치' 순위표가 더 중요하다는 것을 알고 있다. 하지만 여전히 동료효과 하나 때문에라도 그녀는 자기 아이가 사립학교에 가게 됐을 때 학업성취 내지는 지식과 기술의 습득 차원에서 더 나을 거라고 판단한다). 이것의 반대편에 그녀는 자기 아들이 (여학생을 포함해) 더 다양한 구성원이 있는 학교에 진학하게 됐을 때 얻게 될 것들을 모두 살펴본다. 생각할 수 있는 모든 요소를 고려한 뒤 이 엄마는 자기 아이의 상황이 사립학교에 다닐 때 조금이나마 더 나을 거라고 판단한다. 자기 아이를 종합중등학교에 보낸다면 다른 아이들에게는 도움이 되겠지만 자기 아이는 일정한 비용을 치러야 한다. 이 엄마는 어떻게 해야 할까?

나는 이런 경우 다음과 같은 원칙이 적용될 수 있다고 생각한다. 자신이 감당해야 할 공평한 몫의 비용을 통해 아이가 교육적 정의를 달성하는 데 공평한 몫으로 기여할 수 있다면, 부모는 기꺼이 아이가 그 비용을 감당하게 할 용의가 있어야 한다. 위선을 저지르지 않기 위해 필요한 것을 말하는 게 아니다. 위선을 피하기는 너무나 쉽다. 앞의 사례에서 윈체스터를 선택한 부모를 기억해보자. 이 사람은 모두를 위한 교육적 정의를 위해 사립학교 폐지에 찬성한다고 하지만, 본인이 가진 선택지에는 그런 교육적 정의가 없기 때문에, 자기 아이를 윈체스터에 보내도 괜찮다고 생각한다. 집 근처 종합중등학교가 자기 아이에게 아무런 문제가 없으며, 아이를 그곳에 보낸다면 사회가 조금은 더 공평해진다는 사실을 **모두 인정하면서도 말이다**. 이 부모는 일관적이다. 하지만 내가 여기서 제안하는 원칙이 옳다면, 그 부모의 행동은 잘못된 것이다. 그 부모는 자기 아이의 이익에 지나치게 큰 비중을 부여하고 있다. 사실상 그 부모의 주장은 자기 아이가 다른 아이들보다 훨씬 중요하기 때문에, 자기 아이가 받을 수 있는 최상위권 교육을 포기하려면 그 목적이 사회 전체에 영향을 미칠 수 있는 제도적 변화 정도는 되어야 한다는 것을 뜻한다. 그러나 내 원칙에 따르면, 그 부모는 훨씬 작은 유익을 위해서도 기꺼이 **마찬가지** 희생을 할 용의가 있어야 한다. 그 유익이 반드시 사회 전체의 교육적 정의일 필요는 없다. 교육적 정의에 이바지하는 자신의 비례적인 기여분으로 충분하다.

나는 계속해서 개인의 학교 선택이 우리 사회에 교육적 정의를 실현하는 데 (아주 작긴 하지만) 분명한 변화를 만들어낼 수 있다고 말해왔다. 여기서 개인의 선택을 교육적 정의라는 목표에 기여하는 '공평한 몫'으로 파악해도 되는 걸까? 나는 그렇다고 생각한다. 위의 부모가 잘못된 이유는 이 문제를 모 아니면 도의 관점으로 바라보기 때문이다. 마치 백만장자가 자기 재산이 공평한 것보다 많음을 인정하면서 증세안에 기꺼이 투표하겠다고 하지만, 지금은 그런 법이 없으므로 가난한 이들에게 아무것도 주지 않겠다고 하는 것과 비슷하다. 물론 어떤 개인이라도 전체에 기여할 수 있는 정도는 바다에 떨어지는 물 한 방울 정도일 것이다. 하지만 요점은 그것이 아니다. 그 백만장자는 혼자서도 부의 재분배를 공평하게 만드는 데 기여할 수 있다. 비슷한 일은 교육에서도 가능하다.

당신이 기여할 공평한 몫은 결코 크지 않을 것이다. 절대적 차원에서, 당신의 기여는 사회 전체가 아니라 당신의 이웃 아이들에게만 변화를 가져올 것이다. 그리고 그 변화는 당신의 이웃 아이들에게 진정한 교육적 정의를 실현하는 데 필요한 변화의 작은 일부분에 불과할 것이다. 사실 당신의 공평한 몫은 아주 작아서, 교육적 정의에 어떤 방식으로 기여하든 그것을 충분히 공평한 몫이라고 인정할 수 있을 것이다. 내가 일찍이 인정한 것처럼, 상황에 따라 당신의 아이를 집 근처 종합중등학교에 보내더라도 절대적 측면에서는 아무런 개선이 없을지도 모른다. 만약 그 선택이 집 근처 종합중등학교와 공급이 한정된 선별학교 사이에서의 고민이라면, 당신의 선택은 어떤 지위적 차이도 만들어내지 않을 것이다. 그럼에도 그것이 **어떻게든 조금이라도** 상황을 개선할 수 있다면, 당신은 공평한 몫의 기여를 한 것이다.

내 원칙의 이쪽 측면을 만족시키는 일은 비교적 단순명료하다. 자녀를 집 근처 종합중등학교에 보내는 것이 큰 도움은 안 되겠지만, 분명히 조금이나마 도움은 될 것이고, 그 조금은 당신의 공평한 몫보다 크지 않을 공산이 높다. 한편, 내 원칙의 반대쪽 측면에 따르면, 당신(혹은 당신의 아이)에게는 공평한 몫의 비용 이상을 감당할 책임이 없으므로, 자녀를 종합중등학교에서 빼내는 것이 정당화될 여지가 있어 보인다. 7장에서 길게 논의한 것처럼, 현재의 학교법 아래서 자녀를 종합중등학교에 보내는 것은 공평한 학교법 아래서 그렇게 하는 것보다 아이에게 더 나쁜 일일 수 있다. 이는 앞에서 규정한 '비용'을 생각하는 방식 중 두 번째에 해당한다. 많은 부모는 자기 아이가 더 좋은 교육이 아닌 공평한 교육만 받게 되더라도 만족할 것이다. 하지만 그런 부모라도 자기 아이가 공평한 교육보다 더 나쁜 교육을 받게 되길 바라지는 않을 것이다.

이 원칙은 보기보다 관대하지 않다. 아이들이 받는 교육을 부모는 전반적으로 판단해야 하고, 이를 위해 부모의 영향력과 같이 아이가 평균 이

하의 학교에 다니는 것을 상쇄할 수 있는 여러 가지 요소를 감안해야 한다. 가난하고 교육을 덜 받은 부모들은 받아들일 수 없는 학교일지라도 부유하고 학벌 좋은 몇몇 부모들은 이를 수용할 수 있어야 한다. (자신이 경제적으로나 문화적으로나 풍요롭기 때문에, 자기 아이는 평균 이하의 학교에 가더라도 충분히 공평한 기회를 가질 수 있다고 생각한 나의 동료를 기억해보라.) 또 기억해야 할 것은 대다수 사람들이 공립 종합중등학교를 선택하기 때문에, 비교의 준거 역시 평균적인 아동이 갖는 (공평한) 기회여야 한다는 점이다. 그럼에도 이 원칙은 지금까지 살펴본 다른 정당화들보다 요구사항이 적다. 여기서는 아이가 종합중등학교를 선택함으로써 정서적 트라우마를 겪는다거나, 괴롭힘을 당한다거나, 가난을 피하는 데 필요한 공평한 기회보다 열악한 기회를 갖게 된다거나 하는 상황을 고려할 필요가 없다. 그런 극적인 요소는 이번 원칙에 적용되지 않는다. 그 대신 이번 원칙에서 중요한 것은, 집 근처 종합중등학교에 아이를 보내는 과정에서 (이를 통해 교육적 정의에 공평한 몫의 기여를 한다 하더라도) 아이가 불공평하게 큰 비용을 감당한다는 것이다. 아이에게는 종합중등학교에서 빠져나갈 수 있도록 허용하는 법이 있다면 더 좋은 상황임에도, 부모는 그것을 금지할 공평한 제도를 위해 투표할 의향이 있다. [하지만] 왜 다른 사람들이 그런 공평한 제도에 투표할 의지가 없다는 이유로 자기 아이가 더 무거운 비용을 치러야 하는가?

이번 정당화의 논의를 결론짓기 위해 한 아이의 존재만으로는 학교에 아무런 변화를 만들 수 없다는 **행복한** 시나리오를 생각해보자. 여기서는 그런 개인적인 선택이 소용없는 것은 맞지만, 그것은 낙후되어 가는 학교를 개선하는 데 아무것도 할 수 없다는 부정적인 의미에서가 아니다. 지금의 종합중등학교가 아무런 문제도 없으며 특정한 아이가 그곳에 가든

말든 상관없이 계속 괜찮을 거라는 긍정적인 의미다.

이런 종합중등학교에는 여러 계층의 아이들이 잘 섞여 있고, 동료효과가 잘 작동하며, 당신이 자녀를 학교에서 빼낸다고 해서 다른 사람들도 당신을 따라 비슷한 선택을 내릴 위험도 없다. 그런 행복한 상황이라면, 똑똑하고 동기부여가 잘 된 아이 한 명이 더 있든 말든 정말 별다른 차이가 없을 것이다. 이런 사실에 호소하면서 자녀를 종합중등학교에서 빼내는 것을 정당화하려는 부모를 어떻게 생각해야 할까? 행복한 시나리오에서처럼 개인의 결정이 종합중등학교를 개선하는 데 아무런 기여를 하지 않는다면, 자기 아이를 이튼에 보내도 상관없는 걸까? 우리는 이 부모가 자녀를 종합중등학교에서 빼내는 것이 애초부터 정당하지 않았다는 점을 알아챌 필요가 있다. 그리고 지금 맥락에서 더 적절한 비판을 한다면, 이 부모와 그 자녀는 자신들에게 주어진 공평한 몫의 비용을 감당하지 않고 있다. 이 부모의 결정은 홀로 아무런 기여를 하지 않지만, 그럼에도 학교가 그만큼 유지되는 까닭은 다른 부모들이 자기 아이를 그곳에 보내고 있기 때문이다. 자녀를 종합중등학교에서 빼낼 여력이 있는 부모들을 비롯한 각각의 부모들이 모두 문제의 부모처럼 생각한다면, 그 학교 역시 쇠락의 길로 접어들게 될 것이다. 그 종합중등학교가 좋은 학교일 수 있고 교육적 정의가 더 완전하게 성취될 수 있는 이유는, 자녀를 종합중등학교에서 빼낼 수 있던 부모들이 그러지 않기로 했기 때문이다. 그런 점에서 문제의 부모는 좋은 종합중등학교라는 결과를 원하면서도, 그 결과를 위해 부과되는 공평한 몫의 비용을 감당하려는 뜻이 없는 것이다. 이 부모가 자기 아이를 이튼에 보낸다면 다른 사람들의 기여에 무임승차하게 된다. 그리고 이것이야말로 불공평한 일이다.

바람직한 결과를 이루기 위한 집단의 협력 전략에서 각자의 몫을 다하려는 타인의 의지에 편승하는 것은 불공평한 일이다. 이것은 실제로 개인의 선택이 변화를 만들어내는지 여부와는 상관없이 참이다. 잔디밭을 좋은 상태로 유지하기 위해 하루에 최대 한 사람만 잔디 위를 지나다닐 수 있다고 해보자. 모두가 잔디밭이 양호하게 유지되기를 바라기 때문에, 이 결과를 이루기 위한 최선의 방법으로 아무도 그 잔디 위를 걸을 수 없도록 표지판을 세우는 것에 동의한다. 그런데 한 사람이 다음 사실을 깨닫는다. 나 한 사람 정도는 그 위를 지나다녀도, 다른 사람들의 준법의식에 편승하면서 **동시에** 잔디밭도 좋은 상태로 유지할 수 있을 것이다. 그래서 이 사람은 아무도 쳐다보지 않을 때마다 잔디밭을 가로질러 지름길로 걸어갔다. 설사 그 한 사람이 규칙을 따른다고 해서 아무런 변화가 생기지 않는다 해도, 그 사람의 행동이 불공평하다는 점에 동의가 되면 좋겠다. 잔디를 좋은 상태로 유지할 때 집단 모두가 편익을 누릴 것임에도, 그 한 사람은 이를 위해 자신에게 공평하게 분배된 몫의 실천을 거절했기 때문이다. 좋은 종합중등학교란 좋은 잔디밭과 비슷하다. (홍역, 볼거리, 풍진 같은 전염병이 없는 사회도 마찬가지다. 바로 이것이 부모가 자녀에게 백신을 맞혀야 하는 이유다. 예방접종으로 인한 일정한 위험을 감수하고라도, 그리고 다른 사람들만 예방접종을 하는 것이 전염병 억제에 충분하더라도 말이다. 그렇게 하지 않는 것은 유익한 결과를 위해 각자에게 주어진 공평한 몫의 비용을 감당하려는 다른 사람들의 의지에 무임승차하는 것이다.)

- **정당화 17**: 자녀를 종합중등학교에서 빼내는 것은 (장기적으로 볼 때) 교육적 정의에 더 크게 기여한다.

정당화 16에서는 자녀를 종합중등학교에서 빼내지 않는 선택을 통해 얻는 것이 아무것도 없다는 주장을 했다. 학교법을 바꾸는 것은 교육적 정의를 실현할 수 있지만, 개인의 결정은 아무런 변화를 만들지 못한다는 것이다. 하먼이 "저는 자녀를 사회 공학의 부품처럼 사용해서는 안 된다고 진정으로 믿습니다"라고 했을 때 그런 생각을 염두에 두었는지도 모른다 (내 생각에 그녀의 말은 자녀를 사회 공학의 부품처럼 사용하는 것이 경험적으로 불가능하다는 것이 아니라 도덕적으로 옳지 않다는 것을 의미했던 것 같다). 이제 이 주장을 더 극단적으로 밀어붙여 보겠다. 정당화 17을 주장하는 부모에 따르면, 자녀를 집 근처 종합중등학교로 보내는 것은 실제로는 상황을 더 악화시킨다. 자기 아이의 상황이 아니라 교육적 정의의 상황 말이다. 자녀를 종합중등학교에서 빼내는 것이 그곳에 다니게 하는 것보다 교육적 정의에 더 크게 기여하리라는 것이다.

그들이 하는 교육이 불공평할 정도로 유리한 교육이라는 사실을 모르는 부모의 아이들에게 불공평할 정도의 유리한 교육을 받게 하는 것은 좋지 않다. 현행 학교법은 부모가 돈을 써서 자기 아이에게 남들보다 좋은 교육을 시킬 수 있도록 허용한다는 점에서 잘못되었다. 그런 교육을 받은 아이들은 교육에 관한 (그리고 다른 모든 것에 관한) 공공 정책에 영향력을 발휘하는 위치에 오를 가능성이 특히 더 높다. 이런 상황에서 교육적 정의의 실현을 앞당기는 합리적인 방법은 지금의 불공평한 제도를 이용해 [의식 있는] 아이들이 다음 세대의 교육혁신가가 될 가능성을 높이는 거라고 생각될 수 있다. 이것은 다음과 같은 주장을 하는 부유한 평등주의자와 비슷하다.

나는 내 재산을 가난한 이들에게 나눠줄 의향이 있다. 하지만 그것을 계속

가지고 있다면, 나는 우리 사회의 거물들과 친분을 맺으면서 영향력 있는 모임에 들어갈 수 있다. 만일 내 재산을 모두 나눠줘 버린다면 그렇게 할 수 없을 것이다. 따라서 모든 것을 고려해 볼 때, 내가 사회 정의를 증진할 수 있는 최선의 방법은 나의 자산과 영향력을 유지하는 것이다.

위선의 문제에 있어 이 주장은 유효하다. 부모가 자녀를 집 근처 종합중등학교에서 빼내는 것이 그곳에 보내는 것보다 교육적 정의에 더 많이 기여한다고 정말로 믿는다면, 자녀를 그곳에서 빼내면서도 그런 선택권을 폐지하는 데 진정으로 헌신하는 것은 모순되지 않는다. 하지만 이것이 타당한 정당화가 될 수 있는지 여부는 이것이 가정하는 인과관계가 얼마나 타당한지에 달려 있다.

자녀를 종합중등학교에 빼내는 것이 장차 아이가 중요한 요직에 오를 가능성을 높여준다는 점에는 나도 기꺼이 동의한다. 그렇게 된다면 교육 제도가 어떻게 변해야 하는지에 대한 그들의 신념대로 실제로 변화를 이끌어 낼 수 있는 자리에 오를 수 있을 것이다. 하지만 당신의 아이가 과연 당신과 같은 견해를 공유하고 유지할 수 있을까? 그 답은 당신의 아이가 갖게 될 견해가 (a) 당신의 신념과 (b) 자기가 다니는 학교가 조장하고 학생들이 지지하는 그 견해 중 어느 것에 더 많은 영향을 받을지에 달려 있다. 사립학교가 자신들과 같은 학교를 폐지해야 한다는 견해를 열심히 전파하는 경우는 그리 많지 않다. 따라서 이번 정당화에 호소하는 것은 어느 정도 위험을 감수해야 한다. 실제로 어떤 부모들은 자기 아이가 사립학교에 다니게 되면 교육적 (그리고 다른 정치적·도덕적) 정의에 대한 부모의 견해를 덜 지지하게 될까 봐 걱정한다. 그리고 이것이 자녀를 사립학교에 보내지 말아야 하는 이유라고 생각한다! 자기 학교는 도덕적으로 무결하다고 생각하는 교사와 친구들에 둘러싸여 지내는 것은, 그 학교가 그렇지 않다고 깨닫는 아이를 길러내는 일반적인 방법은 아닐 것이다.

이런 종류의 정당화를 지지하는 아이들은 사립학교를 폐지해야 한다고 주장하면서 정작 자신은 그런 학교에 다니고 있는 아이들일 가능성이 높다. 나는 이런 식의 생각을 하게 되는 특정한 나이대가 따로 있으며, 어느 학교로 진학해서 A-레벨을 준비해야 할지 결정을 앞둔 16세 즈음일 거라고 생각한다. 나는 다음과 같이 생각하는 아이들을 꽤 많이 만났다.

저는 제가 다니는 곳과 비슷한 종류의 학교가 반드시 폐지되어야 한다고 생각합니다. 그 이유 중 하나는 이런 종류의 학교가 전형적으로 길러내는 특정한 정치적·사회적 태도가 있기 때문입니다. 하지만 저는 그런 태도를 기르는 과정을 잘 견뎌낼 수 있으리라 확신하기 때문에, 제가 이 학교에 다니는 것은 정당화될 수 있습니다. 이 학교에 다니면서, 저는 수준 높은 고등교육을 받게 될 가능성과 엘리트 지배계층이 될 가능성을 높일 수 있을 겁니다. 그렇다면 저의 사회적·정치적 견해가 (교육제도를 포함한) 우리 사회의 변화를 실제로 만들어 낼 가능성도 높아질 겁니다. 이것이 바로 제가 이 학교에 다녀도 된다는 강력한 근거입니다.

(내가 아는 옥스포드 학생들은 그 학교가 상징하는 엘리트주의에 반대하면서도, 자신이 그 학교에 지원한 것을 비슷한 이유에서 정당화하고 있었다.) 이런 아이들이 그들의 부모에 비해 미래에 대한 자신의 신념을 더 잘 예측할 수 있을지, 자신의 선택에 대한 진짜 이유를 외면하는 자기기만에 빠지지 않을 수 있을지 묻는 것은 좋은 질문일 것이다.

이런 정당화 자체는 그리 타당해 보이지 않는다. 뻔한 말이지만, 어떤 학교든 그 선택이란 수없이 다양한 고려사항 가운데서 균형을 잡는 일이다. 다음과 같은 부모를 생각해보자. 이 부모는 자녀를 종합중등학교에 보내는 것은 교육적 정의 실현에 거의 아무런 도움이 되지 않으며 자기 아이에게 불공평하게 부실한 교육을 제공할 뿐이라고 굳게 믿고 있다. 이런 견해라면 차라리 자녀를 도덕적으로 계몽된 개혁가로 키워내서, 자녀가 미래의 교육정책에 자신의 견해를 반영할 수 있을 정도의 불공평하게 좋은 기회를 갖게 하는 편이 훨씬 그럴듯해 보인다. 그러나 아이들이 미래에 갖게 될 신념을 정확하게 예측할 수 없다는 위험 때문에 이번 정당화는 그 반론의 근거들을 넘어서기 어려워 보인다. 또한 이번 정당화는 자신만을 위한 자기기만이 될 가능성이 특히 높다. 하지만 여전히 남들은 선택해서는 안 될 선택지를 자기가 선택할 때를 위한 좋은 이유들 중 하나가 된다.

## ▍결론

교육적 정의를 실현하는 것은 상당 부분 집단적 행위의 문제다. 이 문제의 해결책은 법을 바꾸려는 조직적인 정치 행위에 달려 있을 것이다. 지금의 바람직하지 못한 현실에서는, 부모 개인이 종합중등학교를 지지하기로 하더라도 그것이 정의 실현에 아무런 유익을 줄 수 없는지도 모른다. 그렇지 않을지라도, 만일 부모의 결정 때문에 자녀가 불공평한 부담을 져야 한다면 부모에게 그런 결정을 요구하는 것은 여전히 지나친 일이다.

집단적 행위의 문제를 재산의 경우와 비교해보자. 어느 부자는 자기가 가져야 할 것보다 많은 재산이 있다. 이 부자가 자기 재산의 초과분을 다른 사람들에게 나눠준다면, 혼자서도 직접적으로 재산이 적은 사람들의 삶을 개선할 수 있을 것이며 이를 통해 세상은 조금 더 공평해질 것이다.

이 부자가 세상에 긍정적으로 기여할지 여부는 상황이 얼마나 호의적인지에 의존하지 않는다. 얼마나 많은 재산을 나눠줄지 역시 본인이 결정하기 나름이다. 따라서 이 부자는 자신이 정당하게 가질 수 있는 양이 얼만큼인지 최선을 다해 고민한 다음, 그 외의 재산을 나눠주면 되는 것이다. 따라서 이 경우, 부의 공평한 분배에 기여하려다가 자신이 감당하고 싶은 것보다 많은 비용을 치르게 되는 문제는 발생하지 않는다. 물론 모든 사람이 그렇게 하도록 법 자체를 바꾸는 것보다야 더 큰 비용을 치르게 될 수는 있겠다. 자신에게 남는 재산이 두 경우 모두 똑같다 하더라도 말이다. 자신을 비롯한 모든 사람이 마땅히 가져야 할 만큼의 재산만 가지며 살아가는 사회에서 사는 것보다, 한때는 부자였던 사람이 [자신의 재산 일부를 기부한 뒤] 여전히 부자인 친구나 친척들에게 둘러싸여 살아가는 것이 훨씬 힘든 일일 것은 분명하다. 따라서 재산의 경우에도 모두가 똑같은 행동에 동참한다면 그 행동의 비용은 감소할 것이다. 그럼에도 한 개인이 정의의 실현에 충분히 기여할 수 있으며, 그 기여의 정도를 선택할 재량권 역시 자신에게 있다는 사실은 변하지 않는다.

 교육적 정의의 역학은 두 가지 측면 모두에서 다르다. 개인 혼자서는 아무런 기여도 할 수 없을지 모른다. (나는 미국에서 학교 선택에 도덕적 문제가 그리 중요하지 않다는 인상을 받을 때가 있다. 그것은 미국 문화가 영국보다 더 개인주의적이기 때문이기도 하지만, 미국 대도시에 위치한 공립학교가 너무도 크고 열악해서 미국 부모들은 자신의 선택을 통해 다른 아이들의 교육에 변화를 만들어낼 수 있다는 생각 자체를 못 하기 때문이기도 하다. 선행의 눈덩이를 만들기에는 미국 학교의 환경이 너무도 부적합한 것이다.) 부모의 선택이 변화를 만들 수 있다고 할지라도, 현행 학교법과 그 아래서 다른 사람들의 개인적 선택이 미칠 총체적인 영향으로 인해, 결국 부모는 자기 아이에게 불공평한 부담을 지게 하지 않고서는 아무런 기여도 할 수 없는 선택지만 마주하게 될 수 있다.

## 10장

# 집안 문제

 마지막으로 살펴볼 세 가지 정당화는 우리를 주거지에 관한 문제로 이끈다. 때로는 부모들(혹은 부모 중 한 사람)이 학교 선택 문제를 이사로 해결한다. 때로는 이사를 할 수 있다는 사실 자체가 이사를 정당화하는 것이 아니라 자녀를 집 근처 종합중등학교에서 빼내는 것을 정당화하기도 한다. 이것이 우리가 마지막으로 다룰 스무 번째 정당화다.

 그 이야기로 넘어가기 전에, 먼저 가정과 관련된 두 가지 정당화를 고민해보자. '학교법은 바뀌어야 한다'와 같은 신념을 갖는 주체는 한 사람의 개인이다. 반면 자녀의 학교를 선택하는 사람은 대개 한 사람의 개인이 아니다. 부모 두 사람이 아이를 기르는 집이라면 자녀의 학교 역시 함께 선택해야 한다. 어쩌면 당사자인 자녀에게도 발언권이 있을지 모른다. 결정의 단위가 부모 개인이 아니라는 사실은, 위선자라는 비판에서 빠져나갈 수 있는 뻔한 방법을 마련해준다.

 저 혼자 결정하는 일이라면, 우리 딸을 종합중등학교에 보낼 거예요. 하지만 우리 남편이 어떤 줄 아시잖아요. 남편은 이런 문제에 의견이 많이 달라요. 그리고 딸 제미마도 친한 친구 두 명을 따라서 여학교에 가고 싶어 했어요. 제가 보기엔 제가 옳고 저들이 틀렸지만, 저들도 그렇게 생각하겠죠. 물론 실제로는 제가 옳지만, 그래서 뭐가 달라지겠어요? 꼭 제 관점대로 해야 할 이유도 잘 모르겠고, 남편은 저보다 더 요지부동이에요. 그래서 손 떼고 잠자코 있었죠. 그렇게 내가 투표로 없앴으면 하는 학교에 딸이 다니고 있어요. 결국 원래 제가 보내고 싶었던 학교에서 그 아이를 빼낸 거죠.

- **정당화 18**: 나의 배우자는 자녀를 종합중등학교에서 빼내는 것이 정당화될 수 있다고 생각한다.

제미마를 잠시 빼 두고, 배우자 간 의견 충돌에 호소하는 정당화에 논의의 초점을 맞추어 보자. 이런 정당화를 꺼내는 사람은 그리 많지 않다. 그 이유 중 하나는 부모들이 공적인 자리에서 구질구질한 가정사를 꺼내고 싶어 하지 않기 때문이다. 부모들은 일단 결정을 내리고 나면 이 정당화 뒤로 숨어버린다. 자기 견해보다 당론을 앞세우는 정치인들처럼 말이다. 가끔 이 문제 때문에 사이가 틀어지는 부부들도 있다.(공교롭게도 그중 한 사람이 노동당 하원의원 제레미 코빈(Jeremy Corbyn)이다) 하지만 사적인 자리에서 친구들과 있을 때는 이번 정당화가 상당한 비중으로 다가올 때가 있다. 내 경험을 돌이켜보면, 그런 상황에서 사람들은 대개 배우자가 다른 관점을 취하는 이유를 설명하려고 애쓴다. "남편이 미국 사람(혹은 호주 사람)이어서 그런지, 그이는 공립학교 대 사립학교 논쟁을 다르게 받아들이더라고. 어쨌든 남편 말로는, 자기는 부모가 자녀에게 해줄 수 있는 건 다 해줘야 한다고 믿으면서 컸대. 나는 남편의 의견을 존중해줘야 할 것 같아." 이 엄마는 이중으로, 아니 어쩌면 삼중으로 죄책감을 느낄지도 모르겠다. 자기 아들을 종합중등학교에서 빼낸 것 때문에, 가정 내의 힘 겨루기에서 남편의 의견이 자기 의견을 이겨버린 것 때문에, 그리고 어쩌면 교육적 정의에 무관심한 남편과 살고 있다는 것 때문에. 물론 그녀가 정말로 죄책감을 느껴야 하는지는 이 부부의 사적인 세부 사항들에 달려 있겠지만 말이다.

부모 사이의 갈등을 해결하는 일반적인 방법이 과연 있을까? 한번 이렇게 생각해보자. 두 등산가가 산을 오르고 있다. 이들은 악천후 속에서도 계속 등산을 할지 아니면 기지로 돌아갈지를 결정해야 한다. 이 둘은 반드시 함께 있어야 한다. 한 사람은 등산을 계속하길 바라고, 다른 한 사람은 돌아가길 원한다. 이런 상황에서는 더 신중한 관점을 따르는 것이 이치에 맞다. 만일 계속 산을 오르고 싶어 하는 등산가가 나였다고 생각해보자. 설사 내가 [공평하게] 동전을 던져서 결정하자고 할지라도, 이것 또한 부당한 일일 것이다. 결코 위험을 감수하고 싶어 하지 않는 동료에게 그런 위험을 강제로 부과해서는 안 되기 때문이다. 이 판단이 타당하다고 해보자. 그렇다면 서로 의견이 충돌할 때는 위험을 덜 감수하는 선택지를 선호해야 한다. 이제 이것을 학교 선택 문제에 적용해보자. 자녀를 종합중등학교에서 빼내자는 아빠라면 종합중등학교를 지나치게 큰 위험이라고 여길 것이다. 물론 종합중등학교에서 일이 잘 풀릴 수도 있고, 자녀를 사립학교에 보낸다고 해서 반드시 성공이 보장되는 것도 아니다. 하지만 모든 것을 고려할 때, 뭔가가 잘못될 확률은 [사립학교보다] 종합중등학교에서 더 높다. 비록 엄마는 종합중등학교가 위험한 곳이 아니며 오히려 자녀를 그곳에 보내야 옳다고 생각하지만, 함께 결정을 내려야 하는 배우자를 설득하지 못한다면 더 신중한 관점을 가진 배우자의 의견을 우선시해야 옳다.

많은 사람이 종합중등학교가 사립학교보다 위험이 큰 선택지라고 여기는 상황을 가정해보자. 부모 중 한쪽이라도 종합중등학교가 지나친 위험 요소라고 생각한다면, 그쪽 부모의 의견으로 합의를 볼 충분한 이유가 된다. 신중하게 판단하더라도 실수할 가능성은 양쪽 부모 모두가 동일하기 때문에, 이런 방식의 논리는 자녀를 종합중등학교에서 빼내는 수많은 부모를 정당화할 수 있을 것이다.

부모는 여러 가지 문제에서 서로 의견을 달리할 수 있다. 가장 근본적으로는 어떤 학교법이 채택되어야 하는지에 대한 의견이 다를 수 있다. 한쪽 부모는 (지혜롭게도) 1부에서 제시된 모든 논증을 수용할지도 모른다. 그렇다면 이 부모는 사립학교와 선별학교를 폐지하는 법에 기꺼이 투표할 것이다. 반면 다른 쪽 부모는 (어리석게도) 앞의 논증들을 거부할지도 모른다. 어쩌면 이 부모가 생각하기에 자녀에게 가능한 한 최고의 교육을 제공하는 데 돈을 쓰는 것은 모든 사람에게 주어진 기본적인 인권일지도 모른다. 여기서 두 사람의 정치적 견해는 대단히 다르다. 혹은, 사람들은 정치적으로는 학교법이 개혁되어야 한다고 동의하면서도, 지금 주어진 학교법 아래서 사립학교를 선택하는 것이 정당화될 수 있는지에 대해서는 의견이 다를 수도 있다. 한쪽은 (지혜롭게도) 자녀를 종합중등학교에서 빼내는 것이 여러 가지 방식으로 정당화될 수 있다는 점을 깨닫는 반면, 다른 한쪽은 (어리석게도) 집 근처 종합중등학교가 아무리 부실하더라도 의무적으로 종합중등학교를 지지해야 한다고 생각할지도 모른다. 이 수준에서도 부모가 서로 합의했다고 해보자. 집 근처 종합중등학교가 받아들일 수 있는 최소한의 수준을 만족시키지 못한다면, 그때 사립학교를 선택하는 것이 정당화될 수 있다고 부모 양쪽이 모두 동의한다. 그렇지만 이때도 그들은 여전히 어디까지가 '적절한' 정도인지 합의하지 못할지도 모른다. 한쪽은 정서적·심리적 피해가 우려될 때만 정당하게 자녀를 종합중등학교를 빼낼 수 있다고 생각하는 반면, 다른 한쪽은 미래의 성공을 위한 공평한 기회가 조금이라도 훼손된다면 자녀를 종합중등학교에서 빼내는 것이 정당하다고 생각한다. 적절성의 내용에 합의했다 하더라도, 그들이 사는 집 근처의 종합중등학교가 정말 부실한지에 대해서는 여전히 갈등을 빚을지도 모른다. 앞선 위험의 경우와 마찬가지로, 여기서 발생하는 의견 차이는 경험적 차이일 뿐이다.

나는 이 책이 다른 것은 몰라도 학교 선택 문제를 두고 의견을 달리하는 부모가 그들이 정확히 어디에서 충돌하는 것인지 파악하는 데만큼은 도움이 되었으면 한다. 그래도 여전히 논쟁은 계속될지 모르나, 대개 초점이 명확하고 구조화된 논증은 그렇지 않은 논증보다 더 생산적이다. 나는 자녀의 학교를 선택하면서 부모가 겪을 수 있는 의견 충돌의 여러 가지 이유를 가능한 한 체계적으로 정리했으며, 이것이 그런 갈등의 감정적인 부분을 해소하는 데 뭔가 도움이 되길 바란다. 물론 자녀와의 관계나 배우자와의 관계는 언제나 온갖 감정적인 부담이 따르기 마련이다. 그러니 자녀에게 무엇을 해줄 수 있을지를 두고 배우자와 갈등을 겪는 것은 어쩔 수 없이 힘든 일이다. 하지만 그런 상황은 대개 감정적인 갈등으로 치닫기 마련이고, 그러면서 도움이 안 되는 방식으로 감정을 들여오기 쉽다. 두 사람은 서로 갈등하지만 정작 무엇을 두고 갈등하는지는 모르게 되는 것이다.

그렇다고 내가 합리적인 계산만으로 이런 문제를 해결할 수 있다거나, 그것이 애당초 가능한 것처럼 말하려는 것은 아니다. 그 대신 내가 두 문단 위에서 시도한 것처럼, 의견이 충돌할 수 있는 문제를 구조화하여 제시한다면 부부의 효과적인 의사소통에는 도움이 될 것 같다. 실제로 갈등을 겪었던 한 부부는 이 책 말미에 있는 설문지를 통해 생산적으로 논의의 초점을 되찾기도 했다. 어떤 독자가 이 책의 초안을 읽으면서 내게 물었는데, 논의가 감정적 갈등으로 번질 때 대개 아빠의 의견이 이기지 않느냐는 것이었다. 만일 그렇다면 논의의 기초를 체계적으로 세우는 것은 성별 간 권력 균형을 조정하는 데도 도움이 될 것이다.

의견 충돌을 겪는 문제가 근본적인 차원의 문제일수록 부부 사이에는 공통점이 없다고 볼 수 있다. 자녀를 둔 부부가 도덕적으로 깊은 차원의 의견 충돌을 어떻게 극복해야 하는지는 분명 어려운 문제다. 나는 평등주의자가 부자인 것을 정당화할 수 있는지, 그리고 그것이 가능하다면 어떻게 가능한지를 주제로 세미나를 연 적이 있다. 그곳에서 나는 결정 단위가 개인이 될 수 없다고 주장했다. 재산의 유익을 누리는 단위는 개인이 아니라 가족이나 식구들이다. 남편과 자녀들은 자신들에게 특정한 생활방식을 당당히 누릴 수 있는 자격이 있다고 생각하는데도, 평등주의자인 아내가 가산의 대부분을 기부해버린다면 그것은 명백히 옳지 못한 일이다. 세미나가 끝나고 간 술집에서 한 동료가 나에게 다가와 말을 건넸다. "좋은 지적이었습니다. 하지만…"

하지만 그 주장을 어디까지 밀고 나갈 생각이신지요? 선생님의 배우자가 분배적 정의의 요구에 무관심한 사람일 뿐만 아니라 그보다 더 나쁜 사람이면, 예컨대 인종차별주의자라면 어떻겠습니까? 선생님의 배우자는 아들을 인종차별주의자로 키우고 싶어 합니다. 그리고 선생님이 아들에게 인종적 편견이 잘못된 이유를 가르치려고 하면, 그런 선생님의 말을 대놓고 멸시합니다. 그럴 때는 어떻게 해야겠습니까?

나는 인종차별주의자와는 아이를 갖지 않으려고 했을 거라고 변변찮은 답변을 했다.

- **정당화 19**: 아이 자신이 종합중등학교에서 정당하게 빠져나올 수 있다고 생각한다.

아이 자신은 어떤 학교에 가는 것이 옳지 않다고 생각하는데, 부모가 그런 학교에 아이를 보내도 정당한가? 여기서는 부모 간에는 갈등이 없다고 하자. 부모는 이미 학교를 선택했는데, 아이가 여기에 반대한다. 여기에도 여러 가지 이유가 있을 수 있다. 기본적 인권에 대한 견해가 근본적으로 다르거나, 종합중등학교에 다니면서 특정 결과를 달성할 수 있는 경험적 확률이 어떻게 변할지에 대해 견해가 다를 수도 있다.

답은 '그렇다'이다. 만약 아이가 아직 자기 삶에 대한 결정을 내릴 나이가 아니라면, 어디가 합리적인 균형점인지에 대한 부모의 최선의 판단에 근거해야 한다. 물론 아이의 의견도 그 방정식의 한 가지 변수다. 예를 들어 아이가 너무나 싫어하는 특정 학교로 그 아이를 보낸다면, 그는 부모를 깊이 원망하게 될지도 모른다. 그런 원망은 학교에서 아이의 경험에 영향을 주고, 아이가 친구를 사귀지 못하게 만들고, 결국 배움에 마음을 닫게 할지도 모른다. 하지만 어린아이들이 흔히 그러듯, 오히려 강한 반대처럼 보이는 아이의 마음이 금세 바뀌게 될지도 모른다. 부모는 그저 아이의 의견의 전반적 의미를 최선을 다해 예측하여 고려한 뒤에, 결정은 부모 스스로 내려야 할 것이다. 아이와 **함께 논의**하는 것, 곧 아이의 의견을 고려하고, 아이 입장에서 이 문제가 어떻게 보이는지 이해하는 것은 당연히 바람직하다. 부모의 결정에 중요한 새로운 사실들을 알게 될 수도 있고, 아이의 생각대로 결정되지 않더라도, 그 과정에서 자기 의견이 존중받았다고 느끼는 아이가 더 행복할 가능성이 높다. 하지만 시종일관 분명히 해야 할 한 가지는 결국 부모가 결정을 내려야 한다는 점이다. 다른 모든 이유를 떠나서 그렇게 하는 것이 아이에게 공평한 일이기 때문이다. 아이에게 그런 부담을 지워서는 안 된다. 자유롭고 진보적인 양육방식이 때로는 일종의 책임 전가가 될 수도 있다. 아이가 스스로 생각할 수 있게 독려하고, 아이의 의견을 진지하게 받아들이고, 책임감을 길러주는 것은 좋다. 하지만 그것을 핑계로 부모가 어려운 판단을 회피하려는 것은 또 다른 문제다.

부모가 어떤 결정을 내리든지, 그 결정을 아이에게 설명해주는 과정에서는 조심할 필요가 있다. 여기에는 쉬운 정답이 없고, 아이가 몇 살이며 얼마나 성숙했는지에 따라 그 답은 상당히 달라질 것이다. 다만 우리에게 경종을 울리는 실제 이야기를 공유하고자 한다. 토니와 벤은 서로 가장 친한 친구였다. 토니가 8세가 되자, 토니의 부모는 토니를 공립초등학교에서 사립학교로 전학시키기로 했다. 벤은 토니에게 이 이야기를 듣고, 화나고 혼란스러운 마음으로 집에 돌아와 부모님을 만났다. "토니가 학교를 옮긴대요. 토니는 친구보다 좋은 학교가 더 중요하대요." 토니는 부모님으로부터 들은 대로 말했을 뿐이다. 물론 토니의 부모는 무엇이 옳은 결정인지를 두고 오랫동안 힘든 고민을 통해 판단을 내렸고, 나름 최선을 다해서 이 결정을 토니에게 설득시키려 했을 것이다. 그러나 유감스럽게도 토니는 좋은 학교가 친구보다 더 중요하다는 교훈을 얻었다. 하지만 이는 잘못된 교훈이다. (비록 '올바른' 학교에 가는 것이 8세에 생긴 친구와의 우정을 지키는 것보다 더 중요하다는 것은 사실일지라도 말이다. 물론 토니의 부모님이 말하고 싶었던 것도 이런 뜻이었을 것이다.) 그리고 또 유감스러운 것은, 벤에게 자기 학교가 '좋지' 않다는 인상을 심어준 것이다.

부모가 사립학교를 폐지하는 법에 투표할 의향은 있지만, 어떤 학교에 자녀를 보낼지 선택하는 것은 미성년자인 자녀의 의견에 따라야 한다고 생각할 수 있다. 이것은 위선은 아닐지도 모른다. 하지만 그것은 분명 옳지 못한 일이다.

● **정당화 20**: 집 근처 종합중등학교를 피하기 위해 공립학교 체제에서 자녀를 빼내는 것이 더 좋은 학군으로 이사 가는 것보다는 낫다.

당신이야 괜찮겠죠. 당신이 사는 동네라면 자녀를 종합중등학교에서 빼낼 이유가 없어요. 옆집 사람들은 죄다 번듯한 집에 살면서 돈도 많고, 또 그런 집 부모들은 교육에 대한 관심이나 지식도 많죠. 그런 집 아이들은 부족할 게 없어요. 우리도 당신처럼 할 수 있다면 참 좋겠지만, 그런 선택지는 우리한테 없어요. 이 동네는 그런 식으로 돌아가지 않거든요. 우리도 학군을 옮겨볼 수는 있겠죠. 그렇지만 이 동네가 좋아서 굳이 이사 가고 싶지는 않아요. 우리가 더 비싼 집에 쓸 돈을 사립학교에 쓴다고 해서 왜 문제가 되죠?

이 부모는 자녀를 종합중등학교에서 빼내는 것과 이사 가는 것을 동일선상에 두고 있다. 만일 이사 간다 해도 그 부모를 위선자라고 비난하는 사람은 없을 것이다. 도덕적 관점에서 두 행위는 다를 것이 없다. 두 경우 모두에서 부유한 부모의 경제적 기득권이 더 나은 교육으로 전환되고 있다. 나는 이 부모의 말이 옳다고 생각한다. 특정 학교에 들어갈 수 있는 학군으로 이사하는 데 돈을 쓰는 것과 그런 학교에 직접적으로 돈을 쓰는 것은 도덕적으로 차이가 없다. 하지만 그렇게 간단하지만은 않다. 어디에 살지 결정하는 데는 여러 가지를 고려해야 하며, 그중 어떤 것들은 학교와 아무 상관이 없을 것이다. 그 도덕적 동등함은 두 가지 방식으로 작동한다. 당신이 집 근처 종합중등학교를 피하기 위해 [더 비싼] 학비를 지불하는 것이 옳지 않은 상황이라면, 같은 이유로 집을 옮기는 것도 옳지 않다.

복잡한 논의로 들어가기 전에 분명히 해야 할 것은, 많은 이들에게 이 지점이 바로 문제의 핵심이라는 점이다. 사람들이 주로 느끼는 불평등은 사립학교와 공립학교 사이의 불평등도 아니고, 선별학교와 종합중등학교 사이의 불평등도 아니다. 학교 문제에서 부모들은 진학하게 될 종합중등학교의 수준이 사는 곳에 따라 얼마나 큰 영향을 받게 되는지 알게 된다. 물론 2장에서 얘기한 것처럼, 공식적으로 측정된 학교의 학업성취도에 따라 학교의 수준을 해석할 때는 충분한 주의를 기울여야 한다. 학교들 사이에 분명한 차이가 있는 것처럼 보이더라도, 그런 차이 중 상당 부분은 당신의 자녀에게 별다른 영향을 미치지 않을 것이다. 그러나 어떤 차이는 영향을 미친다. 거주지가 결정적인 영향을 미친다는 부모들의 생각은 옳다. 어떤 사람들은 사립학교에 갈 생각이 꿈에도 없지만, 더 좋은 학군으로 이사 가는 일은 정당하다고 생각할 수 있다. 또 어떤 이들은 일종의 타협책으로 학군을 옮길 것이다. ("저는 우리 아이를 사립학교에 보내지 않을 거예요. 그런데 아내는 아이를 집 근처 종합중등학교에는 보낼 수 없대요. 그래서 우리는 이사를 했습니다.")

중요한 것은 **주소지다**. 나는 이 책을 쓰기 위해 사전 조사를 하면서, 사람들이 자녀를 알맞은 학교에 입학할 수 있게 하려고 얼마나 다양한 편법을 동원하고 있는지를 발견하고 경악을 금치 못했다. 인기 있는 초등학교에 종교 특별전형으로 지원하기 위해 부모가 기적적으로 개종했다는 이야기를 우리 모두 한 번씩 들어보았을 것이다. 나는 우연히 좋은 학교 근처에 살고 있는 친척 집으로 아이들이 입양되는 경우도 보았다. 어떤 부모가 이혼한 뒤, 한쪽이 좋은 학군에 아파트를 잡고, 아이를 그 주소지의 학교에 진학시킨 뒤, 모든 일이 해결되자 놀랍게도 그들이 재결합에 성공하여 원래 집으로 돌아오는 경우도 들어보았다. 한 부부가 둘 중 누구도 살지 않는 집에 월세를 얻고서, 그 집 주소지를 이용해 자녀의 학교에 원서를 넣었다는 이들도 만난 적이 있다. (그 월세 집을 오랫동안 유지할 필요는 없었다. 일단 학교에 들어가면, 다음부터는 주소가 어떻게 바뀌든지 그 아이와 동생들 모두의 입학 자격에는 변동이 없다.) 내가 조사한 바에 따르면, 인기 있는 학교가 위치한 런던 북부의 어느 동네에서는 이런 현상 때문에 월세 시장이 대단히 흥하고 있다. 그 지역의 집 주인들은 거의 이런 목적만을 위해 집을 매우 작은 원룸 아파트들로 개조하고 있다.

이런 속임수들은 더 많은 도덕적 문제를 일으키지만, 이 문제들은 논지에서 벗어난 이야기일 것이다. 기본적인 문제만 살펴봤을 때, 내가 말한 것처럼 특정한 종류의 교육을 위해 이사하는 데 돈을 쓰는 것과 그런 교육에 직접 돈을 쓰는 것에는 도덕적으로 차이가 없다. 두 가지 경우에서 모두 부모의 경제적 기득권은 더 좋은 교육으로 전환되며, 이때의 교육은 자녀가 본래 받았을 교육보다도 좋은 교육이자 경제적 기득권이 없는 가정의 아이들이 받는 교육보다도 좋은 교육이다. 이 책에서 지금까지 해온 주장에 따르면, 분명 집 근처 종합중등학교를 피하기 위해 자기 돈을 쓴다 해도 이를 정당화할 수 있는 경우가 있기는 하다. 그런 정당한 사정이 있다면, 이사 가는 것 또한 정당화될 수 있을 것이다. 하지만 이사 가는 것을 정당화한다고 해서, 그것이 사립학교를 선택할 수 있는 새로운 정당화를 제공하는 것은 아니다. 그리고 여기 적용되는 조건 역시 이전과 동일하다. 이를테면, 당신이 돈을 내고 구매할 수 있는 교육은 (이사를 가든, 사립학교를 선택하든) 충분히 좋은 학교의 교육일 뿐, 그것보다 더 좋아서는 안 된다는 것이다.

이 마지막 이야기가 중요하다. 이는 사립학교 선택이 정당화되지 않는 경우라도, 이사를 해서 더 좋은 공립학교에 들어가는 것은 정당화될 수 있다는 뜻이기도 하다. 당신 집 근처의 종합중등학교가 정말 부실하다고 해보자. 당신 자녀를 그 학교에 보내지 않기 위해 돈을 쓰는 것은 정당하다. 당신이 이사하기로 한다면, 그 결정을 통해 자녀를 충분히 좋은 공립학교에 보낼 수 있을 것이다. 반면 이사하지 않기로 한다면 당신은 자녀를 [충분히 좋은 학교보다 더 좋은] 사립학교에 보내려 할지도 모르겠지만, 이때 당신 자녀는 집 근처 종합중등학교의 부실함을 피하는 것뿐만 아니라 추가적인 유익도 누리게 될 것이다. 이럴 경우 당신이 이사하는 것은 정당한 일이지만, 사립학교를 선택하는 것은 정당화될 수 없다. 물론 이사하는 것이 정당하다면 사립학교를 선택하는 것도 정당화되어야 한다고 당신은 호소할 수도 있다. 돈을 더 나은 교육으로 전환한다는 점에서 이 두 가지 방법에는 도덕적으로 차이가 없다. 하지만 이것은 충분히 좋은 학교라는 동일한 목표를 추구하는 과정에서 둘 중 어느 쪽이든 사용할 수 있다는 말이지, 목표 자체를 바꿔도 된다는 말은 아니다.

따라서 동일한 주제가 반복되고 있다. 당신의 아이가 충분히 좋은 학교에 다니게 하는 것은 도덕적으로 문제가 없지만, 그것보다 더 좋은 학교에 다니게 해서는 안 된다. 당신이 자녀를 종합중등학교에서 빼내는 것은 정당할 수도 있다. 하지만 당신이 선택하는 학교가 필요 이상으로 좋아서는 안 되며, 그래야만 당신의 선택이 정당화될 수 있는 것이다. (필요한 만큼이 구체적으로 어느 정도인지는 당신에게 주어진 다른 선택지들에 따라 달라질 것이다. 이미 설명했듯이, 당신이 선택할 수 있는 유일하게 '충분히 좋은 학교'가 '충분히 좋은 학교' 이상일 수도 있다.) 확실히 여기서 논의되는 상황의 그림은 조금 우스꽝스러워 보인다. 대부분의 부모는 자녀를 가능한 한 최선의 학교에 보내주려고 할 것이다. 그렇지만 우리가 논의했던 경건한 평등주의자 학부모는 자기 아이의 학교가 지나치게 좋은 곳이면 어떡하나 하고 신경을 쓴다. 실제로 내 주변의 사립학교를 선택한 부모 중 많은 사람은 자기에게 주어진 선택지들 중에서 그나마 덜 번듯한 학교를 골랐다고 변명하듯이 주장한다. 이런 사람들은 대개 자기 아이와 학교에 다닐 다른 아이들을 우려한다. 이들은 학교가 지나치게 고급스러울까 봐, 지나치게 부잣집 아이들로만 가득할까 봐 걱정한다. 자기가 누리는 특권을 의식하지 못하는 아이들, 자기가 받는 교육이 불공평할 정도로 유리한 것이라고 깨닫지 못하는 아이들에게 둘러싸여 자기 아이가 자라는 것을 원치 않는 것이다. 내 주장이 옳다면, 부모들은 자기 아이가 새롭게 진학하기로 한 학교가 필요 이상으로 좋은 학교는 아닌지도 걱정할 필요가 있다.

지금까지의 논의에서 우리는 거주지 결정 요인이 학군밖에 없는 것처럼 이야기했다. 부동산 중개인들에 따르면, 실제로 많은 사람에게 학군은 중요한 요인으로 작용한다. (1999년 코벤트리 시[6]에 대한 연구는 '최상위 학교가 주택 가격을 19% 인상시킨다'는 사실을 발견했다. 2000년 런던에서 인기 있는 학교 근처의 주택은 최대 45,000파운드[7] 더 비쌌다. 이는 [사립학교] 학비에 비하면 괜찮은 가격일 수 있다. 결국 그 집을 갖게 된다는 면에서 특히 그렇다.) 하지만 거주지 결정에 교육이 유일한 요인은 아니다.

---

6 코벤트리(Coventry). 영국의 도시로, 당시 인구는 약 337,000명이다.
7 당시 약 5,400만 원.

이 점은 우리 논의에서 대단히 중요한 변수이며, 이 때문에 이사 가는 것과 자녀를 사립학교에 보내는 것이 도덕적으로 차이가 없다는 내 주장이 뒤집힐 수도 있다. 내 주장은 정확히 **학군을 옮기기 위해** 집을 사는 데 돈을 쓰는 것은 학교에 직접 돈을 쓰는 것과 차이가 없다는 말이었다. 여기서 굵은 글씨로 쓴 부분이 매우 중요하다. **만약** 당신이 이사하는 유일한 목적이 이사해야만 갈 수 있는 그 학교 때문이라면, **그때** 이 두 가지가 다르지 않다는 것이다. 그런 경우에만 우리는 동일한 수단(돈 쓰는 것)으로 동일한 의도(충분히 좋은 학교에 자녀를 보내는 것)를 이루려 했다고 할 수 있을 것이다. 하지만 현실에서 그런 경우는 거의 없다. 사람들이 어디에 살지를 정하는 것은 매우 다양한 이유에 달렸다. 그들은 자신이 쓸 수 있는 예산 안에서 좋은 집, 좋은 동네, 직장과의 거리, 시내와의 거리, 대중교통의 접근성 등과 같은 다양한 목적 가운데 최대한 많은 것을 성취하려고 노력할 것이다.

어떤 부모가 좋은 학군으로 집을 옮긴다고 해보자. 이때 집을 옮기는 이유는 좋은 학교가 있는 학군에 들어가는 것과 아무 상관이 없을 수도 있다. 더 안전한 이웃이나 전원생활 혹은 더 넓은 공간을 바랐을 수도 있다. 만일 그런 이유로 이사한다면, 그 결정으로 진학하게 될 좋은 학교는 의도하지 않은 부산물일 뿐이다. 이 부모는 분명 다른 이유로 이사한 것이다. 이런 사례는 이사가는 것과 자녀를 사립학교에 보내는 것 사이에 간극이 있을지도 모른다는 가능성을 열어놓는다. 만약 자녀를 사립학교에 보낸다면, 당신은 자녀를 특정 종류의 학교에 보내기 위해 돈을 쓰는 것이다. 이것은 정당화될 수도 있고, 그렇지 않을 수도 있다. 어느 쪽이든 당신이 무슨 행동을 하는지는 분명하다. 하지만 만약 이사한다면, 당신이 과연 자녀의 교육에 돈을 쓰는 것인지 불분명하다. 사실 당신은 더 넓은 공간이나 치안 혹은 전원생활에 돈을 쓰고 있는데, 기대하지도 않은 덤으로 학교를 얻게 되는 것이다.

여기서 요점은 자녀에게 유달리 좋은 교육을 마련해주기 위해 사립학교를 선택했다면 정당화될 수 없을 사람이, 자녀가 유달리 좋은 교육을 받게 되는 곳으로 우연히 이사하는 것은 정당화될 수 있다는 사실이다. 그리고 돈을 써서 원래 받을 교육보다, 그리고 남들이 받는 교육보다 더 좋은 교육을 자녀에게 마련해주는 것에 반대하는 사람일지라도, 대신 그 돈을 주택 구매에 써서 그와 똑같거나 그 이상의 교육을 얻을 수도 있는 것이다. 이는 위선적이지도 않고 일관적이다.

오해하지 않았으면 좋겠다. 나는 개념상의 가능성만 제시한 것뿐이고, 이런 일이 경험적으로 가능하기는 쉽지 않을 것이다. 어디 살지 결정하면서 그 근처의 학교 수준을 완전히 무시하는 부모는 별로 없다. 확실히 학교 수준만 보고 이사하는 부모보다는 적을 것이다. 좋은 학군에 들어가려고 이사하는 것에는 눈을 흘겼지만, 돌아보니 다른 이유에서 똑같은 결정을 내리는 사람이 많다는 말을 하는 것도 아니다. 물론 현실에서는 사람들이 여러 가지 다른 이유 사이에서 복잡하게 균형을 맞추며 결정을 내린다. 그러므로 이런 가능성이 솔깃해 보이는 사람들은 스스로를 의심해 볼 필요가 있다. 자기 자신을 정당화하는 자기기만의 유혹에 빠지기 십상이기 때문이다. 그렇지만, 여전히 이사 가는 것과 자녀를 사립학교에 보내는 것을 분석적으로 생각해 본다면 두 가지가 반드시 도덕적으로 동등할 필요는 없다. 어디 살지 정하는 과정에서 우리는 원칙적으로는 학교와 무관한 요인들을 참조하기 때문이다. 그러나 아이를 사립학교에 보내기로 하는 것은, 이것이 얼마나 복잡한 문제들 간의 균형을 잡는 일이든 간에, 필연적으로 학교와 관련된 요인에 대한 결정이다.

사립학교 선택을 반대하는 사람이라도 대개 더 좋은 지역에 더 좋은 집을 마련하는 것을 반대하지는 않을 것이다. 하지만 어쩌면 그것에도 반대해야 할지 모르겠다. 기득권은 종류가 다르다 할지라도 또 다른 기득권을 끌어당기는 경향이 있다는 사실을 생각할 때, 기회의 불평등을 낳는 메커니즘 중 어떤 하나에 집중하면서 다른 것들은 무시한다면 이는 자의적으로 보일 수 있다. 왜 경제적 기득권을 교육적 기득권으로 의도적으로 전환하는 일에만 집착하는가? 좋은 집들은 대개 좋은 학교 근처에 있다. 왜 그럴까? 그 이유는 좋은 집을 살 여유가 있는 사람들의 자녀가 대개 학교 교육을 진지하게 대하도록 동기부여가 잘 되어 있기 때문이기도 하고, 문제 행동을 일으킬 가능성이 낮기 때문이기도 하며, 그 외에도 이유는 많다. 이것은 또 왜 그럴까? 좋은 집에 살 여유가 있는 가정의 문화와 좋은 학교의 문화가 일치하기 때문이다. 그런 가정을 이룬 부모들은 대개 자신이 교육적 성취를 이루기도 했고, 자기 아이도 그럴 수 있도록 신경 쓰며, 아이가 그와 관련된 가치나 열망을 가질 수 있도록 사회화시키고, 또한 아이가 학교에서 잘 해낼 수 있도록 가정에서 (시간, 책, 컴퓨터, 공간 등) 많은 자원을 제공하는 등, 그 밖에도 많은 것을 할 가능성이 있다. 한 학교에 그런 아이들을 충분히 모아 놓으면 동료효과의 혜택을 볼 수도 있다. 그렇기 때문에 자기 아이를 특별히 좋은 학교에 보내려는 의도가 없는 부모라도 크게 걱정할 필요가 없는 것이다. 부모의 의도와 상관없이, 집 근처 종합중등학교에 보내더라도 똑같은 혜택을 누릴 것이기 때문이다. 사회학자들에 따르면, 거주지에 따른 사회적 분리는 그 자체로 세대 간 불평등을 재생산하는 경향이 있다. 이것은 우리가 사립학교 교육을 반대했던 처음의 이유, 즉 기회의 평등을 훼손한다.

지금까지 나는 '충분히 좋은 것' 이상의 사립학교에 아이를 보내는 것보다, 충분히 좋은 공립학교가 있는 학군으로 이사하는 것이 도덕적으로 더 낫다고 주장했다. 이제 한 가지 가정을 해보자. 당신에게 두 학교가 선택지로 주어져 있는데, 하나는 사립학교이고 다른 하나는 아니다. 당신이 아는 한 두 학교는 동일한 정도로 좋다. 또한 두 학교 모두 충분히 좋은 정도일 뿐, 그 이상은 아니다. 당신은 학비를 내고 자녀를 사립학교에 보낼 수도 있고, 이사한 뒤 공립학교에 보낼 수도 있다. 장기적으로는 두 선택지의 비용이 동일하다고 하자. 나는 당신이 후자를 선택해야 한다고 생각한다. 부실한 공립학교가 있는 학군에서 적절한 학교가 있는 학군으로 이사 가는 것 말이다. 이것이 바로 당신이 교육적 정의에 최대한으로 기여할 수 있는 선택지다. 공립학교가 충분히 좋은 수준을 유지하는 데 도움을 줄 뿐만 아니라 당신의 돈을 사립학교에 주지도 않기 때문이다.

이런 주장에 따르면, 경제적 여유가 되는 사람이라면 충분히 좋지 못한 학교가 있는 지역에서 빠져나와 충분히 좋은 학교가 있는 지역으로 집을 옮겨야 할 것이다. 그렇다면 나는 지금, 중산층이 교육에 불리한 동네에서 탈출하는 것을 지지함으로써, 이사 갈 수 있는 사람과 그렇지 못한 사람 사이의 기회의 불평등이 심화되는 과정을 부추기는가? 그렇다. 사람들이 특정한 학교가 충분히 좋지 않다고 **생각하든 않든** 그것은 중요하지 않다는 점을 기억해보라. 중요한 것은 실제로 그 학교가 충분히 좋지 않은가다. 실제로 학교가 부실한 경우 나는 불평등이 심화될지라도 탈출을 지지한다. 불평등을 심화하는데도 이것이 정당화되는 이유는, 부실학교를 피하는 문제에서는 부모가 아이의 이해관계에 더욱 큰 비중을 정당하게 부여할 수 있기 때문이다. 당신의 아이를 충분히 좋은 학교에 보내기 위한 유일한 방법이 어쩔 수 없이 다른 아이가 다니는 학교를 악화시키는 과정에 참여하는 것이라면 그건 정말 안타까운 일이다. 하지만 사태를 안타깝게 만드는 것은 바로 당신에게 주어진 선택지들이고, 당신은 그 선택지를 바꿀 의향을 가져야 한다.

중산층이 탈출하면 거주지에 따른 사회적 분리가 가속화되리라고 염려하는 입장에서 한 가지 반론을 제시할 수는 있겠다. 이사하는 것이 사립학교를 선택하는 것보다 더 나쁘다고 하는 사람들이 있다. 당신이 사립학교를 택한다 해도, 당신이나 당신의 자녀는 여전히 부실한 학교가 있는 동네에 살고 있다. 그렇다면 당신은 그 동네를 완전히 포기하는 것은 아닌 셈이다. 물론 당신의 자녀가 부실한 학교를 다양한 사회적 계층으로 구성하는 데 기여하지는 않을 것이다. 자녀를 사립학교에 보내는 것은 그 문제에 거의 도움이 되지 않기 때문이다. 하지만 당신은 여전히 그 낙후된 동네에서 살고 있으며, 이것은 분명 상류층 동네로 훌쩍 떠나버리는 것보다는 훨씬 나은 일이다.

이런 주장을 하는 사람들은 자기 집 근처 종합중등학교가 충분히 좋지 않다고 판단하고, 그 학교를 피하기 위해 사립학교를 선택할 수 있으며 또 실제로 그렇게 선택하는 사람들이다. 나는 이런 사람들이 과연 서로 다른 사회적 배경에서 자란 이웃들과 기꺼이 어울리고 싶어 할지 의심스럽다. 만일 학교에서도 그러지 않다면, 다른 곳에서는 말할 것도 없을 것이기 때문이다. 어떤 경우에도 교육을 구실로 이사를 정당화하려면 충분히 좋은 학교가 있는 학군으로 이사해야지, 그보다 더 좋은 학교가 있는 곳으로 이사 가서는 안 된다. 충분히 좋은 학교가 반드시 부잣집과 정원 딸린 동네에서만 학생들을 받는, 부촌에 위치한 학교일 필요는 없다. 충분히 좋은 학교에는 배경이 다양한 학생들이 포함될 수 있다. 아이들이 동급생과 친구가 되는 경향이 있다는 것을 고려한다면, 충분히 좋은 종합중등학교가 있는 학군으로 이사하는 것은 사회적 통합과 다양한 배경의 아이들이 섞이는 것에 더 많이 기여할 것이다. 부실한 학교가 있는 학군에 살면서 자기 자녀만 사립학교로 보내는 것보다는 말이다.

## 결론

당신이 사립학교를 폐지해야 한다고 생각하면서도 자녀를 사립학교에 보냈다면, 그리고 그 이유가 당신의 배우자가 그것을 원했고 당신은 그 의견을 묵인해야 했던 것이라면, 당신은 위선자가 아니다. 당신의 그런 행동이 과연 옳은지는 당신이 그것을 묵인하는 이유에 달려 있다. 당신의 논증으로 상대방을 설득하기 귀찮아서 그랬다면, 그건 별로 좋은 이유가 아니다. 당신이 배우자의 의견에 맞서지 않은 이유가 당신의 신념을 행동으로 옮기지 않아도 된다는 안도감을 느껴서였다면, 그것은 더 나쁘다. 당신이 늘 배우자가 원하는 대로만 해왔다면, 두 사람의 관계에 대해 반성해볼 필요가 있다. 하지만 당신이 두 사람의 의견이 충돌할 때는 덜 위험하다고 느끼는 선택지를 따라야 한다고 생각한 것이라면, 그것은 괜찮은 이유로 보인다. 반면 아이의 의사를 존중한다는 핑계로 아이를 사립학교에 보낸다면, 이는 대개 비겁하게도 도덕적 책임을 아이에게 전가하는 일일 것이다.

이번엔 이사에 대해 얘기해보자. 거주지를 정할 수 있는 경제적 여유가 아이들이 받게 될 공교육의 질에 매우 큰 영향을 미친다는 것은 말도 안 되게 부당한 일이다. 학군에 따른 선발은 그 자체로 능력에 따른 선발에 찬성할 좋은 이유가 되는 것 같다. [하지만] 4장에서 논의한 것처럼, 그 주장은 결론이 나지 않았다. 지금의 거주지에 따른 분리가 교육적 불평등을 초래하고 있지만, 우리는 그것을 상쇄할 학교제도를 선택할 수 있고 또 그래야만 한다. 우리 상황은 미국보다는 낫다. 그곳에서는 학교 재정을 지방 정부의 재산세로 충당하는데, 그 때문에 불리한 도심지역의 아이들보다 교외의 부유한 동네에 사는 아이들이 1인당 재원을 더 많이 받게 되는 어처구니없는 결과가 초래되고 있다. 반면 우리 상황은 네덜란드만큼 좋지는 않다. 그곳에서는 학생의 사회적이고 교육적인 불리함을 상쇄하기 위해 학교에 추가 예산을 배당한다. 우리는 기울어진 운동장을 바로잡기 위해 분명 더 많은 조치를 할 수 있다.

현행 학교법이 공평하지 않다는 사실로 인해, 부모들이 부동산 시장을 이용해 자녀를 원하는 학교에 보내는 것은 정당화될 수 있다. 정당하게 선택할 수 있는 학교라면 어느 곳이든 말이다. 그런 학교가 어떤 곳인지는 8장과 9장에서 이미 논의했다. 다른 조건이 동일하다면, 이사를 해서라도 공립학교 체제에 남는 것이 사립학교로 빠져나가는 것보다 낫다. 물론 집을 옮길 수 있다는 사실이 사립학교로 빠져나갈 **또 하나의 추가적** 정당화가 될 수는 없다. 집을 옮긴다는 것은 상황이 여의치 않을 때 부모들이 자신의 경제적 기득권을 정당하게 교육으로 전환할 수 있는 하나의 메커니즘일 뿐이다. 그 결과 자기 아이가 다른 아이들보다 불공평하게 더 좋은 교육을 받게 될지라도 말이다.

## 결론

지금까지의 논의를 통해 위선을 피하는 것은 쉽다는 것이 밝혀졌다. 누구도 선택해서는 안 된다고 생각하는 학교를 당신이 선택한다 해서 반드시 모순이 일어나는 것은 아니다. 그런 학교를 금지하는 법에 투표해야 하는 이유는 충분한데, 그런 법이 정의나 공평함을 실현하는 데 기여할 것이기 때문이다. 하지만 지금은 그런 법이 적용되고 있지 않다. 그리하여 정의나 공평함도 실현되지 않고 있다. 이런 상황을 감안한다면, 사립학교 폐지를 주장하면서도 사립학교를 선택하는 것이 일관성 있는 일임은 물론, 사립학교 선택이 옳은 일인지도 모른다.

사립학교 폐지가 당론이었던 구 노동당 시절 사립학교를 선택한 노동당 의원들을 두고, 브라이언 베리[8]는 이들이 도로법을 우측통행으로 바꾸자고 주장하면서 여전히 좌측 차선에서 운전하는 것만큼이나 비일관적이라고 했다. 이런 비유는 문제를 오도할 여지가 있다. 누군가가 혼자 일방적

---

8 브라이언 베리(Brian Barry, 1936-2009). 도덕·정치철학자. 정치철학에 분석철학적 접근을 융합시킨 것으로 유명하다.

으로 우측통행을 하겠다고 해서는 아무런 유익도 가져오지 못할 것이며, 오히려 정반대로 큰 위험에 처할 것이다. 그러나 학교 문제는 다르다. 한 개인이 집 근처 종합중등학교를 지지하기로 한다면, 그것은 실제로 유익한 결과를 낳을 수도 있기 때문이다. 부모 개개인은 자기 아이를 위한 선택을 통해 교육적 정의에 기여할 수 있다. 이것이 바로 몇몇 부모가 자녀를 사립학교에 보내는 것에 죄책감을 느끼는 이유다. 그들은 자신의 선택으로 남들의 상황이 더 악화되는 것을 알기 때문이다. 즉, 자기 아이의 이해관계를 지나치게 이기적으로 중시했다고 생각하는 것이다.

그들이 죄책감을 느끼는 것은 옳은 일인지도 모른다. 나는 많은 부모가 자신의 원칙을 따라 사는 데 실패할 거라고 생각한다. 결정적인 순간이 찾아오면, 그들은 부당하리만치 자기 아이의 행복을 공평성보다 앞세운다. 이 책은 그런 부모들에게 무한한 자유를 허용하지 않는다. 현행 학교법은 분명 잘못되었다. 하지만 그렇다고 무슨 일이든지 해도 괜찮다는 뜻은 아니다. 우리는 많은 경우 개인적인 선택을 통해 사회 정의에 기여할 수 있으며, 이때 우리 각자에게 그리고 우리 가족에게 부과되는 비용은 공평한 몫을 벗어나지 않을 것이다. 그렇다면 우리에게는 기꺼이 우리 몫을 감당하려는 마음이 있어야 한다.

그럼에도 어떤 경우에는 현행 학교법이 잘못되었다는 사실이 사립학교 선택을 정당화해주기도 한다. 비록 그로 인해 다른 사람들이 피해를 보더라도 말이다. 이것은 도덕적 비용과 유익 사이에서 어떻게 균형을 맞출지에 관한 문제다. 올바른 학교법에 따라 누구도 사립학교에 갈 수 없다면 상황은 많이 달라질 것이다. 아이들은 더 공평한 삶의 기회를 갖게 되고, 모든 사람이 양질의 교육을 받게 될 것이다. 물론 부모가 자녀에게 해주고 싶은 것들을 못하게 될 수는 있다. 하지만 어떤 부모도 자녀에게 **마**

**땅히** 해줄 수 있어야 하는 것들을 못하게끔 금지당하는 일은 없을 것이며, 어떤 아이도 납득하기 어려울 만한 부담을 질 필요가 없을 것이다. 당신이 학교법 개정을 위해 투표해야 하는 이유가 바로 여기에 있다. 반대로 잘못된 학교법 아래서는 집 근처 종합중등학교가 부실해질 수도 있고, 자녀를 그 학교에 보낼 때의 비용이 납득하기 힘들 정도로 클 수도 있으며, 그러면서 정의에 기여하는 정도는 미미할 수도 있다. 이것이 바로 상황이 나쁠 때 당신이 사립학교로 빠져나가야 하는 이유다.

부모가 자기 아이만 사립학교로 빼내는 것, 즉 자기 아이에게 경쟁 우위를 선물하고 남겨진 아이들의 교육적 경험을 악화시키는 것은 그렇게 하지 않는 다른 이들의 비용을 증가시킨다. 대부분의 사람들에게는 거의 아무런 선택지가 없다. 그러나 선택지가 있는 사람들의 입장에서는 자녀를 종합중등학교에 보내는 비용이 지나치게 크기 때문에, 그들이 그런 선택을 하리라고 기대하는 것은 부조리한 일일 수도 있다. 어떤 부모라도 자기 아이를 부실한 학교에 몰아넣으라고 요구받아서는 안 된다. (이것이야말로 부모의 신념을 위해 자녀를 희생시키는 꼴이다). 자녀를 그곳에 보냄으로써 교육적 정의를 증진할 수 있을 때라도 마찬가지다. 하지만 자녀를 종합중등학교에 보낸다고 해서 동료효과의 역동이 어느 누구의 교육도 개선하지 못할 수도 있다. 그러니까 이것은 하나의 악순환이다. 상황이 점점 더 정의로부터 멀어질수록, 사람들의 불공평한 행위가 불의를 강화하고 영속화하는 경향이 있음에도 그것이 정당화될 가능성도 점점 높아질 것이다. 그렇게 더 많은 사람이 종합중등학교에서 빠져나갈수록 남겨진 사람들은 점점 더 큰 비용을 치러야 하고, 이들이 종합중등학교에 남아있음으로써 기여하는 바는 점점 작아지며, 따라서 계속 더 많은 사람이 빠져나가고…. 이것이 대략적인 현실이며, 그런 현실에서 산다는 것은 정말이지 끔찍한 일이다.

우리는 정치적 해결책이 필요하다. 법은 사람들이 하지 않았을 일들을 강제한다. 교통신호에 관한 법이나 가로등, 국방, 그리고 여러 '공공재'를 위한 조세법 등은 모든 사람에게 유익을 준다. 하지만 법이 반드시 모든 사람에게 이로워야 그 법을 위해 투표하는 것이 정당화되는 것은 아니다. 아이들에게 정의를 보장하기 위해서는 일부 아이들과 그 학부모의 처지를 (사립학교라는 선택지가 있을 때와 비교하여) 법을 통해 더 나쁘게 해야 한다. 그래도 괜찮다. 사람들이 서로에 대한 의무를 지키도록 하기 위해 국가는 정당하게 강제력을 사용할 수 있다. 도움이 필요한 이들을 위해 부자들에게 과세하는 것은 부자들이 동의하지 않더라도 옳은 일이다. 엄마가 자기 딸의 경쟁자를 살해하지 못하게 하는 것이 정당하다는 사실을 기억해보라. 앞에서 논한 것처럼, 공평한 학교법을 따르는 것이 우리의 의무에 포함된다면, 사람들이 그 법을 준수하도록 강요하는 것 역시 정당할 것이다. 그러므로 나는 사립학교 문제에서 최선의 정치적 해결책은 사립학교의 폐지라고 생각한다.

그러나 우리에게는 이런 선택지가 없다. 유럽인권협약은 별개로 하더라도, 이런 제안을 추진할 아무런 정치적 의지가 없기 때문이다. 전 교육부 장관 에스텔 모리스에 따르면, 노동당 내에 '거대한 문화적 변화'가 일어났다. "우리는 자녀를 위해 사립학교를 선택하려는 부모의 마음을 늘 존중할 것입니다. 신노동당의 임기가 얼마나 이어질지와 상관없이 이 점은 결코 변하지 않을 것입니다." 지금까지 공립학교와 사립학교의 분리를 극복하는 데 훌륭한 기여를 한 서튼 신탁재단[9]이라는 한 자선단체는 "사립학교는 존재할 권리가 있으며 개인은 사립학교를 선택할 권리가 있다"고 주

---

9  서튼 신탁재단(Sutton Trust). 증거 기반 프로그램의 연구 및 정책 옹호 등을 통해 영국의 사회적 이동성을 향상시키는 자선기관이다.

장한다. '사립학교에 진학할 권리'라는 것은 신화에 불과하지만, 그것은 우리 안에 깊게 뿌리박혀서 이 책의 주장에도 불구하고 여전히 살아남을 것이다.

따라서 우리는 차선책을, 적어도 사태를 호전시킬 수 있는 개혁안들을 선택해야 한다. 문제는 그런 선택을 내려야 할 사람들이 공립학교 체제에서 빠져나가는 것이 점점 더 정당화되고 있다는 사실이다. 사태가 이토록 나쁘다는 이유만으로 그들의 선택은 정당화되지만, 그런 그들의 선택 때문에 [공립학교에] 남겨진 사람들의 상황은 점점 더 나빠진다. 우리에게는 부모들이 공립학교 체제에 남을 수 있도록 그 비용을 합리적인 수준으로 낮추는 정책이 필요하다. 사립학교를 폐지하는 것이 현실적인 선택지가 아니라면, 적어도 사립학교를 약화시켜 덜 매력적으로 만들 수는 있을 것이다.

여기서 잠깐 멈추어보자. 나는 학부모의 사립학교 선택이 정당화될 때가 있고, 그것은 대개 집 근처 종합중등학교가 충분히 좋지 않을 때라고 주장했다. 그런데 이제는 그런 선택지를 약화시키는 개혁안을 제안하는 것인가?! 이 말은 마치 하향 평준화 같은 잘못된 종류의 평등주의인 것처럼 들린다. 하지만 다음 네 가지를 명심해야 한다. 첫째, 당연한 이야기지만 사립학교를 덜 매력적으로 만드는 한 가지 방법은 집 근처 종합중등학교 수준을 높이는 것이다. 이는 사립학교의 수준이 절대적 측면에서 지금과 똑같이 유지되더라도 가능한 일이다. 둘째, 부모가 정당하게 선택할 수 있는 사립학교는 충분히 좋은 수준의 사립학교일 뿐, 그 이상 좋아서는 안 된다. 사립학교를 지금보다 약화시켜야 한다는 주장은 사립학교의 수준을 충분히 좋은 수준으로 유지한다는 것과 양립할 수 있다. 셋째, 개혁의 핵심은 공교육의 질을 개선하는 것에 있다. 만일 사립학교를 약화시키는 것이 공립학교 개선의 한 가지 방법이라면, 천장을 낮추고 바닥을 높여야 하는 것이다. 나는 이것을 하향 평준화라고 생각하지 않는다. 넷째, 교육은 부분적으로 지위재의 성격을 띠기 때문에 한 아이가 받는 교육의 가치는 다른 아이들이 어떤 교육을 받는지에 따라 어느 정도 달라진다. 그런 면에서 천장을 낮추는 일은 **그 자체가** 바닥을 높이는 일이다. 사립학교를 약화시키는 일이 공립학교의 절대적 수준을 전혀 향상시키지 않는다 해도, 사립학교에 갈 수 없는 불운한 사람들의 전망을 개선할 수는 있을 것이다.

    이 문제에서는 솔직함이 중요하다. 때로는 이런 식의 주장이 들려오기도 한다. 사립학교에 대처하는 가장 좋은 방법은 공립학교를 아주 좋게 개선하여 아무도 사립학교에 갈 필요를 느끼지 못하게 만드는 것이다. 사립학교를 약화시키는 어떤 방법도 사용되어서는 안 되며, 우리에게 당면한 진짜 과제는 공립학교를 사립학교만큼 좋게 만드는 것이다. 나는 이런 식의 주장이 전적으로 비현실적이라고 계속 주장했다. 도대체 어떻게 현재 소수 특권층만 누리는 것을 전 국민을 아우르는 국가 시스템이 따라잡을 수 있으리라고 기대할 수 있겠는가? 소수 특권층이 자기 아이를 마음껏 지원하도록 허용해야 하는 도덕적 이유가 실제로 존재한다면, 공립학교가 그들의 수준을 따라잡도록 끊임없이 분투해야 할 것이다. 하지만 그런 도덕적 이유란 존재하지 않는다. 따라서 사립학교 폐지가 정말로 논외의 방안이라면, 사립학교를 약화시키는 조치에 주저해서는 안 된다. 물론 사립학교를 지나치게 약화시킨 나머지, 부실한 공립학교에 배정된 부모들에게조차 적절한 선택지가 박탈되어서는 곤란하다. 중요한 것은 모든 학교가 부실해지는 상황을 피하는 것이다. 하지만 이에 대한 해결책은 다양하게 주어질 수 있다.

그러므로 소위 사립학교를 선택할 '권리'를 주장하면서도 일관성을 지키면서 지금의 상황에 기여할 수 있는 몇 가지 방법이 있다. 공립학교가 최상위권 사립학교의 교육 수준을 따라잡길 바라는 것은 비현실적일지도 모르지만, 그럼에도 분명 공립학교는 지금보다 나아질 수 있을 것이다. 첫째, 가장 분명한 개선책은 공립학교를 재정적으로 강화하는 것이며, 특히 학부모들이 자녀를 사립학교로 빼내는 원인을 해결하는 데 관심을 쏟아야 한다. 재정을 투입하여 똑똑한 학생들이 자기 능력을 더욱 잘 발휘할 수 있도록 도와야 하고, 훈육을 강화하여 지금보다 쉽게 문제 학생을 배제할 수 있어야 한다. 그리고 학급 규모를 줄여야 한다. 어디서 많이 들어 본 말들이 아닌가? 이것들은 모두 신노동당이 고수해 온 교육정책이다.

이런 정책에는 상당한 비용이 든다. 이를 위한 재원 중 일부를 충당할 수 있는 한 가지 방법은 사립학교로부터 자선단체의 지위를 박탈하는 것이다. 이는 익숙한 주장이지만, 그렇다고 설득력이 없는 것도 아니다. 많은 사람이 영국의 퍼블릭스쿨[10]이 그 이름과 달리 전혀 공적이지 않다는 점에서 모순을 느끼는데, 여기에는 충분히 그럴 만한 이유가 있다. 그런 이름이 붙은 까닭은 우습게도 퍼블릭스쿨이 가난한 아이들을 무료로 가르치기 위해 세워진 학교였기 때문이다. 1440년 헨리 4세가 이튼 학교를 세우면서, 그는 '1년 수입이 5마르크 이상인 사람은 입학할 수 없다'고 명시

---

10 퍼블릭스쿨(Public school). 영국의 명문 사립 기숙학교 일부를 지칭하는 말이다. 15~19세기 영국에서 가난한 대중을 위한 초등교육은 교회나 왕실에서 운영하는 자선학교(charity school)를 중심으로 이루어졌으며, 이튼학교도 그 일부였다. 1868년 영국 의회는 이튼, 윈체스터, 럭비, 해로우, 웨스트민스터 등 7개 학교를 왕실과 교회로부터 독립시켜 각자의 이사회에서 운영하게 했다. '퍼블릭'이라는 명칭은 지역, 종교, 직업을 기준으로 학생을 선발하던 기존 학교와 대비하여, 영국 전역에서 학생을 모집한다는 의미에서 붙여졌다. 이후 퍼블릭스쿨은 '대학 입학을 준비하는 전일제 기숙학교'라는 특성을 유지하면서 영국의 명문학교로 변화했고, 명문대학 입시 및 사회지도층 배출과 밀접한 관계를 맺고 있다.

했다. 그보다 60년 전인 1382년, 위컴의 윌리엄[11]은 윈체스터 사립학교를 설립하면서 '가난하고 도움이 필요한' 학생 70명을 모집하도록 지시했다 ('귀족이나 영향력 있는 가문의 자제' 10명도 추가 모집했지만 말이다). 럭비, 해로우, 웨스트민스터 같은 학교도 이와 비슷하다. 세월이 참 많은 것을 바꾼 셈이다.

백번 양보하더라도, 공적인 목적에 기여하는 법령을 따르는 경우에 한해서만 사립학교의 자선단체 지위를 인정해줄 수는 있을 것이다. 여기에는 공립학교와 '자매결연'을 맺게 한다거나, 사립학교의 초심으로 돌아가서 가난하지만 똑똑한 아이들을 일정한 비율로 받아들이게 하는 등의 방법이 있을 수 있다. 하지만 이 두 가지 방법은 모두 충분하지 않고, 특히 두 번째 방법은 정확히 잘못된 방향으로 나아가고 있다. 사립학교를 용인할 수밖에 없다 하더라도 사립학교가 능력에 따라 선발하게 내버려 두어서는 안 된다. 다시 한 번 누군가에게는 이 말이 비뚤어진 주장처럼 들릴지도 모르겠다. 불공평하게 유리한 학교에 누가 들어갈지 결정하는 문제에서, 아이의 학업 능력이 아니라 부모가 학비를 지불할 의향과 능력만을 고려해야 한다는 것인가?

그렇다. 나는 정확히 그것을 제안하고 있다. 그렇게 많은 부모가 도대체 **무엇을 위해** 사립학교를 선택하는지 생각해 보자. 이들은 동료효과에 대해 잘 알고 있다. 그래서 자기 아이가 다니는 학교에 똑똑하고 의욕적인 아이들이 가득하길 원한다. 자기 아이가 다니는 학교에 부자라는 이유로 선발된 아이들만 가득하길 원하는 것이 아니다. (참고로, 유럽 대륙 대부분의 지역에서는 사립학교에 다닌다는 사실이 그 아이의 학업 능력이 부

---

11 위컴의 윌리엄(William Wykeham, 1324-1404). 잉글랜드의 주교, 교육자, 행정가. 현 옥스포드 대학교의 일부인 뉴 칼리지, 퍼블릭스쿨인 윈체스터 칼리지 등을 설립했다.

족하다는 신호로 여겨진다. 사립학교에 다닌다는 것은 그 아이가 다른 학생들과 대등하게 경쟁할 수 없고, 따라서 교육적 실패를 모면하기 위해 추가적인 지원과 특별한 관심이 필요하다는 의미다.) 사립학교가 능력에 따라 선발하지 못하게 하는 한 가지 방법은 지원자들 중에서 추첨을 통해 선발하도록 하는 것이다. 시험도, 면접도, 적성검사도 없다. 모든 지원자에게는 똑같은 확률이 주어진다. 자녀에게 특별히 비싼 교육을 시키고 싶은 부모라면 그렇게 하면 된다. 그러나 특출나게 똑똑한 아이들과 함께 어울리면서 받을 수 있는 자극을 더 이상 돈으로 사줄 수는 없을 것이다.

능력에 따른 선발을 없앤다면 갑자기 공립학교가 그리 나빠 보이지만은 않을 것이다. 이제는 공립 종합중등학교와 사립 종합중등학교라는 두 선택지만 남는다. 이것은 '똑똑한 아이들이 전부 사립학교로 빠져나가고 남겨진 공립 종합중등학교'와 '사립과 선별이라는 두 가지 이점을 지닌 학교'라는 선택지와는 다르다. 사립학교로 빠져나간 똑똑한 아이들이 공립학교로 돌아오기 시작한다면, 공립학교는 정말로 개선될 것이다. 곧 더 나은 선택지가 단순히 제거된 것이 아니라 (물론 이 경우 제거되긴 하겠지만) 남겨진 선택지가 더 나아진 것이다. 이를 통해 악순환을 선순환으로 바꿀 수 있을 것이다.

두 번째 방안은 사립학교의 특성을 직접적으로 건드리지는 않지만, 장기적으로는 사립학교의 인기에 영향을 미칠 것이다. 사립학교는 학생들의 성적 자체가 아니라 '부가가치' 성적을 공개해야 한다. 또한 교육부는 비슷한 집단의 학생들로 이루어진 사립학교와 공립학교 간 성적을 비교하여 공개해야 한다. 대부분의 사립학교가 좋은 성적을 내는 이유는 애초에 성적이 좋은 학생들을 받았기 때문이며, 따라서 비슷한 수준의 학생들이 다니는 공립학교와 비교한다면 별다른 차이를 찾기 힘들 것이다. 물론 같은 학교에 다니는 아이들의 수준은 동료효과로 인해 본인의 수준에 영향을 미친다. 그렇지만 사립학교가 비싼 학비만큼 가치가 있다는 환상은 내가 제안한 (단지 지금보다 더 쓸모 있는 정보를 제공하는 정도의) 온건한 개혁만으로도 어느 정도 약화될 것이다.

그렇다면 공립학교 내부의 문제는 어떻게 해결해야 하는가? 사립학교를 선택하려는 부모들에게서 더 나은 선택지를 박탈하거나, 그들이 무엇에 돈을 지불하는 것인지 알려줄 적절한 정보를 제공하는 것도 해결책이 될 수 있겠지만, 이것만으로는 충분하지 않다. 공립 종합중등학교가 부실하다면, 사립 종합중등학교는 여전히 매력적으로 보일 것이다.

공립학교는 지금보다 더 다양한 사회적 배경이나 능력을 지닌 아이들로 구성되어야 한다. 그렇게 된다면 자녀에게 지원을 아끼지 않는 학부모들이 공립학교에도 자기 아이와 비슷하게 동기부여가 잘 된 아이들이 충분히 있으리라 확신할 수 있을 것이다. 그런 아이들이 특정 학교에 집중되면서 남겨진 아이들의 교육이 부진해지는 일은 더 이상 없을 것이다. 이를 위해 버스 통학제가 필요하다면, 그렇게 하면 된다. 일부 학생들에게 도시 건너편 학교에 다니도록 하는 정책이 아무런 정치적 지지를 얻지 못한다면 (사립학교에 보낼 때는 기꺼이 그렇게 다니려고 할 테지만), 다양한 구성의 학생들을 입학시키는 학교에 재정적인 인센티브를 줄 수도 있다.

학생들의 구성을 다양하게 만들기 위해 선별학교 폐지는 바람직한 첫걸음이 될 것이다. 물론 선별학교가 똑똑하지만 형편이 어려운 아이들에게 기회의 사다리를 제공하는 것은 맞다. 그러나 선별학교에 진정으로 다양한 사회적 계층의 아이들이 함께 다니고 있다는 주장은 누구도 할 수 없을 것이다. (문법학교에는 무상급식 대상자가 거의 없다는 점을 기억해보자.) 그리고 그런 학교가 **정말로** 가장 똑똑한 아이들만 선발했다고 해보

자. 그러니까 가난한 집 아이들이 부잣집 아이들보다 능력이 떨어지는 게 사실이었다고 해보자. 그렇지만 결과적으로 여전히 똑똑하고 의욕적인 아이들이 특정 학교로 집중되고, 선발되지 못한 불운한 아이들의 교육적 경험이 악화되는 것은 마찬가지다.

또한, 학교를 재정적으로 지원할 때는 그 학교 학생들의 교육적 자원에 따라 차등 지원을 할 필요가 있다. 네덜란드의 사례처럼, 문화자본이 적은 가정에서 온 불리한 학생들이 많이 다니는 학교는 고학력자인 부모를 둔 부유한 아이들이 가득한 학교보다 학생 1인당 더 많은 예산을 지원받아야 한다. 이렇게 되면 학교는 여유 있는 가정의 학생들이 학교를 떠나지 않게 하면서도, 도움이 가장 절실한 학생들에게 적절한 자원을 쏟을 수 있을 것이다.

현실적인 예산의 총액을 고려한다면, 이상 세 가지 제안이 몇몇 공립학교를 지금보다 '더 나쁜' 상황에 놓이게 할지도 모른다. 구성원의 다양성을 높이는 정책은 몇몇 종합중등학교에 몰려 있는 중산층 아이들을 도로 빼앗아 올 수도 있다. 선별학교가 우수한 학생들을 위한 온실이 된다면 학업 성취는 증진되리라는 점을 나는 인정한다. 그러므로 선별학교 폐지는 상위권 학생들의 수준을 저하시키는 일이 될 수도 있다. [나아가] 내가 제안한 재정 정책은 부유한 교외 지역의 자원을 도심의 빈곤 지역으로 재분배할 것이다. 어떤 학교를 개선한다는 것은 다른 학교를 악화시켜야 한다는 뜻이다. 이는 문제적이다. 공립학교에 계속 남아있으려는 부모들 중 누군가는 단지 자기 지역의 종합중등학교가 예외적으로 명문학교이기 때문에 그런 것일 수도 있다. 최상위권 종합중등학교의 우수성을 빼앗거나 선발을 폐지한다면, 중산층 학생들이 사립학교로 이탈하는 것을 **부채질하는** 꼴이 될 수도 있는데, 이는 전혀 내 의도가 아니다.

실제로 이런 현상은 어느 정도 있을 것이다. 분명히 어떤 부모는 자기 아이가 다른 아이보다 더 나은 교육을 받지 못한다는 사실을 견디지 못할 것이다. 지금은 자기 아이가 문법학교에 진학했거나 자기 집 근처 종합중등학교가 예외적으로 좋은 학교이기 때문에 공교육 체제에 기꺼이 머무르고 있지만, 공교육 안에서 운동장을 평평하게 만들려는 이런 조치들은 오히려 이들을 사립학교로 몰아내는 결과를 낳을 수 있다. 바로 이런 이유에서, 불공평하게 유리한 선택지를 (곧 사립학교이면서 선별학교인 학교들을) 애초에 부모들에게 주지 않는 것이 중요하다. 어느 경우든지 교육정책이 이기적인 부모의 비합리적인 욕망을 받아주려고 해서는 안 된다. 교육정책의 목표는 모든 공립학교를 '충분히 좋게' 만드는 것이어야 한다. 그 경우엔 어떤 부모도 사립학교를 정당하게 선택하지 못하게 될 것이다. 앞선 나의 제안들은 이 목표를 실현하면서도 소위 '사립학교를 선택할 권리'를 존중할 수 있는 방법들이다.

*

그렇다. 당신이 못마땅해하는 종류의 학교에 자녀를 보낸다고 해서 도덕적으로 문제가 되지 않을 수 있다. 하지만 그럴 경우 당신이 그 학교를 못마땅해하는 이유가 무엇인지 진지하게 생각해보고 행동하는 것이 더욱 중요해진다. 때로 특정 종류의 사회 정의를 성취하는 일에서는 한 개인의 행동이 상황을 조금이나마 개선할 수도 있다. 개인은 자선단체에 기부할 수도 있고, 봉사활동을 할 수도 있다. 다만 교육 문제에서는, 평소에는 불평등에 반대하던 부모라 하더라도, 자녀의 행복에 대한 그들의 정당한 염려 때문에 불평등을 강화하거나 영속화하려는 선택이 정당화될 수도 있다. 앞선 나의 주장이 옳다면, 이 부모들의 행동은 옳다. 하지만 이 부모들에게는 여전히 현행 학교법 아래서 불리한 처지에 놓인 사람들을 돕고, 나아가 그런 학교법을 개혁해야 할 특별한 이유도 있다.

위선에 대한 나의 논의는 두 가지 상반된 결론에 이른다. 당신이 폐지해야 한다고 생각하는 학교에 당신의 자녀를 보낸다고 해서 반드시 위선자가 되는 것은 아니다. 이것이 한쪽의 결론이다. 하지만 다른 쪽 결론에 따르면, 당신은 자녀를 공립학교에서 빼내면서도 여전히 그런 행위가 금지되어야 한다는 신념을 버릴 필요가 없다. 오히려 그 반대다. 당신의 자녀가 부정의한 제도 아래서 불공평한 혜택을 누리고 있다는 사실만으로도 당신은 그런 제도를 변혁하기 위해 더욱더 노력해야 한다. 물론 우리 모두에게는 불공평한 학교법보다 공평한 학교법을 선호해야 할 도덕적 의무가 있다. 따라서 우리 모두는 법을 개선하기 위해 힘써야 한다. 하지만 현존하는 불공평으로부터 혜택받는 사람들이라면 그렇지 않은 사람들보다 법을 개선하기 위해 (더 적은 노력이 아니라) 더 많은 노력을 기울여야 한다.

최근 몇 년간 자녀를 사립학교에 보내는 부모가 눈에 띄게 늘었다. 그들 중에 원칙에 기반하여 사립학교에 반대하는 사람들이 얼마나 될지는 모르겠다. 하지만 나는 그들 중 다수가 공립학교가 부실하기 때문에 마지못해 사립학교를 선택한 거라고 확신한다. 더 많은 사람이 종합중등학교에서 빠져나갈수록 그 학교는 점점 더 열악해지고, 그러면 더 많은 사람이 빠져나가고… 이렇듯 점점 강력해지는 악순환 앞에서 개인들은 무력할 수밖에 없다. 내 논의가 옳다면 이들이 대세를 따르는 것은 정당화될 수 있을지도 모른다. 남겨진 사람들은 더욱더 열악한 상황에 처하겠지만 말이다. 지금과는 다른 법을 원하는 부모라도, 현행법에 직면해서는 대세에 순응하는 것이 아무런 잘못이 아닐 수도 있다. 하지만 이 경우 현행법 개혁을 위해 노력할 의무가 자신에게 있다는 사실을 반드시 심각하게 받아들여야 한다.

부모로서 옳은 행위를 했더라도 여전히 자신의 선택에 불편한 마음이 들 수도 있다. 당신의 자녀가 당신 생각에 충분히 좋지 못한 학교라고 판단되는 학교를 피해갈 수 있는 반면, 다른 이들에겐 그런 선택지가 없다는 점은 분명 불공평하다. 당신의 선택이 정당화될 수 있다 하더라도, 그와 동시에 당신이 회피하려는 바로 그 부실함을 악화시킬 수도 있다. 최소한 당신의 선택은 다른 집 아이들로부터 삶의 공평한 기회를 제도적으로 박탈하는 사회구조를 재생산하는 데 기여할 것이다. 엉뚱한 이유로 죄책감을 느끼는 것은 여기에 아무런 도움이 되지 않는다. 당신이 자녀를 종합중등학교에서 빼내는 것이 옳다면, 당신은 그런 행위가 옳다는 사실과 그 이유를 이해할 필요가 있다. 그것이 내가 이 책을 쓴 한 가지 이유다. 하지만 그렇다고 당신이 죄책감을 느껴야 할 모든 이유가 사라지는 것은 아니다. 그리고 그 이유들은 여전히 당신의 행동에 영향을 미칠 수 있고, 또 그래야만 한다. 이것이 내가 이 책을 쓴 또 다른 이유다.

○ 역자 후기

## 1. 이 책이 겨냥하는 독자는 누구인가?

한국의 공교육은 위태롭다. 대부분의 사람들은 한때 그랬던 것과 달리, 학교교육을 통해 "개천에서 용이 나는 식으로" 우리 사회의 불평등 구조가 해소될 거라고 더 이상 기대하지 않는다. 전문가들과 정책가들에 의해 우리나라의 고질적인 '사교육 문제'에 대한 많은 진단과 처방이 있어 왔지만 사태는 더 악화일로에 있는 것 같다. 그리고 이 위태로움의 핵심에는 자녀교육에 목숨을 거는 학부모, 특히 중산층 학부모가 있다. 이 책은 감히 이러한 학부모들을 향하여 쓰여진 책이다. 그러나 자녀교육에 목숨을 거는 **모든** 학부모는 아니다. 구체적으로 얘기하자면, 저자가 마음에 둔 독자는 자녀교육에 목숨을 거는 **진보 학부모**들을 향해 있다.

대표 역자가 이 책을 처음 만난 것은 10년도 훨씬 전의 일이다. 2010년 영국에서 연구년을 보내던 중, 자신의 자녀교육을 고민하던 한 영국 교육학자가 이 책을 소개했다. 『위선자가 되지 않는 법』. 제목부터 역자를 매료시켰지만, 당시 우리나라 학부모들에게 소개되기에 이 책의 주장이나 논리는 시기상조로 보였다. 우리나라 풍토에서 자녀교육에 대한 부모의 권리는 거의 절대적으로 받아들여졌고, 이를 건드리는 것은 금기처럼 보였다. 그러나 몇 년 전, 이른바 강남 좌파의 민낯을 드러낸 '조국 사태'가 있었고, 최근 서울 강남과 목동 등지에서 '7세 고시'라는 말이 나올 정도로 자녀교육에 대한 한국 부모의 열망은 상상을 초월하는 방향으로 흘러가고 있다. 그뿐만 아니라 자녀교육에 대한 미래 세대의 경제적 부담은 출산율 저하에까지 영향을 미치고 있다. 이 모든 기이한 교육 현상들은 이 책의 국내 소개를 더 이상 기다릴 수 없게 했다.

이 책은 자녀교육을 **진보적으로** 고민하는 학부모를 위해 쓰여진 책이다. 여기서 '진보적'이라는 말을 반드시 정치적 이념을 내포하는 것으로 받아들일 필요는 없다. 우리나라 교육이 조금이라도 '공평해지기를' 혹은 공평하게 '정상화되기를' 간절히 바라는 이들, 그래서 우리 아이들이 학교에서 '교육'이라는 말에 합당한 학창 시절을 보내며 자라기를 바라는 모든 부모를 통칭하는 말이라고 해두자. 그리고 이렇게 소박하고 평범한 학교교육에 대한 소망을 상상할 수 있으려면 교육제도나 교육정책의 변화도 중요하지만, 그 이상으로 학부모들, 특히 우리 사회를 구성하는 한 사람의 '시민'으로서 학부모들의 역할과 사고에 모종의 균열과 변화가 시급히 필요하다고 하지 않을 수 없다. 그리하여 이 책은 자녀교육에 마음 졸이며, 한국 교육 현실에 조금이라도 의심을 갖기 시작하는 미래 학부모, 특히 자신의 자녀들이 받게 될 교육 기회의 불공평한 분배에 깊은 염려와 관심을 가진 상식적인 미래 학부모들을 향해 번역된 책이라고 해두자.

## 2. 이 책이 '지금' 한국 독자에게 필요하고도 중요한 까닭은?

이 책은 영국이 처한 교육문제에 대해 영국의 한 정치철학자가 철학적 분석에 기대어 영국 학부모들의 자녀교육에 대한 현실적 선택지들을 평가하는 글이다. 그런데 영국의 교육 현실이 한국의 교육 현실과 무슨 상관이 있을까? 학부모, 특히 중산층 학부모의 자녀교육에 대한 관심이라는 관점에서 보자면, 이 두 사회는 큰 차이가 없다. 자녀교육에 대한 부모의 욕망은 한국이나 영국이나 유사하기 때문이다. 이 책은 어느 사회에 살든 학부모들의 자식교육에 대한 욕망을 솔직하게 들여다보게 하는 책이다. 이 책은 '교육열'로 이야기되는 자녀교육에 대한 학부모들의 무조건적인 희생에 일방적으로 찬사를 보내지도, 이 희생 뒤의 학부모 욕망을 무차별적으로 비난하지도 않는다. 오히려 자녀에 대한 염려와 욕망이 구체적으로 무엇을 향해 있는지 물음으로써, 자녀교육에 노심초사하는 학부모로서의 우리 자신을 솔직하게 돌아보게 한다. 우리가 자녀의 학교 선택을 통해 무엇을 원하고 왜 그것을 욕망하는지, 그것이 진정으로 자녀들을 위한 것이 되기 위해 현실적으로 어떤 선택들을 할 수 있는지, 저자는 우리와 함께 다양한 선택지를 떠올려 보며 그 선택지들의 도덕적 정당성에 대한 추론의 여정을 나선다. 그래서인지 번역 과정에서 독자로서 나는 몇 번이나 먹먹하게 멈춰 섰다. 교육 현실에 대해 철학적으로 진지하면서도 적나라하게 솔직한 시선으로, 학부모로서 우리가 마땅히 할 수 있는 것과 하지 않아야 할 것을 논증의 방법을 따라 찬찬히 그리고 담담히 좇아가고 있기 때문이다.

대표 역자는 1980년대 서울에서 대학을 나왔다. 지방 도시의 평범한 집안 딸인 그는 먼 산골에서 집안의 소를 팔아 서울로 유학 온 아들뿐만 아니라 서울의 고위 관직 집안 딸과 같은 학과나 서클에서 공부했다. 어느 쪽이든 대학 졸업 후 그들 모두는 하나같이, 물질적으로나 정신적으로 '압축 근대화'의 길을 걸어온 우리 사회의 모순을 그대로 내면화하며, 남보다 조금이라도 더 유리한 입지의 미래 기회를 자녀에게 보장하고자 악착같이 달려왔다. 대학교육의 혜택을, 즉 지위재로서 교육의 투자적 가치를 목격하고 몸소 체험했기 때문이다. 이 책은 이렇게 자녀교육에 '몰빵'하는 '교육받은 이들'의 복잡하고 모순에 가득 찬 속내, 특히 사회적 자원 분배와 관련된 셈법과 그 셈법 뒤 논리를 사회 정의와 교육 정의의 관점에서 철저하게 다룬다. 즉 자녀교육에 반영된 교육받은 중산층이 지닌 계층적 자의식의 사회적 의미를 도덕철학적 관점에서 해체적으로 분석하고 있다. 다만 그 분석 기준은 이념적 잣대가 아니라 합리적이고 실용적인 관점의 원칙들이다. 그리고 교육받은 '개인'으로서 내가, 민주 사회의 '시민'으로서 나와 맞닥뜨릴 때, 어떻게 대화하고 사유하며 판단해야 하는지를 다양한 현실 사례들을 통해 보여준다. 이를 통해 한 개인으로서든 부모로서든, 이렇게 초현실적으로 불공평하고 불합리한 우리 교육 현실에 조금이라도 변화를 가져올 수 있는 선택을 하기 위한 원리에 입각한 논거들을 제시한다.

이 책은 교육 정의의 관점에서 볼 때 우리가 얼마나 불합리한 현실 속에 있는지, 우리 자신이 어떻게 그러한 현실을 만들어내는 데 적극적으로 기여하고 있는지, 그리고 그 모순을 조금이라도 줄여나가는 희망에 동참하려면 어디서부터 어떻게 시작할 수 있는지를 일러준다. 우리가 늘 옳은 선택만 하고 살 수 있는 것은 아니다. 그리고 우리가 때로 옳은 선택을 할 때에도 생각보다 많은 비용을 치를 수도 있다. 그렇다고 하여 옳은 선택이 무엇인지에 대해 관심조차 갖지 않는 것은 뭔가 문제가 있는 게 아니냐며 저자는 우리에게 되묻는다. 그리하여 그간 과속 경쟁 속에 뒤처질까 두려움에 떨며 질주해 온 우리를 멈추어 서게 한다. 생존경쟁으로 분주한 가운데 그냥 묻어둔 모순된 감정과 의문들의 실타래를 하나씩 풀어나간다. 이제는 우리 아이들의 미래를 위해서라도 부모로서 자신의 선택을 스스로 이해해 보기 시작해야 할지도 모른다.

## 3. 철학적 사유가 현실의 교육문제 해결에 도움이 될까?

이 책은 영국의 '정치철학자'가 현실의 교육문제에 대해 철학적으로 분석하고 그 현실적 대응책을 제안하고 평가하는 글이다. 교육문제에 대한 정치철학자의 논의에서 우리가 기대할 수 있는 것은 무엇일까? 현실에서 일어나지 않을 이상적인 말로 남의 자식의 운명에 대한 중요한 결정에 책임지지 못할 '훈수'를 두는 것은 아닐까? 그렇다. 자녀 교육문제는 학부모 개개인에게 매우 중대하다. 그렇기에 이상적이고 학술적인 근거나 이유를 들어 이래라저래라하는 철학자들의 논의는 학부모들에게 그다지 호소력이 없을 것이다. 저자 아담 스위프트(Adam Swift, 1961~ )가 **도덕적으로(혹은 이론적으로) 옳음**과 **현실적으로 옳음**을 개념적으로 구분할 때, 그는 학부모들의 이런 마음을 너무도 잘 아는 듯하다. 그는 학부모들이 도덕적으로 올바른 선택을 하도록 그저 호소하거나 요청하는 것이 아니다. 오히려 이들이 '현실적으로' 올바른 선택을 하도록 돕고자 한다. 사실 이 책은 결국 후자에 대한 것이다.

그러면 학부모들의 '현실적으로 올바른' 선택에 철학자들이 보통 관심을 갖는 '도덕적 옳음'이 하는 역할은 무엇인가? 이것은 전적으로 불필요하고 방해되기만 하는 것인가? 그렇지 않다. 오히려 도덕적 옳음을 결정하는 여러 가지 기준을 상상하고 이를 개념적으로 공식화해 보는 것은, 우리가 현실적으로 옳은 선택을 한다는 것이 무엇을 의미하는지를 새로운 각도로 보게 함으로써, 그들의 현실적 선택지의 폭을 넓히는 데 기여한다. 스위프트가 이 책에서 하는 것이 정확히 그것이다. 그는 '도덕적 옳음'의 기준으로 **자녀교육에 대한 부모의 편파성**을 인정한다. 하지만 이 편파성이 도덕적으로 정당화되는 한계를 명확히 함으로써 부모로서 넘지 않아야 할 선을 긋는다. 이를 통해 자녀의 학교 선택에 대한 부모의 선택지를 좁히기보다 오히려 확장하면서도, 타자나 사회에 대한 죄책감에서 자유로워지게 한다. 이 책은 철학자들이 독점하다시피 하는 개념적 작업이 우리가 일상적으로 당면하는 중요한 선택과 결정에 어떻게 도움을 줄 수 있는지 보여준다. 특히 좀 더 합리적이고 장기적 관점에서 볼 때 올바른 선택을 하도록 도와준다.

이 책은 철학서다. 그래서 먼저 '당위'에서 출발한다. 하지만 '현실'을 무시하지 않을 뿐 아니라 현실을 위해 당위를 말한다. 그리고 무엇보다도 자녀를 위한 선택과 우리 사회 전체의 교육적 정의에 기여하는 선택이 언제나 상호 모순적일 필요가 없음을 개념적 논증을 통해 보여주고자 한다. 오랜 세월, 교육철학적 작업을 하면서 철학적 사유의 '현실적' 힘을 이렇게 '가까이서' 체험한 것은 처음인 것 같다.

## 4. 이 책의 핵심 주제는 무엇인가?

이제, 긴 서두를 마치고 이 책의 핵심 논제를 만나보자. 스위프트는 이 책에서 자신의 논의를 다음과 같은 사건에서 시작한다. 1996년 영국 정부의 야당이던 노동당 (그림자) 내각의 교육부 장관 해리엇 하먼은 종합중등학교(우리의 일반 공립학교)를 지지하겠다는 노동당의 당론에 위배되게도, 자기 자녀를 선별형 사립학교(우리의 자율형 사립학교)에 보내기로 한다. 이 결정으로 당시 영국 사회는 그녀를 '위선적' 정치가라고 맹비난했으며, 진보언론 매체조차 엄청난 비판을 쏟아부었다. 여기서 스위프트의 표면적 질문은 그녀가 진정 위선자인가이지만, 이 책이 핵심적으로 다루는 질문은 오히려 다음과 같은 것이다. 사립학교(자율형 사립학교)나 선별학교(외고 같은 특수목적고) 제도는 교육적으로 정의로운 제도인가? 결론적으로 말하면, 스위프트는 사립학교와 선별학교를 허가하는 영국의 현행 학교법에 반대한다. 사립·선별학교 정책은 교육 기회의 공평한 분배라는 교육적 정의의 원칙에 어긋나기 때문이다. 그러나 이런 '정치적 차원'의 결론에 이르기 위해 그가 전개하는 논증 과정은 그렇게 단순하지 않다. 하먼이 그랬듯이 교육 기회의 불공평한 분배를 이유로 사립학교나 선별학교에 '정치적으로' 반대하는 사람이라고 해서, 한 사람의 부모로서 자기 자녀를 위해 사립학교를 선택한 것이 자동적으로 위선이 되는 것은 아니기 때문이다. 즉 스위프트가 펼치는 사립학교 반대론을 따르는 부모라 해도, 자기 자녀를 사립학교나 선별학교에 보내는 것이 반드시 위선을 저지르는 일이 되는 것은 아니라는 것이다. 어째서 그러한가?

　이 점을 해명해 가는 과정을 통해, 이 책은 자녀를 사랑하지만 교육적 정의도 중요하다고 생각하는 부모들이 현실적으로 어떤 기준에 따라 자녀의 학교를 선택해야 하는지를 탐색한다. 이런 탐색을 포기하지 않을 때 우리 사회는 변화의 '희망'을 가질 수 있기 때문이다. 그리하여 이 책의 논증은 한편으로는 부모의 자녀교육 권리라는 아이디어를 중심으로, 다른 한편으로 교육 기회의 공평한 분배라는 근대적 공교육 이념을 중심으로, 상호교차적으로 구성되어 있다. 전자가 자녀교육에 대한 '부모'로서의 '개인적' 선택에 대한 문제라면, 후자는 공평한 교육제도에 대한 '시민'으로서의 '정치적' 결정에 대한 것이다. 이 책을 관통하는 핵심적인 전제는, 이 두 가지 결정이 서로 갈등하는 별개의 문제처럼 보일 수 있지만, 반드시 그럴 필요가 없다는 것이다. 우리는 훌륭한 시민이기를 포기하지 않으면서도, 자기 아이를 남의 아이보다 더 편파적으로 사랑하는 좋은 부모일 수 있다.

어떻게 그럴 수 있을까? 스위프트는 두 가지 사고의 전환점을 제시하는 듯하다. 첫째로, 스위프트에 따르면 하먼의 선택이 위선인지 아닌지는 하먼이 어떤 선택을 했는지뿐만 아니라, 하먼이 어떤 이유나 근거로 그런 선택을 했는지에 달려 있다. 즉 부모로서의 선택과 시민으로서의 선택이 모순되지 않게 하는 것은, 우리가 부모로서 모종의 선택을 내릴 때 그 근거가 무엇인지를 스스로 이해하려는 태도 혹은 '의식'과 관계되며, 그것도 구체적으로 '옳은' 이유로 선택하려는 의식과 관련이 있다. 위선자라거나 자기기만이라는 비난을 온전히 피하려면, 사립학교나 선별학교를 선택한다 하더라도 **옳은 이유에서** 그렇게 해야 한다는 것이다. 다시 말해, 자녀교육에 관하여 자기 신념을 그냥 편리해서 믿는 것이 아니라, 그것이 탄탄한 근거 위에 세워진 것인지를 알 필요가 있다는 것이다.

둘째로, 스위프트에 따르면, 부모로서 우리가 어떤 선택을 하는지는 교육적 정의를 이루는 데 우리가 기여할 수 있는 일의 일부분일 뿐이다. 공평한(fair) 교육제도는 결국 투표와 같은 정치적 의사결정으로 성취될 수 있다. 자녀를 소수만을 위한 엘리트 선별학교에 보내는 부모는 자신의 선택을 합리화하기 위해 자신은 사립·선별학교 폐지를 정치적으로 지지할 수 없다고 생각하고, 그런 신념을 포기해버리는 경향이 있다. 즉 자기 아이에게 다른 사람과의 경쟁에서 불공평한 우위를 부여하는 선택을 했고 그 선택이 부모로서 정당했다고 생각한다면, 자신은 기회의 평등과 같은 공적 가치에 더 이상 헌신할 수 없다고 생각하는 경향이 있다는 것이다. 그러나 스위프트는 꼭 그런 결론에 이르러야 하는 것은 아니라고 말한다. 자기 아이를 사립학교에 보내는 것이 사립학교 폐지 운동에 참여하지 못하는 이유가 되지는 않는다. 오히려 공평한 교육제도에 대한 이해를 바탕으로 올바른 학교법에 한 '시민'으로서 투표하는 것은, 단순히 위선자라는 비판을 피하는 것보다 더 중요할 수 있다고 스위프트는 말한다. 이런 주장은 우리 사회의 독자에게는 이상하게 들릴 수 있다. 하지만 이 책 마지막 장을 읽을 무렵 독자들은 그의 주장이 이상하지 않을 뿐 아니라, 대단히 견실하고 설득력 있는 입장임을 알게 될 것이다.

이제 스위프트의 논제의 세부 주장을 간략하게 재구성해 보자. 그의 주장은 크게 두 부분으로 요약될 수 있다. 첫 번째 부분의 주장은 다음과 같다.

1. 부모 개개인은 시민으로서 공공 정책에 투표하고, 부모로서 자기 아이의 학교를 선택하면서 **교육적 정의**에 기여할 수 있다.
2. 법 자체에 대한 거시적 의사결정에서는 사립학교와 선별학교에 반대하는 학교법에 투표하는 것이 **도덕적으로 옳다**. 사립학교와 선별학교는

어떤 형태로든 공립학교의 질을 낮추면서 기회의 불평등한 분배를 허용하기 때문이다. 따라서 우리 사회가 조금이라도 더 공평해지려면 사립학교와 선별학교에 반대하는 것이 옳다.

3. 그러나 이미 주어진 현행법 아래 학교를 선택해야 하는 미시적 의사결정에서, 우리는 각자 개인적 상황에 따라 서로 다른 결론을 정당하게 내릴 수 있다. 특히 우리는 부모로서 자기 아이의 이해관계를 다른 아이의 이해관계보다 우선시할 수 있다. 곧 우리는 부모로서 어느 정도의 **편파성**을 정당하게 지닌다.

4. 그러나 부모의 편파성은 특정한 방법으로 제한되어야 한다. 자기 아이가 다른 아이들보다 유리해지게 하는 모든 방법이 정당화될 수는 없으며, 따라서 부모는 **정당한 편파성**의 범위에서만 자기 아이를 편파적으로 우대해야 한다. 구체적으로 어디까지가 정당한 편파성인지는 부모와 자녀가 속한 미시적 상황에 따라 달라질 수 있다.

위에서 논증은 다음과 같이 전개된다. 거시적인 법의 문제에서는 '당위'에 입각하여 판단해야 하지만, 부모로서의 개인적 선택에서는 '상황'에 따라 판단할 수 있다. 다만 전자는 후자의 판단을 비추어 보거나 규제하는 기준으로 작용해야 한다. 이 두 가지 선택에서 결정 근거나 가치가 일관될 필요는 없지만, 후자는 전자의 원칙에 어느 정도 구속받아야 한다는 것이다.

두 번째 부분의 주장은 다음과 같다.

1. 부모는 정당한 편파성에 따라 자기 아이를 다른 아이들보다 유리해지도

록 할 수 있다.
2. 편파성이 정당화되려면 부모의 개입이 다른 아이들의 교육적 기회를 지나치게 악화시켜서는 안 된다.
3. 그럼에도 정당한 편파성에는 자기 아이가 마땅히 가져야 할 교육적 기회를 확보하는 것 역시 포함된다. 다시 말해, 자기 아이가 지나치게 유리한 기회를 갖는 것도 피해야 하지만, 불필요하게 불평등한 기회를 갖는 것도 피해야 한다.
4. 그렇다면 부모가 선택해야 하는 학교는 (다른 아이의 기회를 필연적으로 악화시키는) '**최선의 학교**'가 아니라, (우리 아이에게 평등한 교육적 기회를 제공하는) '**충분히 좋은 학교**'여야 한다. 우리는 '충분히 좋은' 것이 무엇인지 나름의 공적 기준을 세울 필요가 있다.

여기서는 교육의 적절성(adequacy)과 내재적 가치 그리고 지위적 가치를 함께 다룬다. 도덕적 옳음에 의해 구속되는 부모의 선택지가 개인적으로나 사회 정의의 관점에서 제대로 보상받기 위해 어떤 조치들이 제도적으로 필요한지를 탐색하는 개념과 논거들이 소개되고 있다.

요약해 보자. 스위프트에 따르면 먼저, 사립학교와 선별학교를 허용하는 영국 현행법은 '도덕적으로' 잘못되었다. 이것이 현재 작동하는 실정법이기 때문에, 시민으로서 우리는 기회가 닿는 한 그런 학교에 반대하는 법안에 투표해야 한다. 그러나 그런 법이 개정되기 전에 사립학교와 선별학교는 여전히 실정법상 제도로서 현실적 선택지의 일부로 남아 있다. 그럴 경우 자녀의 학교 선택은 현실 세계의 선택지 안에서, 자신이 처한 상황이 허락하는 정당한 편파성이 무엇인지를 고려하며 이루어져야 할 것이다. 물론 도덕적으로 옳은 '공평한(fair)' 교육제도는 집단적 투표 행위와 같은 정치적 의사결정만으로 성취될 수 있지만, 그렇다고 '개인으로서' 우리가 공적 가치인 '공평성'에 어떤 기여도 할 수 없다는 뜻은 아니다. 아이를 사립학교나 선별학교에 보낼 경제적 여유가 있는 여건이라 하더라도, ('의식' 있는 부모라면,) 자기 자녀를 위해 무슨 일이든 해도 괜찮을 거라고 생각해선 안 된다는 것이다.

 스위프트의 이런 주장은 우리에게 모종의 부담을 안긴다. 법으로도 허용되고 자신에게 경제적 여유도 있더라도, 자녀의 학교 선택에서 무한한 자유가 허용되지는 않는다고 주장하기 때문이다. 스위프트는 이런 부담이 온당하다고 말한다. 왜냐하면 우리는 우리가 속한 사회의 '시민'으로서 개인적인 선택을 통해 사회 정의에 기여할 수 있으며, 그 비용이 지나치게 크지 않다면 그렇게 해야 할 책임이 있기 때문이다. 그럼에도 스위프트는 우리의 이러한 시민적 부담을 더는 데에도 세심한 주의를 기울인다. 어떤 부모도 자녀에게 마땅히 해줄 수 있어야 하는 것을 못하게끔 제도적으로 금지당하는 일은 없어야 하고, 어떤 아이도 납득하기 어려울 만한 부담을 져서는 안 되는 것이다. 나아가, 우리 사회의 공적 자금이 '최선의 학교'가 아니라 '충분히 좋은 (공립) 학교'를 지원하는 방향으로 나아간다면, 우리 각자에게 그리고 우리 아이와 가족에게 부과되는 비용은 지나친 희생을 강요할 정도로 크지 않을 거라고 스위프트는 말한다. 다시 말해, 우리가 치를 비용은 우리가 감당해야 할 공평한 몫 이상은 아닐 것이다.

## 5. 그래서, 미래 교육을 위한 우리의 선택은?

이 책을 통해 우리는 먼저 우리나라 공교육 체제의 제도적 개혁에 대해 다시 생각해 보게 된다. 저자의 제안을 우리 맥락에 적용해 보면, 자사고(사립학교)보다는 공립 초중등학교에 대한 지원을 강화하는 학교제도를 옹호한다고 할 수 있겠다. 나아가, 현재 한국 사회의 심각한 병폐인 과열된 사교육에 대한 법적 제재를 강화하도록 제안하는 것으로 해석될 수도 있겠다. 그러나 역자들에게 더 인상적으로 느껴지는 것은 (각종 특목고, 자사고, 국제학교 등 학생선발권을 갖는) 선별학교 일반에 대한 비판 혹은 금지다. 우리 공교육 제도하에서는 서류전형이나 각종 시험으로 학생을 선발하는 외고, 과학고, 자사고 등의 학교제도가 당연하게 받아들여지고 있기 때문이다.

이런 경향은 우리 사회나 문화에 뿌리 깊이 자리 잡고 있는 능력주의적 사고와 관련이 있다. 선별학교에 대한 한국인들의 지지는, 공부 잘하는 학생, 곧 더 '능력'이 있는 학생이 더 '좋은' 학교에 가야 하고, 이것이 다름 아닌 '공평한(fair)' 교육, 즉 기회의 평등을 보장하는 교육이라는 생각과 맞물려 있다. 그러나 선별학교가 공정 내지 공평과 맺는 관계는 그보다 복잡하다. 스위프트에 따르면, 공평한 선발 절차를 토대로 하는 선별학교가 반드시 교육 기회의 평등을 훼손하는 것은 아니다. 그러나 동시에 선별학교는 '공부 잘하는' 아이들과 부유한 학부모들을 소수의 학교에 집중시킴으로써 다른 아이들의 교육적 기회를 불공평하게 약화시키고, 시민적 연대를 교란함으로써 사회에 악영향을 미친다. 이러한 비판들은 진보정권을 중심으로 논의된 자사고·특목고 폐지론에 공감했던 독자들이라면 익숙하게 들릴지 모른다. 그러나 그렇지 않은 독자들은 스위프트가 선별학교와 교육적 정의의 관계를 선불리 단정하지 않는다는 점에 주목할 수도 있겠다. 그러나 요즘처럼 사회적 엘리트의 자녀 입시 부정에 대한 반발로 능력주의적 선발이 강하게 힘을 얻고 있는 상황에서, 이 책은 한국 교육에서의 능력주의를 어떻게 봐야 할지에 대해 깊고 복잡한 사유의 자원들을 제공한다.

다른 한편 이 책은 정책가나 시민으로서 학교제도에 대한 정치적 선택뿐만 아니라 한 사람의 부모로서 '개인적 선택'에 대해 시사하는 바도 크다. 이 책은 '부모로서' 옳은 행위를 했더라도 여전히 자녀교육의 선택에 대해 불편한 마음이 들 수도 있는 이들에게 말을 건다. 그리하여 주어진 현실에서 자녀를 위해 유리한 학교 선택을 하고 싶은 부모들에게 그것을 허용하면서도, 그들이 자녀를 위해 **지나치게** 많은 것을 하지 않도록 조언한다. 이것은 위선적인 부모가 자신의 선택을 '합리화'하는 경우와도 다르고, 사회 정의의 이상을 현실적으로 양보하는 '타협'의 경우도 아니다. 오히려 그 반대다. 자녀에게 유리한 선택을 하는 보통의 시민-학부모가 부모로서 자신의 선택을 필요 이상으로 합리화하고자 함으로써, 보수적인 방향의 정치적 의사결정으로 스스로를 내몰지 않아도 되는 제3의 선택지를 제안하는 것이다.

이런 의미에서 이 책은 미래 교육에 대한 희망을 말하는 책이다. 막연히 낙관적인 희망이 아니라, 희망이라는 것이 어떻게 개인으로서 우리가 하는 작은 행위나 실천에 달려 있는지, 혹은 그것들을 통해 우연적으로 모이는 집단적 힘에 어떻게 달려 있는지 말하고 소통하려는 책이다. 이 책은 기본적으로 논증에 기대지만, 이 논증에 대한 존중이 우리를 어디로 이끄는지 혹은 이끌 수 있는지 보여주려고 한다. 이 책은 단순히 행동하는 민주 시민이 아니라, 스스로의 선택을 이해 가능하게 만들려는 노력을 진지하게 추구하는 '문화 시민'으로서 우리가 어떤 모습이어야 하는지를 묻고, 또 그것에 희망을 걸며 이를 촉구한다.

한국의 공교육은 위태롭다. 이 위태로움이 더욱 절망적으로 느껴지는 것은, 아이들을 생존을 위한 경쟁지로 내모는 것 외에는 교육에서 부모로서 다른 어떤 선택지도 없다고 생각하는 이들이 우리 주위를 둘러싸고 있기 때문이다. 즉 한 개인으로서 우리는 아무것도 할 수 없으며, 내 자녀의 생존을 두고 각자 최선을 다해 그들이 뒤처지지 않도록 돕는 것밖에는 다른 선택지가 없다고 믿는 것이 점점 상식이 되어가는 현실 속에 살고 있기 때문이다. 우리에게는 정말 다른 선택지가 없을까? 우리는 '각자 그리고 다 같이' 이 문제를 해결하는 길에 들어설 수 없을까? 내 개인의 선택을 통해 조금씩 함께 이 문제를 풀어갈 방법은 없을까? 스위프트는 그럴 수 있는 한 가지 방법에 대한 '소박한' 그림을 보여준다. 소박하나마 그의 제안이 이렇게 절실하게 다가오는 것은 그만큼 우리 미래 세대가 마주할 교육 현실의 전망이 어둡기 때문이리라.

마지막으로 번역어 선택에 대해 한 마디 덧붙이고 싶다. 저자가 사용하는 중요한 개념어들을 한국어로 옮기는 과정에서, 역자들은 최대한 일관성을 추구하면서 가능한 한 오해의 여지 없이 쉽게 읽히는 단어를 선택하려고 했다. 그런데 영어단어 'fairness'를 두고, '공정'이 아니라 '공평'을 선택한 까닭을 묻는 독자들이 있을지 모르겠다. 두 단어가 학계에서 다소 혼용되고 있음에도, 스위프트의 논지에 토대를 제공하는 정치철학자 존 롤즈의 저작이 국내에서 대개 '공정'으로 번역된다는 점을 고려한다면, '공정'이 번역어로 더 적절할 듯하다. 그럼에도 '공평'을 사용한 까닭은 두 가지다. 첫째, 최근 우리나라에서 크게 논란이 되어온 이른바 능력주의적 공정관 담론에서의 '공정' 개념과의 혼동을 피하기 위해서다. 왜냐하면 이 담론에서 '공정' 개념은 '교육 기회의 평등'과 관련하여 학술적으로 엄밀하게 사용되기보다는 다소 정치적으로 편향되게 사용되는 경향이 있기 때문이다. 이 책이 일반 학부모들을 대상으로 하되, 더 전문적인 '철학적 사유'의 혜택을 드러내려 한다는 점에서 이 혼동 가능성을 고려하는 것은 교육적 관점에서 특별히 현명해 보인다. 다른 한 가지는, 통상, 'fairness'를 '공정'으로 옮길 때 'impartiality'는 '공평'으로 옮겨지곤 하는데, 이를 따를 경우 '편파성(partiality)'과 '비편파성(impartiality)'을 대별하는 스위프트의 논지가 다소 어색해지기 때문이다. 그래서 이 책에서는 'fairness'를 '공평', 'equality'를 '평등', 'impartiality'를 '비편파성'으로 번역했다.

이 책의 번역을 자극하고 읽기를 함께 해준 서울대학교 교육학과 교육철학 전공생들에게 감사한 마음을 전한다. 한국의 교육을 함께 고민하고 토론하는 이 공동체의 존재가 서로에게 큰 힘이 되기 때문이다. 오랫동안 묵묵히 기다려주신 살림터출판사 사장님께도 감사드린다.

역자 일동

부록

# 사립학교에 대한 설문지

**Q.1** 다음 중 사립학교를 폐지해야 할 타당한 이유는 무엇입니까? (복수 선택 가능)

(a) 사회적 분열을 초래하고 형제애(연대감)를 약화시킨다.

(b) 교육을 사회 전체의 관심사나 공통 문화를 전수하는 수단이 아닌, 상품처럼 여기는 믿음을 조장한다.

(c) 부모가 기꺼이 비용을 지불할 수 있는 경우에 한해, 아이들에게 부당한 지위상의 이점을 제공한다.

(d) 입학 절차가 부적절한 나이에 지나치게 경쟁적인 압박을 유발한다.

(e) 자녀의 교육 경험이 부모의 지불 의사와 능력에 과도하게 의존하게 한다.

(f) 다양한 가정 배경의 아이들과 어울리는 것이 중요한 교육의 일부인데, 사립학교는 그 기회를 방해한다.

(g) '사립학교 교육에는 아무런 문제가 없다'는 식의 잘못된 정치적 신념을 조장한다.

(h) 부모가 자녀에게 어떤 교육이 가장 적절한지를 항상 가장 잘 판단하는 것은 아니다.

(i) 공교육(국공립학교)의 자신감과 사기를 약화시킨다.

(j) 공교육에 대한 의무감이나 책임감이 없는 사람들이 교육정책 결정을 내리는 경우가 많아진다.

(k) 사립학교에 다니지 않는 아이들에게 부정적인 영향을 미친다. 이는 장학금 제도 등을 통해 우수하고 의욕적인 아이들을 빼가기 때문이다.

(l) 사립학교는 종합중등학교 개선에 힘써야 할 영향력 있는 부모들의 관심을 빼앗는다.

(m) 공교육 부문에서 최고의 교사 일부를 데려간다.

**Q.2** 다음 중 사립학교를 허용해야 할 타당한 이유는 무엇입니까? (복수 선택 가능)

(a) 비용을 감당할 수 있는 부모는 자녀를 원하는 학교에 보낼 권리가 있다.

(b) 비용을 감당할 수 있는 부모는 자녀가 공립학교에서 괴롭힘을 당하지 않도록 사립학교에 보낼 수 있어야 한다.

(c) 비용을 감당할 수 있는 부모는 자녀가 공립학교에서 정서적 또는 심리적 해를 입지 않도록 하기 위해 사립학교 진학이 허용되어야 한다.

(d) 비용을 감당할 수 있는 부모는 자녀의 특별한 교육적 요구를 충족시키기 위해 사립학교를 선택할 수 있어야 하며, 이를 막아서는 안 된다.

(e) 비용을 감당할 수 있는 부모는 자녀가 성인이 되었을 때 가난을 피할 수 있을 거라는 합리적인 기대를 위해 사립학교 선택이 허용되어야 한다.

(f) 비용을 감당할 수 있는 부모는 자녀와의 긴밀한 관계를 유지하기 위해 필요한 교육을 구매할 수 있어야 한다.

(g) 사립학교 간 경쟁은 공립학교의 기준을 끌어 올린다.

(h) 사립학교만이 고전 문명 또는 다른 중요한 문화적 가치를 유지시킬 수 있다.

(i) 사립학교에 보내는 부모도 세금을 내기 때문에, 사립학교 선택은 공립학교 내 1인당 자원 배분을 증가시키는 효과가 있다.

(j) 사립학교만이 우수한 학생들을 집중적으로 키우는 교육을 제공하며, 이는 결국 사회 전체에 이익이 된다.

**Q.3** 사립학교는 폐지되어야 할까요?

**Q.4** 당신은 자녀를 사립학교에 보내고 있습니까?

'예'라면 → 질문 5에 답해주세요

'아니오'라면 → 질문 6에 답해주세요

Q.5 질문 4에서 '예'라고 답한 것에 죄책감을 느끼십니까?

Q.6 질문 4에서 '아니오'라고 답한 것에 죄책감을 느끼십니까?

Q.7 다음 중 자녀를 사립학교에 보내는 것이 정당화될 수 있는 상황은 무엇입니까?
(복수 선택 가능)

(a) 없음. 사립학교 진학은 결코 정당화될 수 없다.

(b) 어떤 상황이든, 법이 허용한다면 선택은 정당하다.

(c) 사립학교가 지역 공립학교보다 낫기 때문이다.

(d) 자녀의 잠재력을 실현시키기 위해 사립학교에 보내야 한다.

(e) 자녀를 사립학교에 보내는 것이 장기적으로 사회 복지에 가장 크게 기여할 수 있다.

(f) 자녀가 집 근처 공립학교에서 충족되지 않는 특별한 교육적 요구가 있다.

(g) 자녀가 집 근처 공립학교에서 괴롭힘을 당할 수 있기 때문이다.

(h) 자녀가 집 근처 공립학교에서 정서적 또는 심리적 피해를 입을 수 있기 때문이다.

(i) 자녀가 가난을 피할 수 있으려면 사립학교에 가야 할 필요가 있다.

(j) 사립학교만이 부모와 자녀 간의 긴밀한 관계 유지에 필요한 교육을 제공할 수 있다.

(k) 사립학교만이 본질적으로 충분히 질 높은 교육을 제공할 수 있다.

(l) 사립학교만이 자녀에게 공평한 인생 기회를 줄 수 있다.

(m) 자녀를 집 근처 공립학교에 보내는 것은 교육 정의에 아무런 기여를 하지 못한다.

(n) 자녀를 사립학교에 보내는 것이 장기적으로 교육 정의를 증진시키는 최선의 방법이다.

(o) 자녀의 다른 부모가 사립학교 진학이 정당하다고 생각한다.

(p) 자녀가 사립학교에 가고 싶어 한다.

(q) 자녀가 사립학교 진학이 정당하다고 생각한다.

**Q.8** 다음 중 실제로 귀하에게 해당하는 상황은 무엇입니까? (복수 선택 가능)

(a) 나는 자녀를 집 근처 공립학교보다 나은 사립학교에 보낼 수 있다.

(b) 자녀의 잠재력을 실현시키기 위해 사립학교에 보내야 한다.

(c) 자녀를 사립학교에 보내는 것이 장기적으로 사회 복지에 가장 크게 기여할 수 있다.

(d) 자녀가 집 근처 공립학교에서 충족되지 않는 특별한 교육적 요구가 있다.

(e) 자녀가 집 근처 공립학교에서 괴롭힘을 당할 수 있다.

(f) 자녀가 집 근처 공립학교에서 정서적 또는 심리적 피해를 입을 수 있다.

(g) 자녀가 가난에서 벗어날 수 있으려면 사립학교에 가야 할 필요가 있다.

(h) 사립학교만이 자녀와의 긴밀한 관계 유지를 위한 교육을 제공할 수 있다.

(i) 사립학교만이 본질적으로 충분히 질 좋은 교육을 제공할 수 있다.

(j) 사립학교만이 자녀에게 인생에서 공평한 기회를 줄 수 있다.

(k) 자녀를 집 근처 공립학교에 보내는 것은 교육 정의에 아무런 기여를 하지 못한다.

(l) 자녀를 사립학교에 보내는 것이 장기적으로 교육 정의를 증진시키는 최선의 방법이다.

(m) 자녀의 다른 부모가 사립학교 진학이 정당하다고 생각한다.

**Q.9** Q.8에서 '예'라고 표시한 각 항목에 대해:
그 상황이 실제로 자신에게 해당한다고 믿는 데에 대해, 편견이나 대표성이 떨어지는 일화가 아닌, 충분히 신뢰할 수 있는 근거가 있다고 확신하십니까?

**Q.10** 당신은 위선자입니까?

**Q.11** 당신이 한 학교 선택은 정당화될 수 있는 선택입니까?

# 선별학교에 대한 설문지

**Q.1** 다음 중 선별학교를 폐지해야 할 타당한 이유는 무엇입니까? (복수 선택 가능)

(a) 이들은 사회를 분열시키는 경향이 있다.

(b) 유능한 학생들이 교육 자원을 불공평하게 많이 차지하게 된다.

(c) 선발 절차가 실제로 가장 능력 있는 학생보다는 사회적으로 유리한 배경인 아이들을 선발하는 경향이 있다.

(d) 선발 절차는 개별적인 판단 오류를 야기한다.

(e) 선발 절차는 부적절한 나이에 지나치게 경쟁적인 압박을 만든다.

(f) 다양한 가정 배경의 아이들과 어울리는 것은 교육의 중요한 부분이다.

(g) 선발되지 못한 아이들의 자신감과 사기를 꺾고, 선별학교에 대해 속물적이라는 인식을 조장하며, 학교에 대한 평판에 악영향을 준다.

(h) 유능하고 의욕적인 아이들을 쏙쏙 뽑아가면서, 남겨진 아이들에게는 더 나쁜 교육환경이 된다.

(i) 선별학교는 종합중등학교 개선에 힘써야 할 일부 영향력 있는 부모들의 관심을 빼앗는다.

(j) 최고의 교사들을 종합중등학교가 아닌 선별학교로 끌어들인다.

(k) 선별학교에 들어가지 못한 것에 낙인이 붙으며, 이는 교사나 부모, 아이들 스스로의 인식에 부정적인 영향을 끼칠 수 있다.

**Q.2** 다음 중 선별학교를 허용해야 하는 정당한 이유는 무엇입니까? (하나 이상 선택할 수 있습니다.)

(a) 자녀가 충분히 똑똑하다고 판단되는 부모는 그들을 선별학교에 보낼 권리가 있다.

(b) 자녀가 충분히 똑똑하다고 판단되는 부모는 집 근처 종합중등학교에서 겪을 수 있는 괴롭힘을 피하게 하기 위해 선별학교에 보낼 수 있어야 한다.

(c) 자녀가 충분히 똑똑하다고 판단되는 부모는 집 근처 종합중등학교에서 겪

을 수 있는 정서적 또는 심리적 피해를 피하게 하기 위해 선별학교에 보낼 수 있어야 한다.

(d) 자녀가 충분히 똑똑하다고 판단되는 부모는 자녀가 성인이 되었을 때 빈곤을 피할 수 있 는 유일한 방법이 선별학교에 보내는 것이라면 그렇게 할 수 있어야 한다.

(e) 자녀가 충분히 똑똑하다고 판단되는 부모는 자녀와의 긴밀한 관계 유지를 위해 필요한 교육을 받게 할 유일한 방법이 선별학교라면, 자녀를 그 학교에 보낼 수 있어야 한다.

(f) 선별학교만이 고전 문명이나 다른 중요한 문화적 가치의 희미해지는 불꽃을 지켜낼 수 있다.

(g) 선별학교만이 똑똑한 아이들의 잠재력을 극대화할 수 있는 집중적 교육 경험을 제공하며, 이는 장기적으로 우리 모두에게 도움이 된다.

(h) 선별학교를 허용하는 것이 부유층이 자녀를 사립학교로 보내는 대신 공립 시스템 내에서 유지할 수 있는 유일한 방법이다.

(i) 선별학교를 허용하는 것이 사회적으로나 경제적으로 가장 공평하고 효율적인 방식이다.

Q.3 선별학교는 폐지되어야 할까요?

Q.4 귀하의 자녀를 선별학교에 보내고 있습니까?

'예'라면 질문 5에 답해주세요.

'아니오'라면 질문 6에 답해주세요.

Q.5 질문 4에서 '예'라고 답한 것에 죄책감을 느끼십니까?

Q.6  질문 4에서 '아니오'라고 답한 것에 죄책감을 느끼십니까?

---

Q.7  다음 중 어떤 상황이 자녀를 선별학교에 보내는 것을 정당화할 수 있다고 생각하십니까? (복수 선택 가능)

(a) 없음. 집 근처 종합중등학교를 포기하는 것은 결코 정당화될 수 없다.

(b) 어떤 상황이든, 법적으로 선택 가능하다면 그 선택은 정당하다.

(c) 선별학교가 집 근처 종합중등학교보다 낫기 때문에.

(d) 자녀의 잠재력을 최대한 실현시키기 위해.

(e) 자녀를 선별학교에 보내는 것이 장기적으로 사회 복지에 가장 크게 기여할 수 있기 때문에.

(f) 자녀가 집 근처 종합중등학교에서 제대로 충족되지 않는 특별한 교육적 요구가 있기 때문에.

(g) 자녀가 집 근처 종합중등학교에서 괴롭힘을 당할 수 있기 때문에.

(h) 자녀가 집 근처 종합중등학교에서 정서적 또는 심리적 피해를 입을 수 있기 때문에.

(i) 자녀가 빈곤에서 벗어날 수 있는 합리적인 기대를 하려면 선별학교에 가야 하기 때문에.

(j) 선별학교만이 부모와 자녀 간의 긴밀한 관계를 유지하는 데 필요한 교육을 제공할 수 있기 때문에.

(k) 선별학교만이 본질적으로 가치 있는 양질의 교육을 제공할 수 있기 때문에.

(l) 선별학교만이 자녀에게 인생에서 공평한 기회를 줄 수 있기 때문에.

(m) 자녀를 집 근처 종합중등학교에 보내는 것은 교육 정의에 아무런 기여도 하지 못한다.

(n) 자녀를 선별학교에 보내는 것이 장기적으로 교육 정의를 증진시키는 가장 좋은 방법이다.

(o) 자녀의 다른 부모(배우자)가 선별학교 진학이 정당하다고 생각한다.

(p) 자녀가 선별학교에 가고 싶어 한다.

(q) 자녀가 선별학교 진학이 정당하다고 생각한다.

Q.8 다음 중 실제로 귀하에게 해당하는 상황은 무엇입니까? (복수 선택 가능)

(a) 선별학교가 집 근처 종합중등학교보다 낫다.

(b) 자녀의 잠재력을 실현시키기 위해 선별학교에 보내야 한다.

(c) 자녀를 선별학교에 보내는 것이 장기적으로 사회 복지에 가장 크게 기여할 수 있다.

(d) 자녀가 집 근처 종합중등학교에서 충족되지 않는 특별한 교육적 요구가 있다.

(e) 자녀가 집 근처 종합중등학교에서 괴롭힘을 당할 수 있다.

(f) 자녀가 집 근처 종합중등학교에서 정서적 또는 심리적 피해를 입을 수 있다.

(g) 자녀가 가난을 벗어날 수 있으려면 선별학교에 진학해야 할 필요가 있다.

(h) 선별학교만이 부모와 자녀 간의 긴밀한 관계 유지에 필요한 교육을 제공할 수 있다.

(i) 선별학교만이 본질적으로 가치 있는 양질의 교육을 제공할 수 있다.

(j) 선별학교만이 자녀에게 인생에서 공평한 기회를 줄 수 있다.

(k) 자녀를 집 근처 종합중등학교에 보내는 것은 교육 정의에 아무런 기여도 하지 못한다.

(l) 자녀를 선별학교에 보내는 것이 장기적으로 교육 정의를 증진시키는 가장 좋은 방법이다.

(m) 자녀의 다른 부모(배우자)가 선별학교 진학이 정당하다고 생각한다.

(n) 자녀가 선별학교에 가고 싶어 한다.

(o) 자녀가 선별학교 진학이 정당하다고 생각한다.

**Q.9** Q.8에서 '예'라고 표시한 각 항목에 대해:
그 상황이 실제로 자신에게 해당한다고 믿는 데에 대해, 편견이나 대표성이 떨어지는 일화가 아닌, 충분히 신뢰할 수 있는 근거가 있다고 확신하십니까?

**Q.10** 당신은 위선자입니까?

**Q.11** 당신이 한 학교 선택은 정당화될 수 있는 선택입니까?

## 추가 참고 읽기 자료

이 엄선된 목록은 두 가지 목적이 있습니다. 첫째, 내가 논의한 주제들에 대해 더 깊이 읽고자 하는 이들에게 방향을 제시하고, 둘째, 나의 참고 자료 일부를 나타내기 위함입니다. 아래 나열된 저작물 외에도, 나는 학술지와 신문에 실린 수많은 기사로부터도 큰 도움을 받았습니다. 하지만 여기서는 그러한 모든 자료를 나열하는 대신, 비전문가들도 접근하기 쉽고 비교적 구하기 쉬운 책이나 소책자들만 포함시켰습니다.

### 정치철학

Brian Barry, *Why Social Justice Matters* (Polity forthcoming).

Harry Brighouse, *School Choice and Social Justice* (Oxford University Press 2000).

G.A. Cohen, *If You're an Egalitarian, How Come You're so Rich?* (Harvard University Press 2000).

James Fishkin, *Justice, Equality of Opportunity and the Family* (Yale University Press 1983).

Liam Murphy, *Moral Demands in Nonideal Theory* (Oxford University Press 2000).

Thomas Nagel, *Equality and Partiality* (Oxford University Press 1991).

John Rawls, *Justice as Fairness: A Restatement* (Harvard University Press 2001).

Adam Swift, *Political Philosophy: A Beginners' Guide for Students and Politicians* (Polity 2001).

## 교육

Caroline Benn and Clyde Chitty, *Thirty Years On* (Penguin 1997).

Richard Bowe, Sharon Gewirtz and Stephen Ball, *Markets, Choice and Equity in Education* (Open University Press 1995).

Harry Brighouse, *A Level Playing Field: The Reform of Private Schools* (Fabian Society 2000).

David Crook, Sally Power and Geoff Whitty, *The Grammar School Question: A Review of Research on Comprehensive and Selective Education* (Institute of Education, London University 1999).

Nick Davies, *The School Report* (Vintage 2000).

Gordon Marshall, Adam Swift and Stephen Roberts, *Against the Odds? Social Class and Social Justice in Industrial Societies* (Oxford University Press 1997).

Richard Pring and Geoffrey Walford (eds), *Affirming the Comprehensive Ideal* (RoutledgeFalmer 1997).

James Tooley, *Reclaiming Education* (Cassell 2000).

George Walden, *We Should Know Better: Solving the Education Crisis* (Fourth Estate 1996).

# 색인

UN 인권선언 28

## ㄱ

가능한 한 최선의 교육 21, 123, 124, 144, 161, 162, 184, 197
가정환경 119, 190
가족적 가치 118~120, 134
거주지에 따른 사회적 분리 93, 257, 259
거주지에 의한 선발 91, 92, 98
경쟁심 62, 63,
경쟁우위 37, 51, 52, 58, 59, 61, 62, 64, 65
계층 재생산 91
고전문화 108
공공선 92, 105, 110, 121, 122, 125, 132
공교육 제도 6, 18, 49, 59, 67, 82, 91, 123, 191, 225, 288
공립학교 6, 7, 9, 11, 18, 19, 46, 48, 49, 51, 59, 60, 65, 66, 79, 82, 83, 88, 91, 92, 96, 98, 106, 107, 119, 124, 140, 146, 159, 170, 191, 213, 225, 227, 243, 250, 251, 253, 258, 261, 265, 266~274, 282, 285, 292~295
공립학교 대 사립학교 논쟁(사립학교 논쟁) 21, 243
공평성 148, 199, 263, 287
공평한 기회 17, 21, 54, 128, 129, 195~197, 199, 208~214, 233, 246, 275, 295, 299, 300
공평한 몫 219, 230~233, 263, 287
공평한 몫의 비용 230, 232, 234, 235
공평한 분배 240, 282, 284 *불공평한 분배 277, 282
공평한 학교법 148, 265 *불공평한 학교법 274
괴롭힘 112, 124, 127, 128, 144, 146, 154, 156, 157, 184, 185, 187, 191, 198, 215, 216, 233, 293~295, 297, 299, 300
교육의 적절성 209, 286
교육적 정의 100, 105, 143, 152, 153, 162~164, 172, 173, 179, 180, 203, 204, 214, 218, 225, 227, 229, 230~233, 236, 237, 239, 240, 244, 258, 263, 281, 282, 284, 289

교육제도 7, 8, 12, 22, 23, 24, 83, 86, 89, 94, 125, 128, 143, 148, 151, 167, 207, 238, 277, 283, 284, 287 *공평한 교육제도 143, 148, 283, 284
권리 20, 28, 29, 37, 46, 68, 79, 85, 94, 101, 109, 114~118, 120, 131, 134, 138, 144, 156~162, 164, 168, 171, 182, 214, 265, 266, 268, 273, 283, 293, 297
기득권 81, 99, 100, 101, 188, 190, 191, 206, 207, 213, 216, 250, 252, 257, 261
기본적인 인권 157, 158, 245
기회의 불평등 12, 33, 37, 54, 78, 96, 97, 101, 162, 163, 201, 257, 258, 285
기회의 사다리 91, 272
기회의 평등 7, 8, 12, 31, 34, 36, 37, 53, 66, 67, 68, 80, 83, 84, 86, 87, 90, 92, 93, 98, 99, 101, 102, 103, 105, 107, 111, 134, 135, 143, 147, 148, 152, 163, 212, 227, 257, 284, 288

## ㄴ

낙인 72, 297
난파선(의) 사례 45, 111, 115, 116, 121, 123, 126, 130
내재적 가치 54, 60, 61, 64, 199, 200, 204~206, 209, 210, 220, 228, 286
논점 일탈의 오류 151, 161
능력과 동기 48, 54, 75, 83, 212, 213
능력에 따른 선발 67, 70, 77, 92, 96, 260, 270
능력주의 53, 288, 289, 291

## ㄷ

대물림 90, 99, 100, 101, 119, 188, 190, 207
도구적 가치 61, 64, 206, 207, 220, 221
도덕의 복잡성 175
도덕적 기준 141
도덕적 딜레마 6, 180
도덕적 신념 144, 154
동기부여 73, 75, 78, 82, 149, 189, 193, 220, 223, 224, 234, 257, 271

동료효과 50, 73, 75, 81, 83, 84, 97, 103, 107, 149, 220, 222, 226, 230, 234, 257, 264, 269, 271
두 개의 모자 논증 125, 126

## ㅁ

머리맡 동화 읽기(읽어주기) 31, 36, 37, 39, 40, 43, 46, 100, 111, 117, 131, 200, 202
문법학교 6, 8, 9, 11, 18, 19, 28, 66~68, 70, 73~84, 86, 88~92, 99, 176, 177, 179, 192, 271, 273
문화자본 81, 90, 101, 193, 272
문화적 재생산 205
미시적인 맥락 197

## ㅂ

버스 통학제 94, 95, 271
복지국가 69
복합적인 재화 47, 48, 65
부가가치 50, 230, 270
부모의 권리 94, 95, 110, 112, 114, 117, 118, 131, 162, 168, 276
부모-자녀 관계 57, 200
부실한 학교 39, 127, 128, 129, 141, 172, 173, 174, 177, 183, 186, 187, 188, 190, 209, 215, 259, 260, 264
불공평 23, 31, 33, 34, 36, 43, 46, 54, 60, 67, 68, 71, 78, 88, 101, 102, 104, 111, 129, 131, 143, 144, 148, 153, 160, 165, 166, 169, 172, 173, 176, 188, 189, 190, 193, 196, 197, 199, 200, 207, 208, 209, 210, 211, 213, 216, 218, 220, 221, 222, 233, 234, 235, 236, 239, 241, 254, 261, 264, 269, 273, 274, 275, 277, 279, 282, 284, 288, 297
불편부당성 40, 41, 44, 132
불평등 12, 32, 33, 37, 43, 46, 54, 60, 61, 68, 71, 72, 75, 77, 78, 90, 94, 96, 97, 98, 101, 102, 111, 119, 162, 163, 191, 200, 201, 204~207, 229, 251, 257, 258, 260, 273, 276, 285, 286
비효율성 212

## ㅅ

사교육 103, 276, 288
사립학교 6, 11, 12, 18~21, 24, 28, 29, 35~39, 43, 46, 48~55, 57~62, 64~67, 71, 72, 78~91, 96, 98~108, 110~113, 115~118, 121, 123, 125~131, 133~135, 138, 140~143, 147~149, 152, 153, 157~166, 168, 171~175, 183, 185, 186, 188, 191~193, 196, 197, 199, 200, 202~204, 208, 212~215, 217, 218, 220~223, 225, 226, 229, 230, 237, 238, 243~245, 249~265, 267~274, 282~284, 286, 287, 292~295, 298
사립학교 선택 253, 257, 262, 263, 266, 293
사립학교 폐지(론/운동/법) 28, 80, 90, 98, 101, 103, 104, 106, 125, 138, 141, 147, 148, 152, 153, 174, 175, 203, 204, 230, 262, 267, 284
사회 공학 10, 236
사회 정의 12, 36, 40, 71, 150, 151, 166, 168, 237, 263, 273, 279, 286, 287, 289
사회 통합 71
사회적 분리 91, 93, 257, 259
사회적 분열 68, 69, 70, 71, 80, 81, 292
사회적 불평등의 재생산 71
사회적 유익 135
사회적 혼합('사회적으로 혼합된') 94, 98
서열(서열화) 52, 53, 54, 59, 62~65, 209, 221, 222
선발(선발 제도, 선발 과정) 6, 11, 28, 29, 54, 65, 66, 67, 68, 69, 70, 71, 72, 73, 74, 75, 76, 77, 78, 79, 80, 81, 82, 83, 84, 86, 88, 89, 90, 91, 92, 95, 96, 98, 105, 119, 260, 268, 269, 270, 271, 272, 288, 289, 297
선발학교 89, 108
선별적 교육 67, 83
선별학교 6, 24, 28, 29, 68, 74, 80, 85~87, 89, 90, 99, 100, 102, 103, 107~113, 116~118, 121, 122, 127~131, 133~135, 142, 143, 161, 164, 166, 168, 171, 173, 175, 176, 183, 186, 188, 192, 199, 200, 202~204, 213~215, 220~223, 229, 232, 245, 251, 271~273, 282~288, 297~301
선별형 공립학교 79, 222

색인 305

선별형 사립학교 8
소비적 관점 55
소비적 측면(교육의 소비적 측면) 31, 35
소수 인종 102
시민의 역할 167
실용주의적 노선 88
실정법 113, 286

### ㅇ

양극화 130
영국의 퍼블릭스쿨 268
기울어진 운동장(운동장을 기울이는 일) 83, 104, 261
위선자 24, 42, 125, 133, 140, 145, 155, 161, 174, 203, 242, 250, 260, 274, 282, 283, 284, 296, 301
유럽인권협약 20, 28, 113, 159, 265
의무적인 편파성 115

### ㅈ

자녀 교육 82, 86, 104, 118, 170, 178, 195, 226, 280
재분배 40, 60, 96, 98, 152, 231
정당한 편파성(정당하게 편파적) 37, 42~44, 46, 68, 76, 84, 85, 93, 109, 111, 115, 116, 121, 123, 126, 127, 130, 132, 153, 156, 172, 184, 196, 197, 199, 200, 285~287
정당한 편파성 검증 40, 45, 48, 65, 67, 84, 116, 122, 200
정당화 13, 19, 21, 23, 28, 34, 36~41, 43, 46, 59, 68, 74, 100, 105, 110~113, 115~118, 121~123, 125~128, 130, 133~135, 138, 139, 144, 145, 147~149, 153, 155, 157~161, 163, 164, 166~174, 176, 177, 179, 181~184, 186, 188~192, 195~201, 203~208, 210, 211, 214~217, 219, 222, 228, 232~239, 242, 243, 245, 247, 248, 250, 252, 253, 255, 256, 258, 259, 261, 263~266, 273~275, 281, 285, 286, 294, 296, 299, 301
정치적 신념 10, 24, 28, 141, 142, 170, 171, 173~175, 178, 181, 292

정치적 해결책 265
종교교육 118, 131
종합중등학교 8, 9, 11, 18, 19, 21, 24, 25, 28, 29, 55, 58, 62, 66, 68~71, 73~77, 79, 80, 88, 89, 91, 93, 102, 103, 108, 128, 129, 130, 133, 141~144, 146, 148, 149, 152~158, 160, 163, 164, 170, 171, 173, 175, 176~181, 184~186, 188~193, 195, 196, 198~208, 210, 212~223, 225~237, 239, 242~246, 248, 250~253, 257, 259, 263, 264, 266, 270~272, 274, 292, 297, 299, 300
종합중등학교의 (제도적) 전면화 74, 154
좋은 학군 91, 250~252, 255, 256
죄책감 19, 102, 145, 147, 216, 244, 263, 275, 281, 294, 298, 299
중산층 6, 8, 9, 11, 12, 50, 70, 90, 92, 94, 97, 153~155, 176, 229, 258, 259, 272, 276, 278, 279
지위재 51, 267, 279
진보적인 중산층 153~155
진정성 139, 140, 145~147, 198
질투(심) 34

### ㅊ

최상위권 학교 164, 165, 195,
최선의 교육 21, 23, 123, 124, 127, 131, 144, 161, 162, 163, 171, 184, 197, 214
충분히 좋은 학교 129, 141, 163, 195, 198, 215, 216, 228, 253, 254, 255, 258, 259, 286
친밀한 가족관계 36, 46, 116, 128, 200, 201, 203, 204

### ㅌ

타고난 능력 91, 211, 212
투자적 관점 55
교육의 투자적 가치 279
교육의 투자적 측면 32
투표 행위 121, 124, 132, 287

## ㅍ

편파성 29, 31, 37~46, 48, 66~68, 76, 84, 85, 93, 105, 108, 109, 111, 112, 115, 116, 121~124, 126, 127, 130, 132, 146, 153, 156, 184, 196, 197, 200, 281, 285~287, 291

이중적인 편파성 44

## ㅎ

하향 평준화 34, 35, 266, 267

학교 선택(권) 7, 14, 19, 23, 115, 148, 162, 165, 167, 175, 188, 192, 207, 228, 231, 240, 242, 244, 246, 278, 281, 286, 287, 289, 293, 296, 301

학교 순위표 19, 50, 73, 146, 230

학교법 23, 29, 36, 38, 41, 65, 67, 68, 72, 76, 79, 84~86, 92, 99, 100, 103, 105~109, 111, 112, 122~124, 128~131, 134, 138, 142, 143, 148, 149, 156, 157, 159, 163, 172, 183, 190, 208, 210, 218, 219, 227~229, 232, 236, 242, 245, 261, 263~265, 274, 282, 284

학교폭력 58, 64

학군 6, 8, 9, 29, 48, 92, 93, 119, 190, 229, 250, 251, 254, 255, 258~260

학력 97, 101, 216

고학력자 272

합리적인 균형점 248

합리화 145, 284, 289

현실 세계 85~87, 89, 90, 92, 95, 107~109, 122, 138, 165, 285

현행 학교법 149, 228, 229, 236, 261, 263, 274, 282

# 삶의 행복을 꿈꾸는 교육은 어디에서 오는가?

● **교육혁명을 앞당기는 배움책 이야기** 혁신교육의 철학과 잉걸진 미래를 만나다!

## 한국교육연구네트워크 총서

01 핀란드 교육혁명 　　　　　　　　　한국교육연구네트워크 엮음 | 320쪽 | 값 15,000원
02 일제고사를 넘어서 　　　　　　　　한국교육연구네트워크 엮음 | 284쪽 | 값 13,000원
03 새로운 사회를 여는 교육혁명 　　　한국교육연구네트워크 엮음 | 380쪽 | 값 17,000원
04 교장제도 혁명 　　　　　　　　　　한국교육연구네트워크 엮음 | 268쪽 | 값 14,000원
05 새로운 사회를 여는 교육자치 혁명 　한국교육연구네트워크 엮음 | 312쪽 | 값 15,000원
06 혁신학교에 대한 교육학적 성찰 　　한국교육연구네트워크 엮음 | 308쪽 | 값 15,000원
07 진보주의 교육의 세계적 동향 　　　한국교육연구네트워크 엮음 | 324쪽 | 값 17,000원
08 더 나은 세상을 위한 학교혁명 　　　한국교육연구네트워크 엮음 | 404쪽 | 값 21,000원
09 비판적 실천을 위한 교육학 　　　　이윤미 외 지음 | 448쪽 | 값 23,000원
10 마을교육공동체운동: 세계적 동향과 전망 　심성보 외 지음 | 376쪽 | 값 18,000원
11 학교 민주시민교육의 세계적 동향과 과제 　심성보 외 지음 | 308쪽 | 값 16,000원
12 학교를 민주주의의 정원으로 가꿀 수 있을까? 　성열관 외 지음 | 272쪽 | 값 16,000원
13 교육사상가의 삶과 사상 　　　　　　심성보 외 지음 | 420쪽 | 값 23,000원
14 교육사상가의 삶과 사상 2 　　　　　김누리 외 지음 | 432쪽 | 값 25,000원

## 한국교육연구네트워크 번역 총서

01 프레이리와 교육 　　　　　　　　　존 엘리아스 지음 | 한국교육연구네트워크 옮김 | 276쪽 | 값 14,000원
02 교육은 사회를 바꿀 수 있을까? 　　마이클 애플 지음 | 강희룡·김선우·박원순·이형빈 옮김 | 356쪽 | 값 16,000원
03 비판적 페다고지는 세상을 변화시킬 수 있는가? 　Seewha Cho 지음 | 심성보·조시화 옮김 | 280쪽 | 값 14,000원
04 마이클 애플의 민주학교 　　　　　　마이클 애플·제임스 빈 엮음 | 강희룡 옮김 | 276쪽 | 값 14,000원
05 21세기 교육과 민주주의 　　　　　　넬 나딩스 지음 | 심성보 옮김 | 392쪽 | 값 18,000원
06 세계교육개혁 민영화 우선인가 공적 투자 강화인가? 　린다 달링-해먼드 외 지음 | 심성보 외 옮김 | 408쪽 | 값 21,000원
07 콩도르세, 공교육에 관한 다섯 논문 　니콜라 드 콩도르세 지음 | 이주환 옮김 | 300쪽 | 값 16,000원
08 학교를 변론하다 　　　　　　　　　얀 마스켈라인·마틴 시몬스 지음 | 윤선인 옮김 | 252쪽 | 값 15,000원
09 존 듀이와 교육 　　　　　　　　　　짐 개리슨 외 지음 | 심성보 외 옮김 | 376쪽 | 값 19,000원
10 진보주의 교육운동사 　　　　　　　윌리엄 헤이스 지음 | 심성보 외 옮김 | 324쪽 | 값 18,000원
11 사랑의 교육학 　　　　　　　　　　안토니아 다더 지음 | 심성보 외 옮김 | 412쪽 | 값 22,000원
12 다시 읽는 민주주의와 교육 　　　　존 듀이 지음 | 심성보역 | 620쪽 | 값 32,000원

● **비고츠키 선집 시리즈** 발달과 협력의 교육학 어떻게 읽을 것인가?

| | | |
|---|---|---|
| 01 | 생각과 말 | L.S. 비고츠키 지음 ⎮ 배희철·김용호·D. 켈로그 옮김 ⎮ 690쪽 ⎮ 값 33,000원 |
| 02 | 도구와 기호 | 비고츠키·루리야 지음 ⎮ 비고츠키 연구회 옮김 ⎮ 336쪽 ⎮ 값 16,000원 |
| 03 | 어린이 자기행동숙달의 역사와 발달 Ⅰ | L.S. 비고츠키 지음 ⎮ 비고츠키 연구회 옮김 ⎮ 564쪽 ⎮ 값 28,000원 |
| 04 | 어린이 자기행동숙달의 역사와 발달 Ⅱ | L.S. 비고츠키 지음 ⎮ 비고츠키 연구회 옮김 ⎮ 552쪽 ⎮ 값 28,000원 |
| 05 | 어린이의 상상과 창조 | L.S. 비고츠키 지음 ⎮ 비고츠키 연구회 옮김 ⎮ 280쪽 ⎮ 값 15,000원 |
| 06 | 성장과 분화 | L.S. 비고츠키 지음 ⎮ 비고츠키 연구회 옮김 ⎮ 308쪽 ⎮ 값 15,000원 |
| 07 | 연령과 위기 | L.S. 비고츠키 지음 ⎮ 비고츠키 연구회 옮김 ⎮ 336쪽 ⎮ 값 17,000원 |
| 08 | 의식과 숙달 | L.S 비고츠키 ⎮ 비고츠키 연구회 옮김 ⎮ 348쪽 ⎮ 값 17,000원 |
| 09 | 분열과 사랑 | L.S. 비고츠키 지음 ⎮ 비고츠키 연구회 옮김 ⎮ 260쪽 ⎮ 값 16,000원 |
| 10 | 성애와 갈등 | L.S. 비고츠키 지음 ⎮ 비고츠키 연구회 옮김 ⎮ 268쪽 ⎮ 값 17,000원 |
| 11 | 흥미와 개념 | L.S. 비고츠키 지음 ⎮ 비고츠키 연구회 옮김 ⎮ 408쪽 ⎮ 값 21,000원 |
| 12 | 인격과 세계관 | L.S. 비고츠키 지음 ⎮ 비고츠키 연구회 옮김 ⎮ 372쪽 ⎮ 값 22,000원 |
| 13 | 정서 학설 Ⅰ | L.S. 비고츠키 지음 ⎮ 비고츠키 연구회 옮김 ⎮ 584쪽 ⎮ 값 35,000원 |
| 14 | 정서 학설 Ⅱ | L.S. 비고츠키 지음 ⎮ 비고츠키 연구회 옮김 ⎮ 480쪽 ⎮ 값 35,000원 |
| 15 | 심리학 위기의 역사적 의미 | L·S 비고츠키 지음 ⎮ 비고츠키연구회 옮김 ⎮ 560쪽 ⎮ 값 38,000원 |
| | 비고츠키와 인지 발달의 비밀 | A.R. 루리야 지음 ⎮ 배희철 옮김 ⎮ 280쪽 ⎮ 값 15,000원 |
| | 비고츠키의 발달교육이란 무엇인가? | 비고츠키교육학실천연구모임 지음 ⎮ 412쪽 ⎮ 값 21,000원 |
| | 비고츠키 철학으로 본 핀란드 교육과정 | 배희철 지음 ⎮ 456쪽 ⎮ 값 23,000원 |
| | 비고츠키와 마르크스 | 앤디 블런던 외 지음 ⎮ 이성우 옮김 ⎮ 388쪽 ⎮ 값 19,000원 |
| | 수업과 수업 사이 | 비고츠키 연구회 지음 ⎮ 196쪽 ⎮ 값 12,000원 |
| | 관계의 교육학, 비고츠키 | 진보교육연구소 비고츠키교육학실천연구모임 지음 ⎮ 300쪽 ⎮ 값 15,000원 |
| | 교사와 부모를 위한 발달교육이란 무엇인가? | 현광일 지음 ⎮ 380쪽 ⎮ 값 18,000원 |
| | 비고츠키 생각과 말 쉽게 읽기 | 진보교육연구소 비고츠키교육학실천연구모임 지음 ⎮ 316쪽 ⎮ 값 15,000원 |
| | 교사와 부모를 위한 비고츠키 교육학 | 카르포프 지음 ⎮ 실천교사번역팀 옮김 ⎮ 308쪽 ⎮ 값 15,000원 |
| | 레프 비고츠키 | 르네 반 데 비어 지음 ⎮ 배희철 옮김 ⎮ 296쪽 ⎮ 값 21,000원 |

| | |
|---|---|
| 혁신학교 | 성열관·이순철 지음 ⎮ 224쪽 ⎮ 값 12,000원 |
| 행복한 혁신학교 만들기 | 초등교육과정연구모임 지음 ⎮ 264쪽 ⎮ 값 13,000원 |
| 서울형 혁신학교 이야기 | 이부영 지음 ⎮ 320쪽 ⎮ 값 15,000원 |
| 혁신교육, 철학을 만나다 | 브렌트 데이비스·데니스 수마라 지음 ⎮ 현인철·서용선 옮김 ⎮ 304쪽 ⎮ 값 15,000원 |
| 대한민국 교사, 어떻게 가르칠 것인가? | 윤성관 지음 ⎮ 320쪽 ⎮ 값 15,000원 |

| 도서명 | 저자 정보 |
|---|---|
| 아이들을 어떻게 가르칠 것인가 | 사토 마나부 지음 | 박찬영 옮김 | 232쪽 | 값 13,000원 |
| 모두를 위한 국제이해교육 | 한국국제이해교육학회 지음 | 364쪽 | 값 16,000원 |
| 경쟁을 넘어 발달 교육으로 | 현광일 지음 | 288쪽 | 값 14,000원 |
| 혁신교육 존 듀이에게 묻다 | 서용선 지음 | 292쪽 | 값 14,000원 |
| 다시 읽는 조선 교육사 | 이만규 지음 | 750쪽 | 값 33,000원 |
| 교실 속으로 간 이해중심 교육과정 | 온정덕 외 지음 | 224쪽 | 값 13,000원 |
| 대한민국 교육혁명 | 교육혁명공동행동 연구위원회 지음 | 224쪽 | 값 12,000원 |
| 포스트 코로나 시대의 교육 | 성열관 외 지음 | 224쪽 | 값 15,000원 |
| 내일 수업 어떻게 하지? | 아이함께 지음 | 300쪽 | 값 15,000원 |
| 핀란드 교육의 기적 | 한넬레 니에미 외 엮음 | 장수명 외 옮김 | 456쪽 | 값 23,000원 |
| 한국 교육의 현실과 전망 | 심성보 지음 | 724쪽 | 값 35,000원 |
| 독일의 학교교육 | 정기섭 지음 | 536쪽 | 값 29,000원 |
| 교실 속으로 간 이해중심 통합교육과정 | 온정덕 외 지음 | 224쪽 | 값 15,000원 |
| 초등 백워드 교육과정 설계와 실천 이야기 | 김병일 외 지음 | 352쪽 | 값 19,000원 |
| 학습격차 해소를 위한 새로운 도전 보편적 학습설계 수업 | 조윤정 외 지음 | 240쪽 | 값 15,000원 |

● **경쟁과 차별을 넘어 평등과 협력으로 미래를 열어가는 교육 대전환!** 혁신교육 현장 필독서

| 도서명 | 저자 정보 |
|---|---|
| 학교의 미래, 전문적 학습공동체로 열다 | 새로운학교네트워크·오윤주 외 지음 | 276쪽 | 값 16,000원 |
| 마을교육공동체 생태적 의미와 실천 | 김용련 지음 | 256쪽 | 값 15,000원 |
| 학교폭력, 멈춰! | 문재현 외 지음 | 348쪽 | 값 15,000원 |
| 학교를 살리는 회복적 생활교육 | 김민자·이순영·정선영 지음 | 256쪽 | 값 15,000원 |
| 삶의 시간을 잇는 문화예술교육 | 고영직 지음 | 292쪽 | 값 16,000원 |
| 미래교육을 디자인하는 학교교육과정 | 박승열 외 지음 | 348쪽 | 값 18,000원 |
| 코로나 시대, 마을교육공동체운동과 생태적 교육학 | 심성보 지음 | 280쪽 | 값 17,000원 |
| 혐오, 교실에 들어오다 | 이혜정 외 지음 | 232쪽 | 값 15,000원 |
| 수업, 슬로리딩과 함께 | 박경숙 외 지음 | 268쪽 | 값 15,000원 |
| 물질과의 새로운 만남 | 베로니카 파치니-케쳐바우 외 지음 | 이연선 외 옮김 | 240쪽 | 값 15,000원 |
| 그림책으로 만나는 인권교육 | 강진미 외 지음 | 272쪽 | 값 18,000원 |
| 수업 고수들 수업·교육과정·평가를 말하다 | 박현숙 외 지음 | 368쪽 | 값 17,000원 |
| 아이들의 배움은 어떻게 깊어지는가 | 이시이 쥰지 지음 | 방지현·이창희 옮김 | 200쪽 | 값 11,000원 |
| 미래, 공생교육 | 김환희 지음 | 244쪽 | 값 15,000원 |
| 들뢰즈와 가타리를 통해 유아교육 읽기 | 리세롯 마리엣 올슨 지음 | 이연선 외 옮김 | 328쪽 | 값 17,000원 |
| 혁신고등학교, 무엇이 다른가? | 김현자 외 지음 | 344쪽 | 값 18,000원 |
| 시민이 만드는 교육 대전환 | 심성보·김태정 지음 | 248쪽 | 값 15,000원 |

| 제목 | 저자 정보 |
|---|---|
| 평화교육 과거, 현재 그리고 미래를 그리다 | 모니샤 바자즈 외 지음 | 권순정 외 옮김 | 268쪽 | 값 18,000원 |
| 학교의 미래, 전문적 학습공동체로 열다 | 새로운학교네트워크·오윤주 외 지음 | 276쪽 | 값 16,000원 |
| 마을교육공동체 생태적 의미와 실천 | 김용련 지음 | 256쪽 | 값 15,000원 |
| 학교폭력, 멈춰! | 문재현 외 지음 | 348쪽 | 값 15,000원 |
| 학교를 살리는 회복적 생활교육 | 김민자·이순영·정선영 지음 | 256쪽 | 값 15,000원 |
| 삶의 시간을 잇는 문화예술교육 | 고영직 지음 | 292쪽 | 값 16,000원 |
| 미래교육을 디자인하는 학교교육과정 | 박승열 외 지음 | 348쪽 | 값 18,000원 |
| 코로나 시대, 마을교육공동체운동과 생태적 교육학 | 심성보 지음 | 280쪽 | 값 17,000원 |
| 혐오, 교실에 들어오다 | 이혜정 외 지음 | 232쪽 | 값 15,000원 |
| 수업, 슬로리딩과 함께 | 박경숙 외 지음 | 268쪽 | 값 15,000원 |
| 물질과의 새로운 만남 | 베로니카 파치니-케처바우 외 지음 | 이연선 외 옮김 | 240쪽 | 값 15,000원 |
| 그림책으로 만나는 인권교육 | 강진미 외 지음 | 272쪽 | 값 18,000원 |
| 수업 고수들 수업·교육과정·평가를 말하다 | 박현숙 외 지음 | 368쪽 | 값 17,000원 |
| 아이들의 배움은 어떻게 깊어지는가 | 이시이 쥰지 지음 | 방지현·이창희 옮김 | 200쪽 값 11,000원 |
| 미래, 공생교육 | 김환희 지음 | 244쪽 | 값 15,000원 |
| 들뢰즈와 가타리를 통해 유아교육 읽기 | 리세롯 마리엣 올슨 지음 | 이연선 외 옮김 | 328쪽 | 값 17,000원 |
| 혁신고등학교, 무엇이 다른가? | 김현자 외 지음 | 344쪽 | 값 18,000원 |
| 시민이 만드는 교육 대전환 | 심성보·김태정 지음 | 248쪽 | 값 15,000원 |
| 평화교육 과거, 현재 그리고 미래를 그리다 | 모니샤 바자즈 외 지음 | 권순정 외 옮김 | 268쪽 | 값 18,000원 |
| 마을교육공동체란 무엇인가? | 서용선 외 지음 | 360쪽 | 값 17,000원 |
| 강화도의 기억을 걷다 | 최보길 지음 | 276쪽 | 값 14,000원 |
| 체육 교사, 수업을 말하다 | 전용진 지음 | 304쪽 | 값 15,000원 |
| 평화의 교육과정 섬김의 리더십 | 이준원·이형빈 지음 | 292쪽 | 값 16,000원 |
| 마을로 걸어간 교사들, 마을교육과정을 그리다 | 백윤애 외 지음 | 336쪽 | 값 16,000원 |
| 혁신교육지구와 마을교육공동체는 어떻게 만들어지는가? | 김태정 지음 | 376쪽 | 값 18,000원 |
| 서울대 10개 만들기 | 김종영 지음 | 348쪽 | 값 18,000원 |
| 선생님, 통일이 뭐예요? | 정경호 지음 | 252쪽 | 값 13,000원 |
| 함께 배움 학생 주도 배움 중심 수업 이렇게 한다 | 니시카와 준 지음 | 백경석 옮김 | 280쪽 | 값 15,000원 |
| 다정한 교실에서 20,000시간 | 강정희 지음 | 296쪽 | 값 16,000원 |
| 즐거운 세계사 수업 | 김은석 지음 | 328쪽 | 값 13,000원 |
| 학교를 개선하는 교장 지속가능한 학교 혁신을 위한 실천 전략 | 마이클 풀란 지음 | 서동연·정효준 옮김 | 216쪽 | 값 13,000원 |
| 선생님, 민주시민교육이 뭐예요? | 염경미 지음 | 244쪽 | 값 15,000원 |
| 교육혁신의 시대 배움의 공간을 상상하다 | 함영기 외 지음 | 264쪽 | 값 17,000원 |

| 제목 | 저자/정보 |
|---|---|
| 도덕 수업, 책으로 묻고 윤리로 답하다 | 울산도덕교사모임 지음 | 320쪽 | 값 15,000원 |
| 교육과 민주주의 | 필라르 오카디즈 외 지음 | 유성상 옮김 | 420쪽 | 값 25,000원 |
| 남도 임진의병의 기억을 걷다 | 김남철 지음 | 288쪽 | 값 18,000원 |
| 프레이리에게 변혁의 길을 묻다 | 심성보 지음 | 672쪽 | 값 33,000원 |
| 다시, 혁신학교! | 성기신 외 지음 | 300쪽 | 값 18,000원 |
| 백워드로 설계하고 피드백으로 완성하는 성장중심평가 | 이형빈·김성수 지음 | 356쪽 | 값 19,000원 |
| 우리 교육, 거장에게 묻다 | 표혜빈 외 지음 | 272쪽 | 값 17,000원 |
| 교사에게 강요된 침묵 | 설진성 지음 | 296쪽 | 값 18,000원 |
| 왜 체 게바라인가 | 송필경 지음 | 320쪽 | 값 19,000원 |
| 풀무의 삶과 배움 | 김현자 지음 | 352쪽 | 값 20,000원 |
| 비고츠키 아동학과 글쓰기 교육 | 한희정 지음 | 300쪽 | 값 18,000원 |
| 교실을 위한 프레이리 | 아이러 쇼어 엮음 | 사람대사람 옮김 | 410쪽 | 값 23,000원 |
| 마을, 그 깊은 이야기 샘 | 문재현 외 지음 | 404쪽 | 값 23,000원 |
| 비난받는 교사 | 다이애나 폴레비치 지음 | 유성상 외 옮김 | 404쪽 | 값 23,000원 |
| 한국교육운동의 역사와 전망 | 하성환 지음 | 308쪽 | 값 18,000원 |
| 철학이 있는 교실살이 | 이성우 지음 | 272쪽 | 값 17,000원 |
| 왜 지속가능한 디지털 공동체인가 | 현광일 지음 | 280쪽 | 값 17,000원 |
| 선생님, 우리 영화로 세계시민 만나요! | 변지윤 외 지음 | 328쪽 | 값 19,000원 |
| 아이를 함께 키울 온 마을은 어떻게 만들어야 할까? | 차상진 지음 | 288쪽 | 값 17,000원 |
| 선생님, 제주 4·3이 뭐예요? | 한강범 지음 | 308쪽 | 값 18,000원 |
| 마을배움길 학교 이야기 | 김명신 외 지음 | 300쪽 | 값 18,000원 |
| 다시, 남도의 기억을 걷다 | 노성태 지음 | 332쪽 | 값 19,000원 |
| 세계의 혁신 대학을 찾아서 | 안문석 지음 | 284쪽 | 값 17,000원 |
| 소박한 자율의 사상가, 이반 일리치 | 박홍규 지음 | 328쪽 | 값 19,000원 |
| 선생님, 평가 어떻게 하세요 | 성열관 외 지음 | 220쪽 | 값 15,000원 |
| 남도 한말의병의 기억을 걷다 | 김남철 지음 | 316쪽 | 값 19,000원 |
| 생태전환교육, 학교에서 어떻게 할까? | 심지영 지음 | 236쪽 | 값 15,000원 |
| 어떻게 어린이를 사랑해야 하는가 | 야누쉬 코르착 지음 | 396쪽 | 값 23000원 |
| 북유럽의 교사와 교직 | 예스터 에크하트 라르센 외 묶음 | 유성상·김민조 옮김 | 432쪽 | 값 25,000원 |
| 산마을 너머 지금 뭐해? | 최보길 외 지음 | 260쪽 | 값 17,000원 |
| 전문적 학습네트워크 | 크리스 브라운·신디 L. 푸트먼 엮음 | 성기선·문은경 옮김 | 424쪽 | 값 24,000원 |
| 선생님이 왜 노조 해요? | 윤미숙 외 지음 | 326쪽 | 값 18,000원 |
| 자율성과 전문성을 지닌 교사되기 | 린다 달링 해몬드·디온 번즈 지음 | 전국교원양성대학교총장협의회 옮김 | 412쪽 | 값 25,000원 |
| 초등 개념 기반 탐구학습의 설계와 실천 이야기 | 김병일 외 지음 | 380쪽 | 값 27,000원 |

| 제목 | 저자/정보 |
|---|---|
| 교실을 광장으로 만들기 | 윤철기 외 지음 | 220쪽 | 값 17,000원 |
| 선생님, 완벽하지 않아도 괜찮아요 | 유승재 지음 | 264쪽 | 값 17,000원 |
| 지속가능한 리더십 | 앤디 하그리브스 외 지음 | 정바울 외 옮김 | 352쪽 | 값 21,000원 |
| 남도 명량의 기억을 걷다 | 이돈삼 지음 | 280쪽 | 값 17,000원 |
| 교사가 아프다 | 송원재 지음 | 300쪽 | 값 18,000원 |
| 존 듀이의 생명과 경험의 문화적 전환 | 현광일 지음 | 272쪽 | 17,000원 |
| 왜 먹고 쏘고 걸어야 하는가? | 김태철 지음 | 300쪽 | 18,000원 |
| 미래 교직 디자인 | 캐럴 G. 베이즐 외 지음 | 정바울 외 옮김 | 192쪽 | 값 17,000원 |
| 타일러 교육과정과 수업 설계의 기본 원리 | 랄프 타일러 지음 | 이형빈 옮김 | 176쪽 | 값 15,000원 |
| 시로 읽는 교육의 풍경 | 이상철 외 지음 | 384쪽 | 값 22,000원 |
| 부산 교육의 미래 2026 | 이성우 지음 | 272쪽 | 값 17,000원 |
| 11권의 그림책으로 만나는 평화통일 수업 | 경기평화교육센터·곽인숙 외 지음 | 304쪽 | 값 19,000원 |
| 명랑 10대 명량 챌린지 | 강정희 지음 | 320쪽 | 값 18,000원 |
| 교장이 바뀌면 학교가 바뀐다 | 홍제남 지음 | 260쪽 | 값 16,000원 |
| 교육정치학의 이론과 실천 | 김용일 지음 | 308쪽 | 값 18,000원 |
| 모두 아픈 학교, 공동체로 회복하기 | 김성천 외 지음 | 276쪽 | 17000원 |
| 교실 속으로 간 이해중심 교육과정 | 온정덕, 변영임, 안나, 유수정 지음 | 216쪽 | 값 15,000원 |
| 마오쩌둥의 국제정치사상 | 정세현 지음 | 332쪽 | 값 19,000원 |
| 교사, 깊이 있는 학습을 말하다 | 황철형 외 지음 | 214쪽 | 값 15,000원 |
| 세계의 대안교육 교육 | 넬 나딩스, 헬렌 리즈 엮음 | 심성보, 유성상, 강석, 김가형, 김남향, 김보영, 박광노, 신정윤, 이민정, 허나겸, 황현경 옮김 | 652쪽 | 값 38,000원 |
| 더 좋은 교육과정 더 나은 수업 교육 | 이형빈 지음 | 292쪽 | 값 18,000원 |
| 마을 교육, 다 함께 가치 | 김미연, 박아남, 윤나영, 강기훈, 이종숙, 문지현 지음 | 320쪽 | 값 19,000원 |
| 한나 아렌트와 교육 | 모르데하이 고든 엮음 | 조나영 옮김 | 376쪽 | 값 23,000원 |
| 더 나은 사고를 위한 교육 | 로렌스 스플리터, 앤 마가렛 샤프 지음 | 김혜숙, 박상욱 옮김 | 438쪽 | 값 25,000원 |
| 공동체의 힘, 작은학교 만들기 | 미셸 앤더슨 외 지음 | 권순형 외 옮김 | 264쪽 | 값 18,000원 |
| 어떻게 어린이를 사랑해야 하는가(개정판) | 야누시 코르착 지음 | 송순재, 안미현 옮김 | 396쪽 | 값 23,000원 |
| 토대역량과 사회정의 | 알렉산더 M 지음 | 유성상, 이인영 옮김 | 324쪽 | 값 22,000원 |
| 북한교육과 평화통일교육 | 이병호 지음 | 336쪽 | 값 22,000원 |
| 사교육 해방 국민투표 | 이형빈, 송경원 지음 | 260쪽 | 값 17,000원 |
| 마을교육, 다 함께 가치 | 김미연 외 지음 | 320쪽 | 값 19,000원 |
| 나는 어떤 특수 교사인가(개정판) | 김동인 지음 | 268쪽 | 값 17,000원 |
| 능력주의 시대, 교육과 공정을 사유하다 | 한국교육사상학회지 | 280쪽 | 값 19,000원 |
| 토대역량과 사회정의 | 존 알렉산더 지음 | 유성상·이인영 옮김 | 348쪽 | 값 23,000원 |
| 교사와 학부모, 어디로 가는가? | 한만중 외 지음 | 256쪽 | 값 17,000원 |
| 프레네, 일하는 인간의 본성과 교육 | 셀레스탱 프레네 지음 | 송순재 외 5명 옮김 | 564쪽 | 값 33,000원 |

| | |
|---|---|
| 지속가능한 마을교육공동체 운동 | 양병찬·한혜정 지음 ǀ 268쪽 ǀ 값 18,000원 |
| 평생학습으로 두 나라를 잇다 | 고바야시 분진 지음 ǀ 양병찬·이정연 편역 ǀ 220쪽 ǀ 값 15,000원 |
| 초등 1학년 교실, 궁금하세요? | 이경숙 지음 ǀ 324쪽 ǀ 값 19,000원 |
| 정의로운 한국사 | 김은석 지음 ǀ 272쪽 ǀ 값 17,000원 |
| 세계의 교사교육 | 린다 달링-해먼드·앤 리버맨 편저 ǀ 전국교원양성대학교총장협의회 번역 ǀ 332쪽 ǀ 값 21,000원 |
| 남도 항일독립운동가의 기억을 걷다 | 김남철 지음 ǀ 292쪽 ǀ 값 19,000원 |
| '좋아요'와 '싫어요'를 넘어 | 여은호·원숙경 지음 ǀ 268쪽 ǀ 값 18,000원 |
| 독일 정치교육 | 볼프강 잔더·케르스틴 폴 지음 ǀ 김상무·김원태 편역 ǀ 강구섭 외 공역 ǀ 504쪽 ǀ 값 32,000원 |
| 혁신교육과 마을교육의 도전과 전환 | 윤양수 지음 ǀ 216쪽 ǀ 값 17,000원 |
| 에듀테크, 교육에 좋은가? | 닐 셀윈 지음 ǀ 유성상·배정현·김범주 옮김 ǀ 264쪽 ǀ 18,000원 |

**참된 삶과 교육에 관한  
생각 줍기**